HERMES

在古希腊神话中，赫耳墨斯是宙斯和迈亚的儿子，奥林波斯神们的信使，道路与边界之神，睡眠与梦想之神，死者的向导，演说者、商人、小偷、旅者和牧人的保护神……

西方传统 经典与解释 HERMES
Classici et Commentarii
修昔底德集
魏朝勇 熊文驰◉主编

古希腊政治理论

——修昔底德和柏拉图笔下的人的形象

Greek Political Theory

[美]格雷纳 (David Grene) | 著
戴智恒 | 译

華夏出版社

古典教育基金·蒲衣子资助项目

“修昔底德集”出版说明

当我们聆听柏拉图与亚里士多德关于城邦正义、公民德性、最佳政制、礼法与自然的讨论时，思绪中往往呈现出那座伟大、静穆而不免令人感到孤寂的城邦，并会在不经意之间把它安放在某个高山之巅或孤岛之上。唯有柏拉图笔下的《蒂迈欧》在讲述那块烟波浩渺的大西岛时，“引入”了越洋而来的敌人，尝试着在战争这样的“运动”中考察城邦，然而，大西岛还只是一个模型，只拥有一个城邦和一个敌人，其“运动”也是一个设计好的样板。类似地，亚里士多德曾专注于考察另一种特别的“运动”——城邦党争，但基本局限于城郭之内；他甚至考察过雅典远古以来的全部党争史，但看不出这种城郭之内的争斗与斯巴达等盟友以及城邦的敌人有什么干系。相比之下，修昔底德则考察了“世界”中几乎所有的城邦，并命令它们全部彻底地“运动”起来，彼此或敌或友，各个求取生存——修昔底德《战争志》沉郁而令人激动，既贴近现实，又探讨了所有政治体的野心、恐惧及历史命运。

今朝看来，修昔底德似乎是在“国际体系”中考察大国的崛起与未来。然而，有别于当今所有国际关系理论家的是，修昔底德没有把城邦或国家简单地抽象成封闭的政治单元，然后以这些政治单元的外部实力作为变量，按照恐惧与制衡这条“万古不变”的单一原理，“现实地”测算霸权与体系的未来。如果不去观看政治单元内部的“黑洞”，不去探讨具体政治体的城邦民德性、政治领导人的决断与谋略、特定历史时期的地缘结构、国家财富的增长之道,不去追究国家实力的自变量,怎么可能把握国际政治的历史与未来?

修昔底德《战争志》名曰记叙战史,所贡献的却绝非现代意义上的“客观史学”:他既务求史实准确,又努力编修史实,“选取最有意义的方面予以评说”;如果在他面前存在过一部客观史实,那么他所留下的则是他对这部史实的深思;他的传世瑰宝是自己的思考,而非客观史实。因此,我们今天必须同时阅读两部大书:那场战争以及政治思想家修昔底德本人。

修昔底德因预期到那段伟大历史的到来而开始着手他的记叙与思考,如今我们似乎又临近另一段伟大历史,从修昔底德那儿获取教益,岂非正当其时?“修昔底德集”以编译《战争志》笺注体汉译本为要,辅以西方学界研究修昔底德的精深之作,以助益于我们把握即将到来的伟大历史。

古典文明研究工作坊

西方经典编译部甲组

2010 年 7 月

目　录

中译本说明

刘小枫

修昔底德属于我们耳熟却未必知其详的古希腊经典作家。我们知道,在伯罗奔半岛战争期间,修昔底德因一次由他指挥的军事行动失利,被剥夺指挥权,随后遭流放。这倒给了他机会,从交战双方的角度冷静观察事件,思考战争中充分暴露出来的人性的极端表现,从容写下传世不朽之作,细致、生动地记叙了雅典与斯巴达之间长达近三十年的战争(公元前 431 – 前 404 年)——正是这场战争彻底动摇了雅典城邦在泛希腊世界的政治地位。修昔底德的纪事开篇第一句是这样的:

> 雅典公民修昔底德所志之战(*ξυνέγραψε τὸν πόλεμον*),乃伯罗奔半岛人与雅典人相互厮杀之战,[战争]爆发即始笔书,因为他预料此为一场大战,比以往所有战事都更值一书…… 动荡(*κίνησις*)如此之巨,不但发生在希腊人身上,也发生在相当一部分蛮夷身上,甚至于可以说波及人类的大多数。(Thukydides, *Historien* I,1)

这段开场白表明,修昔底德的这部战争纪事的书名当译作《修昔底德所志之战》——古希腊人提到修昔底德的这部书时,就叫做 *Θουκυδίδης ξυνέγραψε*[修昔底德所志]。如今通行的古希腊故书的西文书名大多沿袭拉丁语译法,有时并不贴切,我们翻译古希腊原典如果不动脑筋地跟从现代西人的译法,不仅走样,还容易徒添误解和歧义(柏拉图的《理想国》、普鲁塔克的《伦语》就是明显的例子)。我们已经用惯了的《伯罗奔尼撒战争史》这个书名丢失的细微含义其实不少。首先,"尼撒"是希腊文"半岛"的音译,雅典城邦的生活感觉倚靠大海,半岛人与雅典人的战争无异于靠陆地为生与靠海洋为生的人族之间的战争。第二,修昔底德强调的是"伯罗奔半岛人与雅典人之战",重点在于"相互厮杀(*ἐπολέμησαν πρὸς ἀλλήλους*)",译作《伯罗奔半岛战争史》显得单方面强调伯罗奔半岛,有违修昔底德的本意。第三,修昔底德让自己在记叙中以第三人称现身,称"雅典公民修昔底德所志(*Θουκυδίδης Ἀθηναῖος ξυνέγραψε*)"。动词 *ξυγγγράφειν*[记叙]的字面含义看起来是以汇集整理原始材料的方式记叙历史事件,近似我国古代的所谓"述"而非"作",或者说相当于我国古代所谓的"编修"。然而,修昔底德的"述"并不隐藏"我",反倒通过笔下的"他[修昔底德]"让当时的"我"处于逐渐彰显的过程。如果书名本身丢失"修昔底德"之名,不能不说是一大遗憾,也对不起修昔底德。

古人称修昔底德为 *ὁ συγγράφευς*[纪事家],以有别于诗人(*ὁ ποιητής*)荷马。*ὁ συγγράφευς*[纪事家]与 *ἱστοριο-γράφος*[史记家]没有差别,但诗人荷马的诗作同样是纪事,因此被称为"史诗"诗人,两者有何区分?诗人荷马的纪事是神话式纪事,而非探究式纪事。如今的 history 源于希罗多德的 *ἱστορία*[探究],history 的原意并非"史",而是"追根溯源"(*ἱστορεῖν*),从而是具有哲学性质的探究纪事:自然哲人的探

究是希罗多德的 ἱστορία[探究]纪事的基础。修昔底德对自己写这部纪事书的方法有明确的自觉意识,他说,修昔底德记叙这一历史事件不是为了今后人们还会偶尔谈起这场战争,而是要为人类生活提供一笔"永久的财富"(κτῆμα ἐς ἀεί),"让那些想从过去的事件获得某种确实的东西的人借此根据人性(κατᾶ τὸ ἀνθρώπινον)去预测将来发生的事情"(卷一,22)。对于有别于荷马,修昔底德有明确的自我意识,对于赶超希罗多德,修昔底德也信心十足,因为他认为自己的纪事是在深入思考战争与人类生活的关系——这场战争如何改变了人性、人性如何堕落到极点,在此之前,还没有哪个纪事家达到了如此哲学深度。既然修昔底德立志通过记叙这场战争探究所有人类战争的性质,这部传世之作的书名最为稳妥的译法恐怕最好莫过于"战争志"。

修昔底德的这部传世之作笔法高超,善于将自己的深邃见识形之于或藏之于笔端,绝非如今实证史学所谓的客观实录一类史书。如果将书名译作"战争史",难免削弱修昔底德纪事的典范意义——"著书之业,真能独立改制而无依傍者,经籍所志,多不过五六人也"(金松岑,《文学观》),修昔底德无疑属于西方古典文史上"多不过五六人也"之一。用汉语的"志"来对译 Θουκυδίδης ξυνέγραψε[修昔底德的记叙]也许更为恰切,首先,"志"通"誌",作为动词意为"记载、纪事",作为名词意为"纪事的书"。第二,"志"出于"情",发为"志向、向慕、目标",修昔底德记叙的雅典民主政制的 δημαγωγός[人民领袖]挑起的这场战争,恰是某种"情志"或"志向"的表达,所谓"战争志"隐含的意思是战争情志。第三,我国古代文史的"志"还带有政治哲学意蕴,《左传·昭公二十五年》有言:"审则宜类,以制六志"(孔颖达疏曰,"此六志,《礼记》谓之六情。在己为情,情动为志,情志一也"),杜预注则曰,"为礼以制好恶喜怒哀乐六志,使不过节”——从而,“志”暗含如何节制人情这一重大的政治哲学问题。通过“战争志”,修昔底德正是要探究人的政治情志与节制的关系。

在开场白中,修昔底德把这场战争称为“如此巨大”的“动荡”(κίνησις)。所谓κίνησις的原意是“运动”,尤其“运动”过程,由于首先指自然物体的运动——从天体物体的运动到人体的情绪运动,这个语词还包含“运动”规律的含义。但在这里,这个语词的意思明确指的是作为政治大动荡的战争。修昔底德让读者感觉到,所谓“动荡”表面上指战争本身的动荡,实际上还暗含雅典人和伯罗奔半岛人政治情绪的动荡,以及如此情绪被战争激发到极端状况的过程。可以说,修昔底德虽然是在记叙一个历时三十年的事件,但他的眼界和心志似乎要与哲人的视界比高低。反过来看,如果我们按如今的史学习惯把修昔底德称为所谓史学家,就难免用我们的眼界看低修昔底德——本书初版时的书名为Man in his Pride:A Study in the Political Philosophy of Thucydides and Plato,可见本书作者没把修昔底德视为史学家,而是视为“政治哲人”与柏拉图对观。

柏拉图对于我们来说同样耳熟却未必能详。我们都知道柏拉图是大哲人,但我们往往忽视柏拉图首先是纪事作家,而且主要以一个人的纪事——苏格拉底纪事为中心。柏拉图的哲学几乎无不呈现为纪事的形式,这使得我们必须考虑柏拉图哲学的品质。不仅如此,柏拉图还以文学书简形式提供了关于自己的纪事。在柏拉图的传世作品中,虽然这一部分纪事所占篇幅不大,分量却不可谓不重。由于柏拉图在他的苏格拉底纪事中几乎不见踪影,不像修昔底德那样,在自己的战争纪事中以第三人称现身,柏拉图的书简就成了理解他的苏格拉底纪事的非常重要的线索——就此而言,柏拉图的书简与他的苏格拉底纪事的关系，的确堪比修昔底德纪事的分身术。

本书作者是芝加哥大学古典学教授，著名古典学家伯纳德特的老师（参见伯格/戴维斯编，《走向古典诗学之路》，肖涧译，北京：华夏出版社，2006）。作者“并不打算把修昔底德与柏拉图视为各自正统意义上的纪事家与哲人”，而是打算把修昔底德看作哲人，把柏拉图看作纪事作家，而且明显有对观的意图。面对这样的原典研读，如今大学文科的专业意识会感到无所适从，因为我们的史学专业意识不会把修昔底德的《战争志》作为富有哲学思考的经典来研读，我们的哲学专业意识不会去关注柏拉图作品的纪事笔法，我们的文学专业意识则既不会去关注修昔底德的纪事（那是史学专业的事情），也不会去关注柏拉图的纪事（那是哲学专业的事情）。本书甚至也会让我们的政治思想史专业意识感到无所适从——重版本书时，作者把书名改为 Greek Political Theory: The Image of Man in Thucydides and Plato，似乎要以修昔底德和柏拉图的纪事个案来呈现“古希腊政治理论”这个大题目，在我们看来当然是“以偏概全”。但我相信，本书肯定比一般的政治思想史书更能让我们深切感受到“古希腊政治理论”的内在脉动。反过来说，如果不深入经典作品的细节，我们的政治思想史专业意识不可能真正变得“专业”起来。

2011 年 8 月

古典文明研究工作坊

前　言

[v]在此书中,我并不打算把修昔底德与柏拉图视为各自正统意义上的纪事作家与哲人。我的目标毋宁说是建立他们的智识结构,也就是为他们各自建立一个完整鲜活的、个体的智识个性。一个人的学说有其自己的生命;它们应属于历史秩序和逻辑秩序,因为[人们]在时间进程和逻辑可能性的范围中探究这些学说的其他解释可能。但他的学说之整全却是另一回事。一个人的性情已经整合了他的诸种学说,以致一个完整的智识画面只能是一种这样的图像,它意味着对于他的思想的独特方面来说,别的选择是不可能的。

这两位作家的肖像构成了这本小书的一个要素。我还试图把公元前五世纪的世界(修昔底德和柏拉图生活在其中)展现在我们面前,但不是像他们所做的那样——因为谁也无法做到比修昔底德《战争志》和柏拉图对话更为直接地再现那个世界——而是在艺术家及其作品各安其位的意义上使那个世界鲜活起来。我并非打算说我认为公元前五世纪像什么样子,也不是重述修昔底德和柏拉图说它像什么样子的故事,而是展示另一种画面,在其中,纪事作家及其历史素材和哲人及其复杂且裸露的世界,都是一个完整画面的诸多组成部分。所以,我觉得对于我们来说,人类社会的意义在公元前五世纪雅典会比在任何其他时空更加完整。

我确信,这一时代对于我们的意义比起位于我们与他们之间的任何历史时期的意义都更为重要。一个清楚而又常被提及的事实是,那个时代就像我们时代一样是“一个充满道德危机的时期”，传统伦理那时已经成为许多人头脑中怀疑和否认的对象。[vi]事实不惟是，我们时代的政府在很大程度上正经受着公众压力而行事，并以诸多方式大规模地相似于雅典的直接民主制；也不仅是那个时期如同我们的时代一样爆发了整体战争(total war)，而且[两个时代]不论在和平还是战争中，日益增长的关于权力操作的技术化观念也如出一辙。尤其是政治生活中的人性，它使我们如此贴近公元前五世纪的雅典；当然，这种人性不是仁慈(humaneness)意义上的人性——因为他们和我们都得在不同的情境中面对人类极端的残酷——而是这种意义上的人性：正是人且只是人，不被天道或超自然所制裁，是冲突的根源及解决的途径。

然而，既然我们与公元前五世纪雅典的政治生活具有如此显著的亲缘性，为什么只选择这两位为我们记叙了雅典政治生活的人，而不讨论那些贯穿希腊政治理论的普遍概念？我对于自己选择的很不正统的方法，有两个好的理由。首先，正是这两位作家以逼真和贴切的形式向我们呈现了公元前五世纪的政治[情境]。除了辅助性的二流作家，如色诺芬、老寡头①(the Old Oligarch)和戏剧家(他们的政治见闻相对次要)，还有另外两位人们推重的相关作家：希罗多德(Herodotus)和亚里士多德(Aristotle)。但是，希罗多德是在波斯

① [译注]在公元前431年到前420年之间，某位雅典人撰写了一本批评雅典民主的小册子，名为《雅典政制》。它是已知最早的评论雅典民主制度的文章。长期以来，这部作品被归于色诺芬名下，近代古典学家利用历史—实证、文体学等方法判定其并非色诺芬的真作。因此在本书的一些章节中，格雷纳用“伪色诺芬的《雅典政制》”称呼这部作品。由于该作品站在寡头派的政治立场抨击雅典民主制，现代学者又用“老寡头”一名称呼此文的作者，值得提醒的是，“老寡头”并不代表作者写作时年龄很大，“老”，更多地是标识其较为顽固的政治立场。

战争的爱国热情的余晖下写作的，希腊当时为了捍卫自由而抵御东方帝王的专制统治。那时的道德氛围是为着一种好像是短短几年里的自我辩白（self－vindicated）和稳固伦理的东西而欢呼——那个世界与伯罗奔半岛战争时期的雅典相隔甚远。而另一方面，亚里士多德的《伦理学》（*Ethics*）和《政治学》（*Politics*）与伯利克勒斯的雅典也相去甚远；那是雅典文明历经亚里士多德所编录的胜利与危机后留下的文化残骸。

然而，这种相当呆板的理由并非选择这两位作家以及像我所做的这样探讨他们的首要原因。[vii]政治观念不会成为脱离现实之物（grow disembodied），而且只有在它们的发展中，在它们鲜活的发生状态中——无论怎样我们必须间接地重获这个发生状态——我们才能理解它们。在我们对于我们自己与公元前五世纪雅典人之间政治的相似和差异的研究中，紧要的东西与其说是对原则的考虑，不如说是一种关于人和境遇的知识以及处于境遇中的人。我们从理解他们所得到的就像从理解我们同时代人所得到的一样多。尽管这种知识可能由于它的遥远距离而变得更加丰富，可是无论我们怎样间接地获得这种知识，它必须是面对面的知识——本质上就像一个人对一位朋友的理解。

此外，不单是我们对个人的鲜活整体的尊重促使我们从他们自己的角度看待其自身——防止对他们两人作一种轻率和随意的整合或比较——再说，我们必须处理的材料正处在无法化约（irreducible）的大相径庭的两种状况中。这不是因为一位是纪事作家，另一位是哲人，而是因为一位给我们留下一部著作，尽管某些章节未经修订，它却呈现出一幅历史画布的完整风貌；另一位则留给我们一系列作品，正如我想表明的，在其中我们找不到一个形式体系的连贯表达，但可以找到一个人臻至成熟渐入晚年的发展历程，以及他所表露的独特洞察。因此，鉴于论证材料、文本结构等问题，我们这两位作家的肖像必定迥然不同。

然而，一旦我们由他们各自的整体中察见其整全，我们也许可以获得某种有关限度的启发——根据政治人的看法，我们西方传统已在这个限度内得到了发展。这位纪事作家和这位哲人的眼睛都专注于同一个历史社会。就他们所观察的东西而言，他们俩脾性的差异至关重要。他们智识结构的两极性界定了一种范围，据我判断，西方的所有政治思考都可以看作是在这种范围内活动。修昔底德和柏拉图所始料不及的诸多关于政治社会中的人的理论已经出现了，[viii]但以历史的和哲学的这两种不同方式所获得的人论之整全是一种始和终（alpha and omega）。

于是，在研究修昔底德和柏拉图时，这种智识个性的建立并不意味着与那个使他们疏远我们的公元前五世纪希腊保持一致，因为他们各自都特别适合且可能无与伦比地适合作为希腊和我们之间的中介。他们既不完全是自己国家的公民，也不是我们国家的公民。他们自觉地站在一种居间（in-between）关系中，担当思想进程中的人类启明（human illumination），没有那种陷入到跟一个特殊时期保持彻底的历史一致的太人性（too-human）的局限。

正是偶然和幸运把修昔底德从实践政治（practical politics）中抽离了出来。而赋予他力量去描述一个其时代的邦国几乎被破毁得面目全非的世界，却不是偶然或幸运。综观他的一生，对于那个委派给他的相对次要的实际（军事）任务的失败感，以及他随后从任何一场被他视为其时代最大政治竞争的政治战斗中的脱离，的确加深了他内心的历史孤独感，而且也许使他以更大决心，朝着那个未知的未来世界去言说那些只能从智识上得以绘制的[历史]侧面。

基于其他原因，柏拉图在面对自己的时代时，也发现自身处于类似的困境。他的理解力和想象力被某个人类社会施以魅惑(enchanted)，当他还是一个年轻小伙子时，这个社会就在三十僭主的统治下坏死和终结了。正是借助这个被再造为他的梦幻生命的昨日世界，柏拉图才得以活在我们之中。这一世界就是他留给“那些应该追随其足迹的人”的不朽部分，那些人则置身他在《王制》(*Republic*)中所称的“某些超离我们知识的蛮荒之地”。

致　谢

该书是在社会思想委员会的支持下,数年来讲授修昔底德和柏拉图课程的结晶。感谢我的各班学生,我与他们的讨论使我受益匪浅。我尤其感谢我从前的一位学生,奥斯特沃德(Martin Ostwald)先生,他深入细致地编辑了手稿中有关修昔底德的部分。感谢委员会及其主席内夫(John U. Nef)教授,使我有幸并能够在轻松愉快的环境中从事这项研究,我认为这在当今任何大学都无法再现。

大卫·格雷纳

芝加哥大学

1949 年 12 月

第一部分　旁观者

第一章　修昔底德的世界

一

[3]对于任何纪事作家来说，如果正是他的时代所予以揭示的严酷和暮末，使其成为一名纪事作家，那么这个人就是修昔底德。穿透修昔底德精心安排的叙述表层，重温某些作用于人的原始材料，这是理解修昔底德不可或缺的先决条件。

伯罗奔半岛战争是修昔底德始终感兴趣的主题。战争爆发于公元前431年，因斯巴达和雅典的临时性停战协议而于公元前421年暂告中断；并随着公元前412年斯巴达的进攻而正式重启；最后以雅典军事力量的彻底覆灭和斯巴达军队于公元前404年占领雅典而告终。然而，公元前421—公元前412年，即斯巴达与雅典之间不存在确认的战争状态的期间，是由以下事件为标志的：斯巴达与阿尔戈斯（Argos）的冲突，为的是解决阿尔戈斯对斯巴达在伯罗奔半岛得以加强的地位的不满；尤其是雅典人试图把西西里纳入她的帝国，这场注定失败的冒险急剧地损耗了雅典的物质资源，并为雅典在公元前404年最后的军事溃败埋下了伏笔。整场伟大的战争——对于我们及其同时代人来说，是政治和心理意义上的伟大——蒙受着早时的阴影，那时雅典和斯巴达并肩作战共同抵御波斯人对希腊的侵略。在经历过伯罗奔半岛战争又感觉波斯战争历历在目的人看来，两场战争之间的对比是不可避免的。就大多数对此进行思考的观察者而言，这种对比在其民族含义和道德教训上都同样令人不悦。[4]希腊曾生活在牢靠的自信中，他们的自由人以微薄的力量和落后的武器击败了波斯王的奴隶，尽管后者多如蝗虫，并配备着公元前五世纪的黩武者所能欲求的一切资源。①对希腊人来说，自由和奴役的主题一直不可避免地与这场冲突相联系。②然而，在单个人的记忆中，一位希腊人看到，两股过去曾欣然地团结在抵御波斯专制主义之自由事业中的巨大力量，现在却试图摧毁对方并夺取对方的帝国。这种见利忘义的现实主义尤其暴露在这场邦际性希腊战争的行为细节和后果中。它促使人们追问波斯战争的道德准则究竟是不是一种虚构。

那两个齐肩并战抵抗波斯人的希腊伙伴现在已经为了[争夺]帝国而反目成仇，正是雅典以及雅典从公元前478年到伯罗奔半岛战争爆发期间的事业引起了人们的注意。表面上看，至少公元前433年的斯巴达并没有为希腊生活增添任何别样的色彩，她仍然是希腊的领导者，绝对没有改变其在公元前490至公元前478年期间曾扮演的希腊自由捍卫者的角色。正是这些年的雅典，使人们意识到自波斯人丧失他们最后的欧洲据点以来，究竟发生了什么事。

伯利克勒斯在“葬礼演说”中说，雅典已经成为“希腊的学校”（《战争志》II. 41. 1）。他谈论他的城邦的开放性，对外邦人的友善，和以作为其他城邦的模仿对象而自豪，同时雅典自己漠不关心外邦的伟大。然而，雅典的模仿者从她那里学到的教益主要不是钦慕伯利克勒斯所说的雅典独特的政

---

① 比较希罗多德（Herodotus），《原史》，VI. 9 - 10，48 - 52，102 - 104；VIII. 140 - 144。

② 比较《原史》，VIII. 142 - 143；IX. 45。

治体制,甚至也不是钦慕雅典得以从一个不起眼的城邦国家迅速跃升为提洛斯联盟(League of Delos)的领导者,并最终成为一个庞大帝国霸主的手段。

雅典主要教给其他希腊人,[5]要清楚权力的创造仅凭自身而非其他,还要公开和理智地思考创造权力的因素。在这紧密相连的两方面中,雅典就其过往历史,和(或许富有争议)随后直至我们时代的历史而言都是独一无二的。先于雅典的诸东方帝国严格说来都是君主政体(monarchies)——我的意思是说,权力被想象为从君主个人身上辐射开来一样。这种权力体现在君主歼灭或征服敌人;也体现在君主领土的扩张。君主与宗教关系密切,这两者的关联使得征服和疆土扩张只是统治者对被统治者施行绝对控制的一个方面,而且不可能以任何中立的方式把这种行为看作一个道德问题。① 日后的罗马帝国或大英帝国,就其帝国主义的主张者的态度而言,都不像雅典。他们所表达的帝国哲学——无论是古罗马精神(Romanitas②)的观念,还是英国文化和统治的优越性——都只不过是用来掩饰贪婪之赤裸的虚构,这里就不必讨论了。我认为没有任何人可以严肃地声称,在这上述两种情形中,为这些信念出生入死的人始终是有意识的,或者甚至是无意识的伪君子。然而,本质之物是,他们认为有必要根据形而上学来解释国家侵略性和征获领土这些残酷事实,以及根据某种道德观证明他们武力征服的正当性,这种道德观清楚地表明,接受征服者的支配正符合被统治者的利益。

---

① 参见 H. Frankfort,《古代埃及宗教》(*Ancient Egyptian Religion*, Columbia University Press,1948),页 30 - 58。

② 参见 C. N. Cochrane,《基督教和古典文化》(*Christianity and Classical Culture*, Oxford University Press,1994),页 27 - 73。

的确，借助雅典、罗马和十九世纪英国的历史，人们已经道尽过去25个世纪的一系列帝国。当然，还有荷兰、比利时、葡萄牙、法国和西班牙的帝国。可是，所有这些帝国本质上都带有殖民特性。至少，首先他们拥有在异族中建立并实行统治的属于欧洲侨民的殖民地，而且操控着新领土为宗主国的经济目的服务。[6]这确实与罗马的态度大相径庭，后者最终几乎使得罗马帝国所及之处的人民都拥有了公民权。它甚至不同于十九世纪以降英国对印度的态度。雅典帝国与众不同的是，雅典人建立帝国时并不考虑他们自身和他们所造成的苦难及不义的关系；也就是说，他们每个人一直以个体的道德责任来面对帝国；而且，他们试图为解释自身行为而建构之物不是民族主义或半宗教的虚构，毋宁说像他们所想的那样，是一种对所有地方之所有人的行为方式的理性说明。我毫不怀疑，他们哲学性解释的品质显然与他们承担责任的程度相关。雅典的民主公民大会——每位想要投票的雅典公民都聚集于此——进行投票，辩论，并决定有关战争、征服与和平的重大问题。在阶层上没有任何实质差别的同等公民轮流成为城邦的管理者。他们同样是没有等级之分的军人。由于他们直面自身决策所导致的行动，直面自身命运的创造和毁灭者，他们的思虑很可能比罗马的军人执政者或英国的文职人员更为深远。让我们试看雅典公民在公元前5世纪的最后25年，如何看待他们周遭政治生活的根源。

二

通过阅读《战争志》的三个选节，我们或许能够最佳地达成上述目的，这三个选节以一种独特的方式阐明了修昔底德所探究的世界和他同时代人论述这个世界时所用的智识术语。第一节是战争爆发前的公元前433年，一位碰巧在斯巴达的雅典使者在斯巴达发表的演说的摘录，其时斯巴达的同盟者向盟主抱怨雅典侵害他们的特殊利益。雅典人提出的辩护在他们——被看成是不正义力量的典型代表——所选择的陈述其立场的方式上尤其重要[7]。第二节是修昔底德对伯罗奔半岛战争初期（前427－前425）位于希腊西部的科西拉岛（Corcyra）上发生的民主派和寡头派之间的斗争的观察所得。科西拉是整个希腊政治斗争的一个缩影，对于雅典与斯巴达这两股战争力量都至关重要，因为她拥有相当庞大的海军，而且在与西部（意大利和西西里）的贸易中充当不可或缺的因素。第三节是著名的弥罗斯（Melos）对话的部分。在公元前416年，也就是在雅典和斯巴达那名义上保持和平状态的期间（前421－前412），雅典依其利益扩张帝国，发起了一系列尽量避免牵涉斯巴达的军事行动。这些吞并过程中，对弥罗斯岛——这个岛的规模相对无足轻重——的吞并因修昔底德的记录变得臭名昭著。雅典人特别急于置弥罗斯于绝对控制之下，因为弥罗斯作为一个岛屿，她的独立将给海上帝国的其他属邦树起一个十分不利的榜样。雅典派遣了一支规模不小的海军分队去征服（reduce）这个岛屿，但是在发动战争之前，他们与弥罗斯政府进行了沟通，并要求展开谈判。修昔底德记叙了两股势力代表的演说，这里摘引的段落约占其中的三分之二。

这三节引文按照编年顺序排列，我们由此可以马上明白战争过程的三个不同时刻的智识性论辩风格的一致性，以及了解前5世纪最后25年的实现政治思想倾向的实际手段的演变。据说，这些演说至少基本上实际发表过（参[22]①）；

① [译注]凡文中方括号中的页码，均为本书英文版页码。

而且在论述革命(科西拉)的章节中,修昔底德仅仅在引用事实。因此,我们尽可能在这些段落中紧扣纪事作家的真实材料。即便我们自己像这样分三个选节来观察境遇和境遇中的人(man),[8]我们最终还是能理解境遇与人的互动关系。

(a)雅典特使在斯巴达的演说(433 –432 BC)。

斯巴达人啊,想想我们在那个时候[波斯入侵时]表现出来的忠于职守,想想我们的情报和先知先觉(intelligence and good sense),我们在希腊人当中确实不应当受到这番敌视(extreme unpopularity),至少不应该对我们的帝国如此,难道不是吗?因为这个帝国不是我们以暴力获得的,而是当你们的人民不愿意与波斯的残余力量作战到底,同盟者到我们这儿来,他们自己请求我们担任联盟的领导者时,我们才接管它。首先,作为那次行动的结果,我们被迫一步步地将联盟改造成它现在的样子——主要是迫于恐惧(fear),其次是荣誉(honor),最后才是利益(gain)。冒险让盟国自由无束对我们来说显然不再是安全的政策了,因为我们在你们大多数同盟者当中已不受欢迎。有些同盟已经造了反,它们被降为臣属;至于你们,曾与我们交好,现在却在起变化。我们怀疑:一旦我们这样将帝国拱手相让,叛离者就会投靠你们。在这般巨大后果面前,解除危险以维护自己的最大优势,谁也不该因此而受到责备。斯巴达人啊,你们至少已经在伯罗奔半岛的各城邦中建立了符合你们利益的政体，并以此为基础，维持了你们的领导地位。①假如在波斯战争之后，你们继续把军队留驻在战地，而且在帝国统治之中你们也变得不受欢迎，就像我们现在这样，我们敢肯定你们也会像我们这样压制盟邦：因为你们将被迫选择其一，要么实施严厉的统治，要么拿你们自己的帝国来冒险。所以，你们看，我们所做的事情根本不足为奇，以人而论，如果我们接受一个奉献给我们的帝国，而且不肯放弃它的话，[9]那是由于我们服从三种最强烈的动机——荣誉、恐惧和利益。再说，我们也不是这种行为的首创者，却是遵循着已有的法则，即弱者的自由受制于强者，我们认为自己配得上享有这种特权。你们此前也是这样认为的，而今却利用这般"正义"论——只要人们有机会以自己的力量去获取，他就不会漠视私利而置之不顾。然而，有些人是值得称赞的，他们虽然遵从人类的自然对他人实行统治，却仍显得比根据自己的力量[行事]更正义。至少，如果其他人接手我们的帝国，我们认为他们终将会证明我们是如此温和(moderate)；但在我们这种情况，得体的行为给我们换来的不是芳名，而是恶名，这是最不合理的(《战争志》I. 75－76)。

(b)科西拉内战(427－425BC)。

---

① 必须记住只是雅典人的陈述。然而总的看来似乎没有理由去质疑它的精确性(比较希罗多德，V. 92A；修昔底德，I. 18. 1，19；伊索克拉底，IV. 125；亚里士多德，《政治学》，V. 1312b7)。虽然如此，某些学者试图修改雅典人的陈述，例如，G. Busolt，《拉栖代梦及其盟友》(*Die Lakedämonier und ihre Bundesg•nossen*, Leipzig: Teubner, 1878)，Ⅰ，页212－215，304以下。

这场残酷的动乱持续了很久，其残酷性似乎比实际情况更严重，因为它是最早爆发的动乱之一：可以说随后整个希腊世界都为之震撼；因为在每个独立的城邦内部，都爆发了民主制和寡头制的捍卫者之间的斗争，前者希望求助于雅典人，后者则寄望斯巴达人。在和平时期，双方都没有向这两大势力求助的借口和意愿，但在战争爆发期间，当伤害异己而巩固自己指日可待时，那些希望政局发生变化的人便很自然地求助于外邦势力。在这些党派冲突之时，希腊城邦发生了许多恐怖事情，而只要人性不变，这种事情便不会停止，以后也会继续发生，尽管其骇人的程度和表现形式将有所不同，这取决于挑起开端之事件的个别巧合。在和平繁荣的时候，政府和个人都有较好的判断，[10] 因为他们并未陷入必然性之中，而人们的意志或意愿在必然性（形势所迫）面前则脆弱不堪：战争窃取了平日的富足，证明[自己]是一位严厉的教师，它使大部分居民心随事迁。这样，城邦国家便不断地兴起种种动乱，较晚爆发的动乱由于获悉之前[在其他城邦]发生的事情而得利，[因为]出现了更为异常的出格行为——制造政变（coups d'etat）时更加阴险狡诈，报复政敌时更加残暴无忌。人们有意地改变常用词句的意思以顺应现实。无理的胆大妄为被称作保持忠诚的勇气，审慎的犹豫是徒有其表的懦弱，节制成为怯懦（unmanliness）的借口，而考虑周全的明智则等同于无所作为。某种癫狂的热望被名之为男子特有的品质，精心陷害他人的阴谋则构成一种自卫的合理手段。暴怒的人总是被信任，其反对者则总遭受怀疑。耍阴谋得逞说明一个人头脑精明，而事先识破阴谋的人则更加精明;但是运筹帷幄乃至毋需要这些手段的人,被看做是毁坏真正的同志之谊(comradeship)并害怕对手的人。的确,预先制止那些想伤害你的人,和揭发那些无意但已作恶的人,同样备受赞扬。因而,亲族纽带不如党派关系牢固,因为后者预设了不计后果的冒险——党派关系的形成不是本着既有习俗中相互帮助的精神,而是恰与其相反,以欺骗他人为目标,而且,同谋者通过相互发誓认同彼此,誓言的见证不是惯常的诸神,而是他们共谋的犯罪行为。反对派的可贵提议,他们从来不会宽宏地予以接受,如果他们占有优势,他们反而加以防范。报复他人比首先避免伤害更为人看重。[11]双方在任何时候用以确保协定而达成的誓言,只是其中一方为摆脱困境的一时之计,只有在他们为达至自己目标无计可施的时候,才能保持效力。一旦机会出现,首先自信能趁其不备,抓住漏洞的人,就会在背信弃义的报复中感受到比公开的攻击更强的快意,因为他们这样做保证了自己的安全,同时,成功的欺骗也让他们在智谋的竞争中赢得桂冠。的确,称最坏的恶棍为聪明往往比称最愚笨之人为好人更容易些,因为人们以第一种称号为荣,而以第二种为耻。引起所有这一切的原因就是渴求政治权力的贪婪和野心,为政治权力而斗争的暴行随之而至。各个城邦的领袖们以似是而非的口号分别领导两个党派:一个表面上力捧政治的民主和法律面前的平等,另一个又主张实行稳健的贵族统治,他们大声标榜为公共利益服务,实际上在谋取私利,中饱私囊。他们疯狂地进行对抗,相互欺骗,为此,他们不惜孤注一掷,无所不为,而在报复行动中更是变本加厉,他们罔顾正义,也不顾及城邦的利益,他们唯一的行为标准就只在于党派一时的任性(caprice)。所以,要么通过贿买选票,要么通过赤裸裸的暴力而成为掌权者,他们做好准备,满足自己的一时野心。因此,双方都不在乎宗教,但是,当公正的言辞偶尔能无可非议地帮助他们达到自己的目的时,他们就会因关心宗教而被认为是更好的[一方],至于那些持温和观点的公民则备受两个党派的摧残,或者是因为他们拒绝偏袒某一方,或者是因为他们的生存遭到忌恨。

因此在这个动乱年代,形形色色的恶行都降临到希腊世界,心灵的淳朴(主要表现为高贵品质)遭人耻笑,而后便消失了;两个党派的对立把社会分裂为两阵营,[12]人与人之间的互信不再。没有任何东西能够打破这种僵局,因为没有一个辩解是可靠的,没有一种誓言受到尊重。所有党派都在盘思放弃永久安全这种无望的念头,想得更多的是自卫而非任何互信。越愚蠢的人就越能存活下来,因为他们担心自己的弱点,害怕敌人的智谋,也就是唯恐自己在争论中惨败,或可能成为其他机警善变的对手所精心策划的阴谋的牺牲品,于是他们大胆地付诸行动。另一方面,聪明的人满不在乎,自认为能及时了解[情况],轻信他们的聪明才智能够保全自己,所以无论如何也不需采取实际手段,因而他们往往疏于防范,备受摧残(《战争志》III. 82－83)。

(c)弥罗斯的对话(BC416)

雅典使者:我们这一方不会用美好的语词向你们作冗长的演说,说我们击败了波斯人,所以我们的帝国是正义的帝国,或者说我们现在攻击你们是由于我们受到伤害,无论如何你们是不会相信这些的;我们也必须请你们同样放过我们,也就是别指望让我们信服,说你们是拉克岱蒙人的殖民者,所以才没有加入我们这一方,或者说你们未曾加害于我们,而是让我们尽力以双方的真实想法为基础去完成实际可行的事情吧,因为大家都很清楚,从人的角度看,只有在双方服从相同的必然时,正义才得以讨论(in question),而且在现实问题上,强者能够做他们能够做的一切,而弱者屈服于他们必须屈服的。

弥罗斯人:无论如何,我们认为它只是权宜之计(expedient)——我们被迫用这样的语词说,因为你们要求我们谈论利益而不是正义——即你们不应该破坏所有城邦的共同善(common good),也就是承认,对于碰巧处于危险中的任何人来说,总是有公平和正义,[13]而且,要是他能说服自己的对手只削减一点他的最严格意义上的权利,他甚至可能获得某些利益。这个原则对你们的利益不少于我们,因为如果你们丧失权势,你们将会受到严重的报复,并成为全世界引为殷鉴的例证。

雅典使者:就我们帝国的而言,我们倒不会因它的结局而十分沮丧,哪怕它会衰落;因为危险的不是另一股帝国力量,就像危及被征服者的拉克岱蒙人(不管怎样,你们知道,我们的争论实际上并非针对斯巴达人),而是臣服者,如果他们攻击并颠覆其统治者。然而,你们尽管让我们自负全责地冒险吧;我们将会向你们表明,我们来这里是为了我们帝国的利益,并拯救你们的城邦,因为我们希望尽量避免麻烦地统治你们,这样对我们彼此都有益处,我们双方都能够得以保全……

弥洛斯人:也许你们相信,我们也知道,抵抗你们的力量和抵抗命运是多么困难,除非双方势均力敌。然而,从机遇上讲,我们相信神(God)会庇护我们,因为我们以正义者的姿态来反对不义,而且,至于我们现世力量上的不足,我们相信我们和斯巴达结盟就会得到弥补,如果不是为了其他原因,本着我们的同族关系和使我们联合的光荣责任,斯巴达将被迫来帮助我们。因此,我们所拥有的信心并非是完全不理智的。

雅典人:至于神的保佑,我们认为我们和你们一样享有它;因为我们提出的要求或者我们当下的行为,决没有偏离人类对于诸神的行为的观念,或偏离人们对待他们自己的既定方针。根据诸神的声誉和人的显证,我们非常清楚,他们都是按照自然的必然去统治其权力所及之处。我们并没有定下这种法律,也不是在它制定出来后第一个实施它的人;我们不过是接收它,遵循它,并将它留给后人,这种法律早已存在,并且注定永远存在下去。[14]我们也知道,你们和其他许多获得我们这样的力量的人将会一样地行事。所以谈到神灵的护佑,我们没有理由害怕处于不利的地位。至于你们关于拉克岱蒙人的意见,即你们能相信他们出于荣誉感会来援救你们,我们必须庆幸你们对这个糟糕世界的无知,但不忌妒你们愚蠢的自信。拉克岱蒙人在处理他们自己的事务和他们本地的法律时,是美德的绝对典范;但考虑到他们对别人的操行,可以说得很详细,简明地说是:在我们所知的所有人当中,斯巴达最显著的特征就是认为他们所乐意做的便是光荣的,合乎他们的利益就是正义的。他们这种思考方式不可能使他们像你们目前不理智地设想的那样来援救你们(《战争志》V. 89 – 105)。

第二章　我们所知的修昔底德

一

[15]我们对修昔底德仅有的一点了解,事实上完全来自他在《战争志》里对自己的叙述,再说,由于在与他所描述事件同时代的纪事作家当中,几乎没有哪个像他那样对自己曾参与事件的经历表现得更为讳莫如深,因此我们对他的了解的确很少。①然而,就仅存的一些来说,也完全零散不堪;修昔底德坚持认为,他之于伯罗奔半岛战争的真实意义是:从战争伊始,他就察觉到其重要性,并不断努力如实地记录战争的过程(《战争志》I. 1);而不是因为这场战争,他成为一位失势的政治家或一位身败名裂的将军。我们无法知道修昔底德生于何时,但在公元前 424 年,他的年龄已足以让他担任西北战区(色雷斯[Thrace]及其邻邦)雅典军队的指挥官(《战争志》IV. 104. 4)。因此,我们或能推断彼时他不小于 30 岁,或者更年长些。我们从他自己的言辞里还知道,他于公元前

---

① 除此之外,我们从以下方面获得一些非常零碎的记录:苏伊达斯(Suidas)的一篇简短生平(Life)和马赛里努斯(Marcellinus)所写的一份传记,后者的可靠性因某事实而受损,即,这位纪事作家与政治家麦里西亚斯(Melesias)的儿子修昔底德常常混淆在一起。此外,我们还从普鲁塔克(Plutarch)《克蒙传》(*Life of Cimon*)和泡赛尼阿斯(Pausanias)那儿获得关于某些具体方面的资料。

404 年,亲眼目睹这场战争结束。①

下面这些就是修昔底德本人对自己和其所编撰的战争的描述:

> 这个时期(前 421 – 前 404)的历史由同一位雅典人修昔底德撰写,他把一年划分成夏冬两季,按照历史事件发生的先后顺序记载下来,一直写到斯巴达人及其同盟者摧毁雅典帝国,占领比雷埃夫斯的长城为止。直至这一终局,整场战争已经持续了 27 年(前 431 – 前 404)。如果反对者说介乎其中的和平年代期间(前 421 – 前 412)没有战争,那么这一异议是不合理的。让这个批评者看看实际军事行动的时间分布,他将会发现把这段时期称为和平的判断是不恰当的,[16]其间,双方都没有交还或收回他们用契约承诺过的东西。除此之外,曼丁尼亚人(Mantinean)和爱皮道鲁斯人(Epidaurian)发生了冲突,双方都犯下许多其他错误,在色雷斯地区的同盟者仍敌意不断,波俄提亚人(Boeotian)的停战协议仅仅延续十天。因此,把持续了十年的最初的战争(前 431 –

---

① 《战争志》V. 26. 1。修昔底德之死的史实最难以确定,而且由于传说变得模糊不清。最可能的解释也许是马赛里努斯《修昔底德传》(*Life of Thucydides*,33)归于克拉底普斯(Cratippus)的说法——据说,修昔底德死于色雷斯,而且在伯罗奔半岛战争结束不久便葬于雅典(亦可参见普鲁塔克,《克蒙传》,IV)。马赛里努斯的陈述(前揭,34)——修昔底德死时超过五十岁——与我们所掌握的其他数据非常吻合,而且使他逝世时间定位于公元前 400 年左右。根据泡塞尼阿斯(《希腊志》I. 23. 11)和狄底姆斯(Didymus)(马赛里努斯,前揭,页 32)留存的一个传统说法,修昔底德是猝死的。至于对修昔底德生平资料来源的透彻分析,以及我们能够从中汲取什么,参见 John H. Finley, Jr.,《修昔底德》(Cambridge, Mass.: Harvard University Press,1942),页 5 – 17。

> 前421),和随后值得怀疑的休战的时期(前421-前412),以及紧随其后的战争联系起来,将其合计过的人们就会发现刚好是27年又过几天。他还会发现,对于那些坚信神谕价值的人而言,这是恰好发生的唯一确切的事情。因为我一直记得,甚至从战争的开始直到它的结束,许多人预言这场战争会一直持续下去,直至度过三个九年才结束。我经历了战争的全过程,以一生时间去观察战争,向它付出我全部的关注,以便我或可准确地了解关于战争的某些东西。事情碰巧是,我在安菲波里斯(Anphipolis)的指挥官任期结束后,曾被自己的国家放逐了二十年;又由于我的流亡,与两个党派同在的我能够在空闲时特别关注一些东西,尤其是伯罗奔半岛的人。①

二

本文意在试图重构修昔底德的政治哲学。修昔底德专注于对历史事件真实准确的记述,这些事件形塑了他的政治哲学,而这种哲学又反过来塑造了这些事件。这些事件——作为修昔底德之整全的部分——是重要的,但人也同样重要,或者更为重要。虽然纪事作家修昔底德,企图让我们——无论年代上离他多么遥远——理解他力所能及地传达给我们的有关他所研究的对象的所有东西;但他并不意欲或甚至认为我们应对作为事实观察者的他本人产生兴趣。

---

① 修昔底德,V.26。有关《战争志》之写作和修订问题的权威论述,参见 Wolfgang Schadewaldt,《修昔底德的历史纪事》(*Die Geschichtschreibung des Thukydides*,Weidmann,1929)。

也许没有纪事作家能够目睹后人把他自己看作一个历史客体。

发现某位纪事作家的诸种普遍信念，[17]或找到关于政治或心理的起因的理论——纪事作家看到这些起因呈现在他所处理的一系列特定事实之中——是困难的，而且这种困难层出不穷。当然，这也许可以单纯归咎于纪事作家自身个体性情的差异。吉本(Edwrd Gibbon)洋洋自得于自身时代的道德与智识的价值观念，这可能完全是吉本个人的问题。希罗多德得意地确信，热爱自由的自由民最终会击败受皮鞭驱赶的奴隶，这也许是希罗多德的特有之物。我们之所以能较为轻易地观察到这些纪事作家的道德、伦理和严格意义的政治的观念，也许归因于[认识]这些纪事作家私人生活的偶然进程。他们同样身为伟大的纪事作家，这一事实，对于他们确信某些道德价值的安全感，和我们借以发现足够用来谈论他们的政治哲学的预备心态来说，可能只是偶然的。事实可能是，修昔底德就其本人是难以理解的、模糊的、复杂的和含混的，这与他的写作风格所显示出来的特质是一致的，而且正是因为上述情形使得我们谈论他时困难重重，譬如说“他在政治上相信这个或那个”，或“他受这个和那个的打击”。

但情况也许是，撇开自己的性情不说，对于某个时代的纪事作家来说，还存在一个真正的困难，即这个时代见证了在伦理、道德和政治方面曾被视为永恒价值之物的败坏或毁灭。希罗多德和吉本的确定性(certainty)或许源于他们顺应了他们时代中可观察到的趋势。前者的爱国主义，后者受到启蒙思想影响的讽刺性理解，都与他们各自的阅读群体对纪事作家的期望保持一致。就考虑事实所依据的价值来说，观众和艺术家是一体的，因此，没有隐匿的审查者会以构建一种内在的伦理判断或指出外在的道德来审视纪事作家的智识和写作手法。但是,恰如修昔底德一生所示,一个细心又敏感的人或许不仅看到物质力量中的伟大事物的衰败——希罗多德实则有观察这一衰败的机会——[18]而且,伴随这种败景,并以某种难以言明的方式与此相连的是:他看到越来越多的人逐渐沦落至道德败坏的不幸境地,看到极端的残暴行径的持续增长,还看到人们不断地抛弃迄今一直用来遮饰最恶劣行径的体面托词——面对这样的情景,或许纪事作家自己的心思往往会集中在最合适的素材上,作为史家,他能尽其职责忠于这些历史材料。他可以不留情面地忠于事实和人们的所作所言。当纪事作家描述那些致使人们行动和言说的感受时,他将极力克制自己,以至于几乎不可能在语词的严格客观性中发现作品背后隐藏的感情。在恰当的时刻,如某位政要的去世或某次行动的决定性时刻,作出历史评价是必要的,而上述的隐匿审查者可能会限制纪事作家,使他们只谈论对政策和军事行动负有责任的人的品质是否达到获取成功的程度。

最后,当这位纪事作家着手用一般性语词书写他那个时代巨大的道德灾难时——他有时必须如此——他也会试图使用关乎具体道德个例的道德抽象语词,并以同样超然淡漠的态度去处理它,本着这种态度,他能够陈述雅典瘟疫的症状与其诱病的身体因素之间的关系。在这个人身上,也许会滋长出一种盲目的傲慢,体现在他执意拒绝作出判断,或如他的前辈会做的那样给出评价。而且,面对这种偏执,读者可能会在道德措辞或特意使用的词语,以及言辞和行动的并列关系所隐含的细微差别中刺探性地探寻,以期找出表达政治和道德信念的确实微不足道的证据。正是由于这种信念,历史得以写就。但是,寻找这些证据就是设法揭示一个教养甚好的人逐渐形成的悲观主义和绝望情绪,再者,这个人很可能修订他的著作或著作的大部分，以至于后来的定论冲掉或掩盖了之前的看法。我们要做的重要事情是，从《战争志》中形成某些概念，[19]即，修昔底德是否相信他的时代的道德灾难揭示出人性的关键真理，这种真理被过去纪事作家笔下的表面事物掩藏起来，或者，这种道德灾难在他看来是否就是一种对以往时代之标准的蓄意背离。这样一种解释必然被证明只是编出来的故事而已。

然而，既然这里我们要尽力在某一历史情境下的史家著作中找出总体的政治理论，我们必须着手调查纪事作家本人，有点儿类似他对其笔下事件所做的那样；也就是说，我们必须考察修昔底德对雅典政党和他那个时代的主要政治形势的态度的细节，然后从这个具有特殊性的层面开始进入到我们所关注的更为普遍的主题。

三

总的来说，构建修昔底德的政治观念，可供我们使用的材料分为四种：

1. 以第一人称发表的评判特定政治制度或政治形势的关于政治生活的实际言论，例如，卷八中对特拉门尼(Theramenes)政体的评判(《战争志》VIII. 97)，以及卷三论述stasis那章的某些部分。① 这些陈述数量虽少却非常重要。

2. 对政界重要人士的评论，如：特米斯多克勒(Themisto-

---

① 《战争志》III. 82 – 83各处。没有一个英语单词能够完全涵盖古希腊语政治动乱(stasis)一词的意义，因为它除了一些非政治的附加含义外，在修昔底德这里，它还专指明一个以煽动为目标组织起来的政党，以及政党之争的暴力动乱。

cles)、伯利克勒斯、克里昂(Cleon)、海柏波鲁斯(Hyperbolus)、安提丰(Antiphon)和尼西阿斯(Nicias),至于这些人的政治地位和[党派]归属关系,我们既可以从修昔底德,也可以从其他出处了解到。① 对这些领导者或褒或贬的评价——修昔底德经常在讣告中揭示这些评价——就[理解]修昔底德的党派倾向而言,当然非常重要;此外,对于修昔底德钦佩或责难的个体类型,他们向我们提供了极其重要的线索。

3. 某些有关人的本性,以及政治发展(可以等同于公元前5世纪的特定形势)的大体过程之本质的正面论述,[20]例如,对 stasis 之本质的综合观察,以及某些关于作为政治权力来源的民人本性的散评(见下文对民主制的论述)。②

4. 诸多演说,它们是我们最重要的信息来源,同时又是得出一种直白解释的最大阻碍,因为,这取决于我们如何解释它们,要么我们获得极为丰富的可利用的简便明了的素材,要么我们被迫陷入一种更为困难和复杂的解释活动之中。

从逻辑上讲,这些演说可以用如下三种方式之一来解释:(a)把它们当做自由虚构之物。通过构思这些演说,修昔底德能够就那时发生的政治行动表达他个人的洞见,这些演说可说是一种从想象上刻画主角心理状态的戏剧性背景。(b)把它看成对真实演说的文学改写,根据这种观点,修昔底德只有在某个演说发表之后才会记述它,而且,虽然演说的

① 《战争志》I. 138. 3–6(特米斯多克勒);II. 65. 5–13(伯利克勒斯);IV. 21. 3(克里昂);VIII. 73. 3(海柏波鲁斯);VIII. 68. 1(安提丰);VII. 86. 5(尼西阿斯)。

② 例如,II. 65. 4;IV. 28. 5;VI. 24. 3–4,60;VIII. 1. 4,47. 2,48. 3,89. 3。亦可比较论民主制,参[41]。

措辞、字句和结构必然出自修昔底德自己，但论证的若干要点大概都来自最初的记录。(c)把它当作对已发表演说的逐字逐句的报道。最后一种可能性几乎笃定不必考虑，因为修昔底德自己区分了他的叙事所具备的准确性的风格和他笔下的演说的风格(《战争志》I. 22. 1,2)，而且演说的高度程式化的编排表明它不是所发表演说的如实记录，毋宁说是主要为了阅读而设计的书面作品；①另外，在对立两派的演说中，存在着某些有点令人生疑的你来我往的纯粹应答，伴随着同样的对比形式的重复。②

那么，我们就必须在前两种方式中作出抉择，而根据我们选择的不同，在我们利用演说的证据系统地阐述修昔底德的观点的过程中，将会出现一定量的差异。不管我们作何种假设，我们走过的道路部分是一致的。少量会谈和讨论的真实记录会被保留，[21]这样，纪事作家就会被迫接纳一个粗略的提纲，这至多由他的情报人提供给他。我们从修昔底德那里得到的肯定是一个比这更完整的版本，再说，如果他要扩充这一提纲，他就会使用论证来完成它，这种论证根据他对适用于某一特定事件的政治趋势与军事形势的总体认知。如果会谈或讨论从未发生，也就是说，如果修昔底德的演说完全是虚构的，那么通过把我们所见的观点归给演说者，修昔底德必定再次运用了他对现实形势的总体认知。

从而，在上述提及的有关演说的两种假设之间，就研究

---

① 很难想象，像科林多人分析雅典人特点(I. 68–71)的这样一次演说完全以修昔底德报道此事的方式发表在斯巴达。也没有谁会认为弥罗斯对话(V. 85–111)体现了实际会议的具体记录。

② 例如，III. 37–48，克里昂和狄奥多图斯关于米提列涅人的演说；VI. 9–23，尼西阿斯、阿尔喀比亚德的演说，以及尼西阿斯再一次关于西西里远征的演说。

修昔底德的观点而言,事实上唯一重大的分歧是:按照其中一种说法,在某个既定时刻和地点必须确实存在一次演说,而修昔底德不得不报道它,即使他所报道的某些东西是他自己捏造的;按照另一种说法,演说仅显示出修昔底德所确信的,正是他当时论及的相关人物心里所想的。这一点有时会构成一个重要的差异。例如,如果弥罗斯的对话(参[12])事实上从未发生过,那么通过把这些观点归入参加会议的雅典官员名下,也许修昔底德是在利用弥罗斯事件去发起一场辩论,它会清晰表明在他心目中,公元前416年雅典帝国主义者的重要观点。如果弥罗斯的官员着实(即使概述性地)采用了修昔底德置入他们口中的论说,那么说明修昔底德已经获得历史赋予的一出现成的戏剧,不管他怎样渲染修饰它。在这种情况下,譬如说,我们没有正当理由在修昔底德处理的弥罗斯事件中找到他对于戏剧的认知,①也就是说,修昔底德或未曾置任何重要意义于此事件中,这一事件大致上并没有迫使他以一个忠于事实的纪事作家的身份去处理它。这种差异频繁出现,以致[22]对于本文的目的而言,我们不得对

① 比较 F. M. Cornford,《修昔底德:神话与历史之间》(*Thucydides Mythistoricus*, London: E. Arnold, 1907),页174-187。

这两种选择的说法掉以轻心。①

我相信第二种看法是对的，即，我们所读到的演说都是对实际演说的文学改写，其理由主要如下：

1. 如果这些演说都不可信，那么某些演说中包括某些确切的描述性细节，就充分证实了纪事作家故意佯装的想望。例如，我们被告知，雅典使团在战争爆发前来到斯巴达，并不

---

① 对于太忽视这种差异可能引起什么样的混乱，我们可以在查尔斯的《修昔底德与历史科学》（Charles N. Cochrane, *Thucydides and the Science of History*, London: Oxford University Press, 1929，页 103）那里找到一个好的例子，他说："修昔底德完全清楚，对于民主制而言，城邦的统治是权宜之计，而且可以引用很多段落来说明这个事实。其中一段也许特别引人注意：即他（强调为笔者所加）分析犯罪和惩罚那一段（III. 37,40）。"这一说法更值得注意，因为在此书之前的部分里，查尔斯——在我无可否认地发现一个非常含混的段落的地方——说："在另一种意义上，它们[演说]是真实客观的，体现在每次演说都构成了一种分析，它向读者传达了与提出讨论的这一事实相关的使者个人或团体的态度。"（页 26）。查尔斯早前说过，这些演说代表了修昔底德的思想和风格。如今，这些说法真的能够自圆其说？如果我们所掌握的是修昔底德的思想，如果我们能说狄奥多图斯的演说揭示了修昔底德对犯罪和惩罚问题的分析，那么在何种意义上对这种演说的报道构成"客观的"真实？后一种说法肯定只有在如下情况中才是正确的，即如果事实上存在着狄奥多图斯所作的——实质上照修昔底德所指示的方式所作的——演说，而且，在这种情况下，我们就没有理由假定[演说]所说的东西——就其自身而言——构成修昔底德的观点。同样，肖里在其论文《论修昔底德的隐微伦理学和灵魂学》（Paul Shorey, On the Implicit Ethics and Psychology of Thucydides，见 *Transactions of the American Philological Association*, [XXIV], 1893，页 66 – 68）中分析演说时，也出现类似的含混例子。例如，尽管在这里（就像查尔斯所写的某些段落一样），意思并不完全明确，但一系列以"雅典人，连同他们出使斯巴达的使者宣称……"（Shorey，页 67，前揭）开头的陈述几乎完全来自于演说，而且显然被肖里当做是修昔底德自己哲学的证据。

是为了讨论即将到来的战斗，而是因为别的事务(《战争志》I. 72. 1)；尼西阿斯寄给雅典公民大会的信是由城邦书记员宣读的，而且这位将军[尼西阿斯]还亲自对信使作了口头指令(《战争志》VII. 10)；[拉克岱蒙人和雅典人]就米提列涅人(Mitylene)的命运，召开了两次会议，听取了两次演说(《战争志》III. 36. 6,41)。在所有这些事例里，某些描述性的细节或次要之事都得到展现，为了暗示修昔底德要么他自己就是一个目击者，要么他从目击者那获得了报告。

2. 此外，还有如下要点：就纪事作家想让我们相信他何以处理演说辞的事情来说，《战争志》卷一里修昔底德本人的著名声明并没有留下多少疑惑。他的关键措辞是："我很难记得我亲耳听到的*那些话的确切本质*，这对我的诸多信息提供者来说也是困难的。但我这样记录这些演说，让每个演说者说出我认为不同场合要求他们所说的话，同时我尽可能地紧贴实际所说的大意。"(《战争志》I. 22. 1)

除了表达"已说之事的真实准确性"和"尽我所能紧贴实际所说的"之外，很难看出用强调的语句还能是什么意思。如果面对这一说法，我们就假定演说完全是虚构的，且事实上假定它们[演说]不像那时实际发表的演说，尽管修昔底德表达了意思与之相反的清晰声明[23]，那么，我们被迫相信修昔底德本着某些目的巧妙地欺骗了我们。在这种情况下，反对演说具有根本真实性的证据，其绝对分量就会压倒一切。而事实上，反倒是另一种可能性——即我们这些演说在某种程度上再现了真实发表的演说——具有压倒性的证据。①

进一步说，如果我们把修昔底德本人极少数的直接声明当做一种蓄意的欺骗而加以拒绝，并企图从非我们可操控的材料中，替这种欺骗找出某些别有用心的设计，那么任何想在《战争志》中发现作者的政治与道德意见的尝试也最好从一开始就放弃，因为一位会在如此根本的事情上蓄意欺骗我们的纪事作家，在他著作中任何其他较重要的方面，也明显不可信。

那么，基于这些理由主要来自对前引段落的解读，第二种理论就是首选的，根据这种理论，由于他不能亲临演说发表的现场，或鉴于信息不完整，修昔底德不可能重新再现这些演说，他于是亲自写作和扩充了论辩，但是，他不曾在没有演说发表过的地方无中生有，而且在任何情况下都尽其所能紧贴已发表演说的可用材料。

---

① 这些证据主要包含在极其重要的 I. 22，此处已经讨论过了，还包含在较为次要的论辩之中，戈姆在他的论文已经使用过这些材料，见 A. W. Gomme，“修昔底德笔下的演说”（The Speeches in Thucydides，*Essays in Greek History and Literature*，Oxford：B. Blackwell，1937，页 156 – 189），这是对整个主题（此书前面的章节已重点探讨）的一个权威论述。参见戈姆在其《修昔底德注疏 · 卷一》的讨论（*Commentary on Thucydides*，[I]，Oxford：Clarendon Press，1945，页 139 以下），他在这里也充分地研究了克洛斯丁斯基在其《修昔底德纲要》的立场（August Grosskinsky，Das Programm des Thukydides，*Neue deutsche Forschungen Abteilung klassische Philologie*，[III]，1936，页 24 – 43），克洛斯丁斯基和戈姆在某些地方有所不同；然而在下面这点上我同意他们两者，即他们拒绝施瓦茨的论述，认为他在《指针》（Eduard Schwartz，Gnomon，II，1926，页 65 以下）及其《修昔底德的历史著作》（*Das Geschichtswerk des Thukydides*，Bonn：F. Cohen，1919，页 25）中对 I. 22 所给出的解释是站不住脚的。

第三章　修昔底德政治的难题

一

[24]讨论修昔底德的道德和政治理论,必然意味着他持有这样的一套理论;但是,某些学者在处理修昔底德的冷漠客观性时常常否认这一点。因此,修昔底德的道德和政治的问题是双重性的:我们是否能够读出文字背后关于人类动机和价值的某些可见诸文字的一般性看法,如果可以,这种看法又是什么。

伟大的英国古典学者杰布(R. C. Jebb)的许多论述流传甚广,某次他谴责了试图为修昔底德拼凑一套“有关伦理或政治的理论”的尝试,他认为这实际上行不通。①他说:“修昔底德并没有一套柏拉图或亚里士多德意义上的有关伦理或政治的理论。修昔底德汇集了他所观察到的实际政治的事实,但并不试图研究它们的根本规律。拼凑修昔底德的文本,并通过填补少许空白来构造一套颇为连贯、可被接受的学说体系,兴许是可能的;但这个过程将是人为的和虚妄的。莎士比亚也许能从他个人的思想片段中再造出一个修昔底德,但其中的生命气息将是诗人的馈赠;余下的全部实际上

---

① R. C. Jebb,“修昔底德的演说”(The Speeches of Thucydides,收入 *Essay and addresses*, Cambridge University Press, 1907),页 359 - 445。

只是破碎的火花"(杰布,页409,前揭)。

另一方面,美国学者肖里(Paul Shorey)在一篇早期的论文中恰恰提出了这样一套有关伦理和政治的体系。①他说:"我提议从两个主要方面来研究修昔底德式对人生的批评,为了方便起见,我将把它设定为(1)伦理实证论(ethical positivism),(2)理智主义(intellectualism)。这种伦理实证论的基本假设是,人的天性和行为严格受制于他的[25]身体条件和社会环境,并受制于一些基本的偏好和欲望。社会和习俗以道貌岸然的伪装——伦理的、社会的和宗教的——层层包裹着人性的这种原始性的核心。天真者被这种道德的外衣给欺骗了,他以这种言辞来行事,以这种所谓的目的为真理,极少看穿潜在的真实。聪明者就不被这样哄骗。"(肖里,页66,前揭)。"修昔底德的理智主义"则被肖里定义为"他持续关注的事情就是有意识的计算理性在人类生活中所起的作用"(肖里,页75,前揭)。然而,肖里在这篇文章中只是一般性地分析修昔底德的哲学立场,并没有作进一步的分析。事实上,与杰布的立场相反,肖里在文本本身之外,提供了对修昔底德的哲学的合理解释。

人们讨论作为政治科学家的修昔底德时,就习惯性地在上述两极看法之间移动:有些人断言修昔底德比以往任何纪事作家更显得是个纪事作家,他们认为修昔底德只记录了[历史]情境的具体事实,本身并没有什么政治理论;有些人刚好置修昔底德于一个现成的、非常类似霍布斯的身位——修昔底德大胆主张一门新政治科学理论,这种新理论抛弃过去的道德,而且——正如詹姆斯(William James)会说的那

① 肖里,《论修昔底德的隐微伦理学和灵魂学》,页66–68,前揭。

样——是“铁石心肠”(tough - minded),这种说法出于詹姆斯以新“理智主义者”和实证论为标准对当下的思考。说得简明一些,如果后一种看法是正确的,那么修昔底德将视雅典的历史为权力政治最重要的尝试,并将纯粹地从效用和成功来评判其中所涉的人类行为。

这两种修昔底德的研究路径的有趣之处在于,它们的得失几乎在相同之处。更为显著的是,每一观点的错误之处与其说在于对纪事作家的实际分析,不如说是每种分析都渗入了某种灵魂学的色彩。要说像杰布这样伟大的学者在修昔底德那里看不到政治理论,这可是荒谬之谈,[26]但他不承认[修昔底德持有一套政治理论]出于这样的事实:在杰布看来,一套政治理论就意味着将有关人性的静态理论应用到大量的具体事件上,后者阐明了这套政治理论,而且更恰当说,政治理论是一种过后需要完善的应用——它将暗示对这些事件的理性把握的不完美性。杰布视修昔底德是这样的人:他的政治信念的确产生于对某个特定情境的研究,并且明显又合理地说,它无法引致对下次更好的可能性的探索,当杰布这样做时,他就不会称修昔底德“持有一套伦理或政治的理论”。另一方面,他的确明白作为纪事作家的修昔底德和作为政治科学家(用杰布的话说)的柏拉图与亚里士多德在方法上的根本差异,而这种理解确实颇具启发。但是,他想要从历史中划分出政治科学,这同样导致他相较于指出修昔底德和柏拉图与亚里士多德的差异,走得更远,乃至他到了这样的荒谬地步——认为修昔底德没有关注到所观察的事实背后的根本规律。

首先,如果缺乏一套伦理或政治的理论,人们大可怀疑:是否有人有能力将近乎一生的时间奉献于研究某个复杂的军事—政治—经济的情境,并明言要尽他所能,准确并真实地把它记录下来,以指引那些将面临类似情境的后人。但是,用不着对这种事情的可能性作任何更进一步的细察,人们应当立即驳回杰布为论证自己观点所征引的主要论据。如果有哪位纪事作家不断地致力于“所观察事实”背后的“根本规律”,那么这位纪事作家就是修昔底德。例如,在记述科西拉的 stasis 一章中,人性是冲突之必要条件的含蓄评论,处处可见。同时,我们还看到,修昔底德精心地描述瘟疫发生时宗教失落的后果。①克里昂反对米提列涅人民的演说(《战争志》III,37 - 40),以及弥罗斯的演说(《战争志》V,85 - 111),无论它们以何种方式解释,即不管是解释成修昔底德对雅典帝国主义精神的个人诠释,还是解释为对真实发表演说的戏剧性表达;[27]它们都有充分证据证明一套“所观察事实的背后的根本规律”的理论的存在。

另一方面,当肖里指认修昔底德是一个伦理实证主义者,认为修昔底德相信,人的本性和行为“都严格受制于他的身体条件和社会环境,受制于一些基本的偏好和欲望”时(肖里,页 66,前揭),他已经对修昔底德历史著作的基本原则做了出色的阐述。但是,稍微进一步分析,我们就看到,肖里的个人道德色彩已混入其中,而且整个图景比杰布所呈现的更为错误,尽管它在说法上正确的程度更大些。肖里说:“天真者被这种道德外衣给欺骗了……聪明者就不被这样哄骗。”

---

① “对诸神的敬畏和人为的法律都不能约束他们了。就前一点而言,当他们看到所有人都毫无区别地死去,他们断定虔诚与否都落得同样的下场;就后一点而言,没有人能够断定自己能活到审判那一天,即为自己的歧途而付出受惩罚的代价之时:相反,他们觉得自己已经受到宣判,获得更为深重的惩罚,这项判决正悬在他们的头顶上,他们想在这个判决执行之前,再享受一点人生的乐趣,这也是无可厚非的。”(《战争志》II,3.4)

(肖里,页66,前揭,强调系笔者所加)这些完全不是修昔底德的措辞。证据就是,肖里为了把必要的自满灌注给修昔底德,不得不在语言学上粗暴地对待或以高傲情感处理修昔底德那些发自内心的悲悯评论——对阶级斗争(the class wars)过程中高贵品质在城邦公民之间消散殆尽的评论,对尼西阿斯在西西里战役中最后演说的评论,以及最后,对尼西阿斯本人逝世的评论。显而易见,肖里所勾画的冷酷无情的现实主义者与这三段文字的作者[修昔底德]不可能统一起来(参见第六章)。

最终,无论是这一派还是另一派,都无法从某个修昔底德本人所作的极少数直率和清晰的道德评论之中讲出些明白易懂的道道,其中一个评论是指修昔底德对雄辩家安提丰所作的评论,安提丰是公元前411年革命中极端分子的首脑,而后他在政治行动中继续实行极端的残忍和暴力,最后以失败收场,并被复辟的民主政体处死。修昔底德这样评价安提丰,“他的德性(arete)不亚于同时代的任何人”(《战争志》VIII. 68. 1,参见VII)。

二

探究关于修昔底德的政治理论更为适当的看法前,首先让我们再次考察公元前五世纪雅典发展起来的权力概念;也就是考察本书一开始所引用的那些关键性的演说所揭示的政治环境。

[28]在雅典居民看来,雅典帝国的伟大是人为造就的,整个帝国依赖于对物质资源几乎垄断性的利用,而且没有人试着相信由神意所定性的使命、某种超乎人类的责任,或者人的可臻完美。出于这些原因,公元前五世纪雅典的政治修

辞便发展出一套人性的理论，它认为人性本质上就是基于动物的欲望及其满足，而非别的东西。如果政治领域中存在一套人论，认为人处于神可见的地方，或者认为在某种意义上，人可于其社会交往中达至完善，那么，雅典人就不会胸有成竹地自以为已经看透了政治权力发展中所能看到的一切。但是，既然在他们的政治意识中没有这种理论，凭着关于人事上和物质上的起因的确凿证据，可以说，雅典独特的扩张形式，必然致使人们形成上述两方面的政治野心，因此，对于雅典人而言，也是对于希腊人这一整体而言，在帝国黄昏之时，国家实体中的人已变成了渴求政治权力的野心家所操纵的原料。[原料]不再是地理环境、土地和资源，而是帝国、城邦和家庭中的人。权力成为进步的标志，权力最终为其自身找到了正当性。

此外，权力在技术方面取得了进步：它从最初像先前那样植根于对物质自然资源的掠夺，演变成对人的剥削，而且，权力从不会在某类形而上学的理论框架内发展，这类形而上学关注人类行动以外的世界。科林多人在与斯巴达人谈及斯巴达政制相对来说不足以抵抗雅典的侵犯时，这样说道：

> 即便你们有一个像你们这样的城邦作为邻邦，你们也很难获得安全，就现有情况而言，正如我们刚刚指出的，你们的制度是过时的。进步的后继阶段必定总是支配先前的阶段，就像技术发展的情形一样。如果一个邦国处于和平时期，[29]那么一套固定不变的习传法律就是最好的，但是，一个邦国在被迫面对一些不同的情境时就需要一种提升技术(technique ①)的能力。因此，雅

① Technique，这里所使用的希腊单词是 epitechnesis。

典所拥有的极为丰富的经验,使他们在革新之路上把你们远远地抛在了后面。(《战争志》I. 71. 2 -3)

至少一定程度上,伴随着城邦的内部瓦解而出现的暴行,其可怖之处就在于这种残暴在技术上也变本加厉。修昔底德在记述 stasis 那一章说道:"这样,城邦 - 国家便持续地处于革命的动乱之中,后起的革命得益于之前所发生那些事情的知识,无论是在改变政权状态的技术发明上,还是在他们报复的罕见恐怖上,其革新的程度都变本加厉"(《战争志》III. 82)。应付其他邦国的常规做法可具体化为本质上围绕如何有效管理帝国的技术问题。公元前 427 年,叛乱的米提列涅(Mitylene)将要遭到惩罚,克里昂愤怒地坚决要求处决米提列涅的所有男丁,并变卖其妇孺为奴,此时狄奥多图斯(Diodotus)请求宽恕他们,并最终成功。但他是根据如此非常重要的理由,即克里昂引入关于米提列涅叛乱的普遍正义与非正义的问题,而且明显地用报复或自私的语词考虑当前形势,这些都是失当的行为(《战争志》III. 42 -43)。唯一的问题来自技术政治(technical politics):这种残酷的行径在其实用方面对我们的帝国有利吗?(《战争志》III. 44)狄奥多图斯将这个讨论进一步延伸到致命的惩罚所具有的社会有效性这个普遍性问题。有时候演说者[狄奥多图斯]的启发性结论会受到称赞,①但是其基本假定简直根本不是道德的,这点几乎没有得到足够的强调。也就是说,问题不在于某些罪行就其本身来说是否违反人道——因而在某种无形的正义秩序下应予以惩罚——而仅仅在于用致命的惩罚手段来处

① 《战争志》III. 45 -48。参见 Cochrane,《修昔底德和历史科学》,页 115,124,前揭。

理某一社会公害是否最为有效。

随着权力在很大程度上沦为技术问题，[30]它也变得更加可见和可触。雅典帝国代表了希腊世界，具体表现在以下方面：它把[联盟]公款从德洛斯岛转移到雅典，①以雅典法庭机构处理包括同盟者与帝国政权之间的争端在内的贸易诉讼案件，②凭借雅典式分配制度（cleruchies）的法律效力对同盟的领土进行殖民。③此外在私人生活中，同样的价值尺度也被认为正确而被普遍接受。物质财富的特权被一些人认为是"上层"人的外在标志。正如卡利克勒斯（Callicles）在《高尔吉亚》中所言，"上层人和更明智者应该比低于他的人拥有更多，并且应该统治他们"。（490A）

我们只有比较西方世界文明的晚近方面，才能理解这个提法令人惊愕的明晰和单一。罗马共和国或罗马帝国的上层人，在社会中个人价值的体现可能会有诸多不同的方式，这些方式都不同于明显可见的物质方式。在罗马共和国统

---

① 公元前454年，公款从德洛斯转移到雅典，对此，修昔底德并没有记录在案。这个证据的文本依据：普鲁塔克的《伯利克勒斯传》（*Life of Pericles* xii. 1）和《阿里斯忒德传》（*Life of Aristeides* xxv. 3）；阿里斯托德莫斯（Aristodemus）残片七（Jacoby）；以及狄奥多鲁（Diodorus）的相关段落：XII，40. 1，54. 3 和 XIII. 21. 3。

② 除了修昔底德笔下雅典人的陈述之外（I. 77. 1），还有一些碑铭和非常零散的字面证据，戈姆在其《修昔底德注疏》（页239－243，前揭）一书中，最令人满意地研究了这些证据。

③ 只有这些在战争过程中发生的殖民才为修昔底德所提及，例如，在厄基那（Aegina，II. 27. 1），在波提狄亚（Potidaea，II. 70. 4），在米提列涅（Mitylene，III. 50. 2）等等。有关雅典人在联盟领土上更早的殖民，参见普鲁塔克《伯利克勒斯传》（XI. 5），《狄奥多鲁传》（XI. 88. 3）；《泡桑尼亚传》（*Pausanias*，I. 27. 5）；《安多基德斯传》（*Andocides* III. 9）；以及众多碑铭。参见戈姆，页373以下，前揭。

治下，祖先卑微、务农以及古老农民家世的混合体，几乎到最后仍是候选人寻求选票的相应阵营标色。①尽管它在前202年以后很大程度上已名存实亡，然而人们要想加入统治者的行列这一点上并没有失效；而且，当人们于前108年再次获得选民资格时，马利乌斯（Marius）正是利用这种道德的有利条件成为执政官。②公职人员的概念在罗马帝国中不仅不会分外与物质利益相关，还反而特别与典型的罗马精神之高贵品质紧密相联。一旦基督教成为罗马帝国公认的准则，反对财富和坚守灵魂之善的理论主张便开启了引至无数境况的道路，在这种种情势下，共同体能够明确地看到荣誉和卓越，而非物质利益。

但具有重要意义的是，由于雅典帝国凌驾于希腊其他邦国的权力除了物质主义外并不属于任何价值秩序，这使得权力的表达尤为技术化，因此产生了一套简单的权力政治理论，这套理论的适用范围很快就超出了邦国内部，广泛用于邦际关系中。起初，那些借助精神、制度和资源上的统一，能将一己之愿强加于他国的国家实体，是一个公认的基本单位（unit），这一单位出现在国家主义者（Nationalist）的辩护之中，受到了诸如前432年在斯巴达的雅典使者的推崇。后来，邦国内的一伙人看到，他们可以适时有效地使用权力为自己牟利（参[11]）。把权力当做进步手段来追逐的原则在这里同样适用，而且这原则在某种程度上还属于公共事务范畴，

---

① 西塞罗，《论老年》，XVI. 55以下。参Cf. Léon Homo，《罗马政治制度》（*Roman Political Institutions*，London：Kegan Paul，Trench，Trubner & Co.；New York：Alfred A. Knopf，1929），页123以下。

② 参见撒路斯特（Sallust）在其《朱古达战争》（*Jugurthine War*，63-65，73，84）的说明，尤其第85章马利乌斯的演说。

但共同体的视野已经收缩了；它现在变为富人反对穷人，或者穷人反对富人。然而，作为优越性之终极证明的权力理论以及上层人的权利并没有止步于此。最后的阶段便是僭主式的人。上层人“自然的”特权在心理上逐渐具有吸引力，不仅吸引着诸多邦国或派别，还吸引着社会上的个体。这条道路的终点就是阿尔喀比亚德（Alcibiades），他说，“我所热爱的城邦不是迫害我的城邦，而是保障我公民权利的城邦”（《战争志》VI. 92. 4）。

换个角度看，与雅典的政治制度相关联的雅典帝国唯物主义，造成的结果就是，最终，政治道德和个人道德之间实际上毫无区别。在公元前5世纪的雅典，个人和邦国的融合与我们所知的其他任何重要的政治共同体的情况相比，显得更为彻底，而帝国的本性在多个方面（雅典卫城的建筑、节日以及进口商品）清晰地向每个雅典公民展示，帝国的道德不可避免地应该是个体公民的道德。帝国先是在有目的的扩张上，后是在镇压的手段上，变得暴力和专制，因此那些亲自给帝国主义式和压制性的方案投票的公民个体，必定已经将帝国的教导应用于自己的生活。重要的是要注意到，攸非姆斯（Euphemos）以雅典人的身份在西西里的卡玛里纳（Camarina）人面前声援雅典联盟的事业时，[32]提到“即将要成为僭主的人或城邦”（《战争志》VI. 85. 1）。而且伯利克勒斯和克里昂在雅典公民大会前的演说中，都将雅典对其帝国的统治描述为一种“僭政”（《战争志》II. 63. 2；III. 37. 2）。个体与邦国之间的类比已经形成。它在战争的压力下便会呈现。修昔底德笔下某些演说中格外的愤世嫉俗实在让现代读者惊讶连连，比如说克里昂在大会上论及米提列涅人的演说。即便是我们这个时代最公开的残暴之书——《我的奋斗》[希特勒]——仍基于对某些德国命运和德国的重要性的神秘信念。但是,在雅典的克里昂和狄奥多图斯、在西西里人面前的攸菲姆斯,或者在斯巴达的雅典使者,竟公开地宣告他们邦国的帝国主义及其残酷、贪婪和侵略性,当严肃地审视这些说辞时,可以看到他们仅在声称,他们随时认可所有关乎这些邪恶品质的人类行为。

一个人会想知道任何大众群体——诸如那些聆听上述演说的人民——是否具有必要的愤世嫉俗(cynicism)来为演说喝彩。答案就在于雅典邦国本质上的民主本性,和以任何强烈私人道德反对这种公众的愤世嫉俗式表达的想望。道德的双重标准——一半适用于政治生活和政治权力,另一半适用于个体的私人事务——永远不是一成不变的;但是,正如公元前5世纪后半叶的情形,当纯粹属于个体生活的那一半在信念抑或科学上都没有权力主义的基础时,这一双重标准在连续遭遇行动的必然性时就会显得尤其脆弱,这种必然性从公共的角度讲与传统上期望每个公民遵守的任何行为标准恰恰相反。毫无疑问,这种必然性加之于每一个出席公民大会并投票赞成维持雅典海外势力所必需之举措的公民身上。此邦国潜在的僭主的形式,就体现在那些投票"同意"摧毁米提列涅,将其认作道德责任的人身上。[33]再说,既然雅典的做法就是希腊政治行为的规范,那么坦白地表露残酷性就是演说的法则,国内如此,别的地方亦然。

诚然,希腊僭政的高潮不是在公元前5世纪最后25年,而出现在公元前7世纪和前6世纪。但是,柏拉图在研究堕落的城邦时,视僭政为极端民主制的产物,这也是真实的且意义深远。①早期的僭政和后来的僭政除了在名称和非法获取权力上相似以外,并无其他相近之处。早期的僭政是封建

① 柏拉图,《王制》VIII. 562A以下;564A;569C。

制度通往富人统治的桥梁。①这些僭政是政治发展的一个必要阶段，而就政治理论而言，都相当缺乏自我意识（unself－conscious）。而且，它们总是从民众而非它们所代替的贵族中产生。缠扰公元前5世纪雅典人的心灵的，在阿尔喀比亚德身上暂时成形，实则在克里提阿（Critias）及其同僚身上成为事实的僭政，是一个哲学上构想出来的怪物，它在某一共同政治道德的衰败中孕育，但僭主本身正是持续近80年的雅典城邦政治道德之特点和品质的精确复制品。

这真是历史开的讽刺性玩笑：这种真正的哲学发展，也就是说后来的僭主，相对于其先前的祖辈而言，只有一次短暂而微不足道的成功。在公元前7世纪和6世纪，僭政出现在希腊诸多邦国，其中一些还持续了很长一段时间，比如庇西特拉图（Peisistratos）及其儿子统治下的雅典僭政就持续了将近50年（亚里士多德，《雅典政制》XIX.6）。但是，阿尔喀比亚德只是一个不完全的僭主，其地位维持了不过几年，最后败在了民众合法投下的选票上；又，克里提阿及其同僚（所谓“三十僭主”）的统治还不到一年。然而这里必须说明一点。承接伯罗奔半岛战争末期以及帝国主义式民主制之瓦解的公元前4世纪民主制，实际上从理论上讲，从未以它早前形态的方式实践过。[34]甚至在它自己的发言人德摩斯忒涅（Demosthenes）和伊索克拉底（Isocrates）来看，这也是相当清楚的。柏拉图对堕落城邦的勾勒在某种真实的历史意义上说是正确的：雅典的政治发展过程的逻辑终点就是僭政。

---

① 比较K. J. Hermann和H. Swoboda，《希腊城邦文物读本》（*Lehrbuch der griechischen Staatsaltertümer*，Part III，6th ed.；Tübingen：J. C. B. Mohr，1913），页92以下；亦见T. Lenschau论“僭政”的文章（收入*R.－E.*，*Zweite Reihe*，14，Halbband，1943），页1821以下。

它持续的时间极为短暂，而且在其实践表现方面几乎被称为是微不足道的。尽管如此，它在理论上却极其重要。它既是公元前5世纪的终点，也是雅典政治帝国主义的终点。随着帝国主义的终结，旧式的民主制也消逝了。留在公元前4世纪的只是一些枯干的骸骨，披着不管哪种碰巧合身的政治宣传的碎布破衣。

这样，我们必须尝试以修昔底德看待这种民主制和这种帝国主义的发展的方式，找出修昔底德的政治观点。

《战争志》所提供的证据只是一系列提示，这些提示与某些解释有所抵触。但我认为务必消除这样的观念，即修昔底德对事实观察的背后没有道德信念，此外，我认为还至少应该根据修昔底德所看到的事实来确立政治理论的性质。至于理解修昔底德，就是从文字的最真实意义去理解他那个时代的希腊——既然他与那时的希腊同在——因为他能透彻地领会他所观察的政治运动背后的思想，并用如此绝对知识的完整性呈现它。

第四章　修昔底德与雅典民主制

一

[35]诚如修昔底德本人所言，他那个时代的雅典民主制已经持续近一百年了（《战争志》VIII. 68. 4）。这种说法与我们主要从亚里士多德《雅典政制》和普鲁塔克《名人传》（*Lives*）①所知的说法相比，形式上不完全一致，但却惊人相似。公元前510年，克里斯提尼（Cleisthenes）废除了阿提卡（Attic）的祖传部落，并建立地方部落以此作为投票的资格条件，在此之后，进一步的变革尽管重要，也只是完善了克里斯提尼改革的模式而已，比如：邦民的普选权无需受财产的限制，人人都有资格担任公职，公众法庭（popular courts）对地方法官的处理作最终判定，以及为任职者支付报酬等。血亲联合作为政治联合体之重要单位，它的终结标志着雅典与早期治理形式的分道扬镳。② 理由很简单。只要血亲联合与他们

---

① 当然，在托名色诺芬（pseudo－Xenophon）的《雅典政制》（*Constitution of Athens*）这类著作中也存在着许多证据，这是一本公元前五世纪的政治手册，也以"古老寡头制"（Old Oligarch）之名而被阿里斯托芬喜剧和碑文所引用。然而我们在这本书中只发现对某些方面的说明，而没有亚里士多德《雅典政制》和普鲁塔克《名人传》所给予我们的那种对更长时段内政治发展的评论。

② 当然，氏族和手足情谊本身并没有瓦解，继续作为宗教单位而存在（参见亚里士多德，《雅典政制》XXI. 6）。

更大的组织——部落——构成政治生活的框架,那么传统的联合、家族的古老以及家庭与个人之间宗教纽带的神圣都必然是指向保守主义的强大力量。某些没有像雅典这样与过去发生决裂的邦国,例如科林多、麦加拉(Megara)和西库昂(Sicyon),它们从贵族制到财产寡头制的转变,尽管时不时被僭政时期打断,仍顺利完成。①在其他一些传统血统关系依然存在的邦国中,比如色萨利(Thessaly)、波俄提亚(Boeotia)和斯巴达,贵族仍然是一个封建的占有土地的统治阶级。只有在家庭的、血亲的和宗教的传统力量一夜之间失去政治重要性的雅典,一种名副其实的政治民主制才从较旧的体制之中产生。[36]而在希腊其他少数民主制的城邦内,其民主制几乎全是由于外在原因和(通常来说)雅典的压力而形成的,因此在心理上讲,希腊的同时代人不会把这些制度算作民主制。②这就是为什么伯利克勒斯自豪地宣称雅典的政治不必钦羡其他城邦的政制,反而是它们的模范的原因(《战争志》II. 37. 1)。这也是阿尔喀比亚德在斯巴达的演说中抨击民主制为"公认愚蠢的[制度]"的原因(《战争志》VI. 89. 6)。在公元前五世纪的希腊,民主制实质上是雅典独有的事物。

二

有人认为雅典民主制与二十世纪盎格鲁—美利坚(Anglo

---

① 参见瓦德-吉里(H. T. Wade-Gery)对多里斯僭政(Dorian tyrannies)的描述,见《剑桥古代史》(*Cambridge Ancient History*,[III], Cambridge: University Press, 1925),页548-569。

② 亦见戈姆,《修昔底德注疏》,I,前揭,页388以下,即页[38]相关注释。

-American)民主制或欧洲大陆各民主制之间有两三个或者四个方面的差异,这种说法没有多少价值。现代国家幅员辽阔,纷繁复杂,这使得两者之间存在数不尽的重大差异。但是,下面这种说法也许是对的,即回忆起雅典与我们之间两三个显著的政治差异能帮助研习者有效地设身处地想象他们[雅典人]的政治生活。

首先是哲学的差异。雅典人并未像美国或法国那样,以人人平等的名义去创建他们的民主制,他们甚至不承认民主原则具有普遍适用性,英国人在他们的制度史的变革过程中,有时则持有这种观点。诚如伯利克勒斯所言,雅典民主制一直是外邦模仿的典范;但是雅典人除了把民主当做一种有助于海外政治的手段以外,并不是非得传播民主不可,这一点对我们而言很重要。狄奥多图斯在反对克里昂对米提列涅人不利的提议时说,严酷地处置雅典联盟内某个属国的全部人口,会导致雅典平民(demos)不受这个或其他邦国民众的欢迎。①[37]他本人还宣称这将极大地影响雅典控制力之持存。我们已经注意到,整个论证自私自利。至关重要的是保存帝国;所要重点考虑的就是那些有利于这种保存的心理层面。正是由于雅典民主制确实带有民族主义色彩,民主派的激进分子能够公然地为有违民主精神的海外政策辩护。诚如克里昂所言,雅典民主制的独特品性——政治结社的自由和言论自由——极其不利于稳定且划一地推行帝国事务(《战争志》III. 37)。他的结论当然不是说本邦的民主制有什么问题,而仅仅是说雅典人应该下定决心,避免变成海外式的民主。

---

① 《战争志》III. 47。论述雅典人对自己帝国属下邦国内的民主要素的依赖。亦见柏拉图,《书简七》(332B,C)。

让我们谨记这一事实，即没有一个雅典人会因为克里昂这个政策中的致命矛盾而严厉指控他，那么饶有趣味的是，某些民主制的政策也许是由掌控雅典帝国的雅典民主派不情愿和伪善地订立下来的。雅典与其属邦之间的争执，和事关经商契约和贸易权利的事务，皆交由雅典法庭裁决；但是值得注意的是，这些争纷是由法庭而非雅典军方来解决的，而克里昂狠狠批评这种做法。①此外，各邦国仍有地方自治的痕迹；它们实则被那些公开宣称信奉民主原则和管理着某个民主组织的人统治，再说，虽然我们从修昔底德的著作中找到充足的证据表明，那些民主政府是听命于雅典的指令而组建的，而且没有其他合适的[政制]，但是雅典的军队并没有留守在当地支持其地方政府。②我们也理应记住，当斯巴达在公元前404年接管[雅典]帝国后，斯巴达的驻地配备了军事管理者，这甚至对于斯巴达在希腊各地所创建的寡头政府的短暂存在来说，也是个必不可少的条件。

[38]雅典民主制与后世民主制之间的第二个差异是机制性的——雅典民主政体缺乏某种代议制，这点经常被提

---

① 《战争志》III. 37. 2。比较这一点和雅典使者在斯巴达的论辩(I. 77)。

② 没有确凿的证据证明，从波斯战争结束到伯罗奔半岛战争开始这五十年期间，雅典人在盟国的领土建立了永久的驻军部队。在下述地点所建立的驻军部队似乎只是临时性的，如：在厄立特利亚(Erythrae)，见 M. N. Tod，《希腊历史碑铭》(*Greek Historical Inscriptions*, Clarendon Press, 1946，第二版，第29号)；在米利都(Miletus)，见 Oliver 在《美国语言协会会刊》(*Transactions of the American Philological Association*, LXVI, 1935，页177－198)的论文；在色雷斯半岛(Thracian)，见普鲁塔克《克蒙传》(XIV. 1)；在卡尔西斯(Chalcis)，见 Tod 的著作(前引刊，第42号)；在萨摩斯(Samos)，见修昔底德，《战争志》I. 115. 3。有关详尽的研究，见戈姆，页380－384，前揭[1]．。

及。由于缺乏这种制度，民众的意志便由碰巧在公民大会现场的数量随机的公民来表达。虽说存在出席率时而低迷的时段，①但大部分时间，公共政策的事项、战争的大致理由以及左右和平或战争的决定（正如公元前432年），都由一群数量上千的外行人做决定，这批人对更大范围的公众，完全没有承担起个体的责任。只有在我们的时代，我们才能再次感受到大众或者其中有组织的团体是如此直接地向他们的统治者施加压力，因为在我们的时代里，炉边谈话（fireside chats）②越过选民代表而直接面向选民，盖洛普民意调查以及多人联署的电报和信函都纷纷寄向行政官和国会议员。阿提卡民众的意志洪流——就与会者而言，通常意味着雅典民众的意志——直接冲击着他们推选出来的管理者，而且在选民自身的长远利害方面取代了政府的判断——像伯利克勒斯这种鲜有的情况除外。

此外，当把以下事实加诸雅典行政机构的短暂任期（只有一年）这点上，人们就会看到一个实际上由民众当下和日常的意愿所主导的民主制，而事实是，当担任公职的人递交他们的行政记录时，他们会在民众法庭之前面临民众对其不得人心的行为的即时审判，同时看到几乎所有在场的人对固定公职的渴望。当我们把下述个例置于这种独特的直接民主制的背景中，就能完全理解它们全部：1. 诸如尼西阿斯这种人的极度谨慎，尼西阿斯仕途亨通很大程度上出于无所作

① 阿里斯托芬，《阿卡奈人》17－26行，亚里士多德，《雅典政制》XLI. 3。

② ［译注］“炉边谈话”原指1933至1944年期间，美国总统罗斯福为唤起民众对政府的支持，连续三十天通过收音机向民众所发表的谈话。

为,并把所有现实问题都转嫁给反对党或接手他工作的人;2. 克里昂那蛊惑人心的粗鄙,他的政运坦途是这样铺就的,他一刻也不让高贵、宽恕和正直阻挡住他给予最大多数人最大物质利益和名望,[39]因而获得属于他的政治绰号——"民众的守夜人"(the watchdog of the people);①3. 阿尔喀比亚德惊人的诡计、变节、成败不定而又得人心的妙着。这个非凡的人物——他在必要时遵循民主政治的游戏规则,尽管他在后来衷心地描述它为公认的愚蠢之举;4. 最重要的是,慎独的伯利克勒斯那真正的独特之处及其权力,他可以不需要奉承民众却可领导他们。

第三个对照点是与行政相关的雅典政党政治体系,之所以称其为"比照点",是因为它和我们时代的[民主制]实践的差异远远没有前两点差异那么大。九名雅典执政官(archons)是名义上的"掌权者",他们在公元前5世纪中叶无足轻重。他们是从全体公民中经抽签选出,②就连狂热地坚持主张公民普遍权利的雅典人,也不想通过随意的方式选举行政机构的组成人员。这些执政官监管宗教节日和某些公共礼节。而真正的行政权力则属于十将军委员会(Board of Ten Generals),他们是被选举出来并且与五百人议事会(Council

---

① 阿里斯托芬在《骑士》(*Knights*)中极好地模仿了克里昂的性格,并在《马蜂》(*Wasps*)和《和平》(*Peace*)中频繁暗示他。对他性格的描述,亦见普鲁塔克《尼西阿斯传》(*Life of Nicias*, III – IX 各处)。

② 实际上,抽签的范围来自各个部落预先选出的一系列候选人。这个被称为 Klerosis ek prokriton 的过程由梭伦所创建(亚里士多德,《雅典政制》VIII. 1)。它在僭政期间被废弃了,在公元前487年经过稍微修改后再次投入使用(同上,XXII. 5);公元前457年,有资格担任官职的人扩展到御者阶层(Teamster class),这种形式一直维持到四百人革命为止(同上,XXX. 5)。

of Five Hundred)一起工作,作为公民大会的委员会,五百人议事会由选举和抓阄的混合方式产生,负责以合适的形式制定解决问题的方案以便提交给公民大会,又作为固定的管理机构,以应对雅典的近在眼前的政治需要(亚里士多德《雅典政制》XLIII. 3－4)。尽管我们所得到的记载差强人意,但显然其中一位将军地位突出。①他相当于美国总统兼总司令,或者相当于英国或法国的首相(总理)兼总司令。其他将军大概受委托负责较次要的行政管理的工作。②伯利克勒斯在公元前459年到前429年间一直占据着这个领导职位,[即使]期间出现过几次沉浮;显然,[40]像尼西阿斯这样的保守民

① 这一点是否定期进行是最难以确定的。我们也无法知道任命这些所谓的“stategoi autokratores[将军]”有多么频繁。普鲁塔克描述阿里斯忒德(《阿里斯忒德传》VIII)和特米斯多克勒(《特米斯多克勒传》XII)的职位的方式使得我们相信他们并没有某种特殊头衔。然而,毫无疑问,偶尔会有一位将军被任命为其同行的总司令。即便希罗多德在记述关于职位的某些细节上是不可靠的,但是我们也许能够从大量的段落中推断出(希罗多德,《原史》VII. 173,VIII. 4,16,131;IX. 28,46,117),类似的事情在波斯战争中是常见的惯例。我们知道,伯利克勒斯在抵抗萨摩斯的战争(修昔底德,《战争志》I. 116. 1)和伯罗奔半岛战争的第一年中(同上,II. 13. 1)拥有类似的地位,但我们没有确凿的证据表明这种任命在和平时期亦曾出现;我们只在普鲁塔克那里(《伯利克勒斯传》XVI,3)找到证据,证明在伯利克勒斯德高望重时期,他是这种总司令式的将军(stategos)。

② 我们无法知道各个将军是在何种层面上进行分工的。有关他们在公元前五世纪的职责的详细信息,见 Walther Schwahn 的论著(收入 *R.－E.*,Supple mentband,[VI],1935,页1076以下)。亚里士多德的说法(《雅典政制》LXI)似乎只适用于公元前四世纪。

主党人有时也会在管理方面与伯利克勒斯共事。①

以十将军为代表的管理机构体现了我们可以称之为政党政治(party administration)的事物。这也就是说,我们如下说法得到了修昔底德、柏拉图、亚里士多德和普鲁塔克的肯定,即公元前5世纪后75年始终存在着两个最主要的政党:代表多数人的政党和代表少数人的政党,前者被在不同场合被称为平民(demos)、大多数人或穷人,后者的名字则有包括最好的人、少数人或富人。帝国、国际贸易、与农业相对的商业和与有限的公民权相对的普遍[权利],这些问题就宛如一把利刃割裂着这两个党派。在很长一段时期内,这一裂缝仅是维持在某种政党差异上,[两党]尚能在邦国框架内合作。在一定程度上讲,这很可能归因于从公元前478年至432年间帝国规划中扩张主义的可能性。尽管在道德上寡头派强烈地认同帝国主义之不可取,但他们的道德观并没有真正地转变成放弃帝国的意愿,而且,帝国和雅典依仗帝国主义而蓬勃发展。这也可以一部分地归因于伯利克勒斯本人。伯利克勒斯是贵族中的贵族;他的家族是阿提卡最古老的家族之一,在公职服务方面的功绩卓著。他和他的家族总是领导民主派,这被看做是一种缺点。凭着亚里士多德的权威,我们可以说,当无产者不再从贵族,而是从商人和劳动人民中寻找领袖时,有产者才会变得万分担忧(亚里士多德《雅典政制》XXVIII. 1)。

---

① 普鲁塔克,《伯利克勒斯传》XI;XVI. 3;《尼西阿斯传》II. 2。亦可参见,瓦德·吉里的杰出论文《修昔底德,麦里西亚斯之子》(Thucydides, the Son of Melesias, *Journal of Hellenic Studies*, [LII], 1932, 页205-227)。

三

以上所简要勾勒的便是修昔底德时代的雅典民主制。表面上看，就对这两个党派（代表多数人或少数人的）其中一个之信念而言，我们看似可以轻易地描述修昔底德的［党派］倾向。初看起来，他对两个党派的优点的看法是非常清楚的。［41］当修昔底德称赞特拉门尼（Theramenes）在公元前411年一度短暂存在的保守政体时，他公开承认自己支持温和的寡头制（《战争志》VIII. 97. 2）。他列举了主导雅典命运的民主制的缺点。其中明确地点明：雅典人对伯利克勒斯（《战争志》II. 65. 4）的态度变化无常和摇摆不定，以及西西里远征溃败后（《战争志》Ⅷ. 1；II. 65. 11），人们立马把远征失败归咎于民主制。含蓄地列举是在尼西阿斯寄给雅典政府的信函中，他说，“你们知道，你们雅典人的秉性是难以驾驭的”（《战争志》VII. 14. 2）；又说，“而且，因为我了解你们的秉性，你们想听最令人愉悦的事情，但如果你们发现这种事情的结果不是同样令人愉快时，就会事后埋怨，所以我决定，比较稳妥的做法就是向你们清楚地描述真相”（《战争志》VII. 14. 4）。然后又说，“真的，敌人来自伯罗奔半岛的援军将会稍后到达，但是如果你们不小心提防，你们就会像你们先前所做的那样忽略了它，而且敌人的援军很快让你们追赶莫及”（《战争志》VII. 15. 2）。

含蓄列举还体现在两处：修昔底德在对伯利克勒斯的评语中传达的信息——由大批民众管理［城邦］不可取，“他成功的原因是，对于他而言，民众是受到支配的，尽管他们是自由人，他亲自领导他们，而非由他们领导”（《战争志》II. 65. 8）；或当他赞扬阿尔喀比亚德的时候，“那时，除了阿尔喀比亚德,没有一个人能把民众(mob)置于控制之下"(《战争志》VIII. 86. 5)。

综上所述,我们可以说,修昔底德视雅典民主制为城邦与战争胜利失之交臂的主要原因之一,他赞成对政制作某些形式上的改变,以便使权力掌握在少数被仔细挑选出来、更有智慧之人的手里,而不是自伯利克勒斯逝世到"四百人"反叛期间那样,以贪婪和愚蠢的民众为权力来源。修昔底德还发现伯利克勒斯式民主制和日后民主制的巨大差异只在于至高无上和强有力的控制权掌握在伯利克勒斯自己手里:"雅典在名义上是民主制,但事实上由她的第一公民来统治。"(《战争志》II. 65. 9)

[42]此外,这里所表述的观点——哲学上对激进民主制的不信任,实际倾向于对公民权采取某些公正严格的限制,以及区分伯利克勒斯的民主制与"煽动性的"(demagogic)民主制——正是人们熟知的温和寡头政治的中道的观点,它在亚里士多德的《雅典政制》中得到清晰阐明,这部著作甚为近距离地描述了支撑上述观点的公元前5世纪的历史进程。毫无疑问,修昔底德内心着实预感到,在战争的较后阶段,雅典内部将出现寡头政治式哲学。①

① Cochrane,《修昔底德与史学》,页94-97以下,前揭;比较John H. Finley,《修昔底德入门》,页33-35,前揭。

第五章 修昔底德与雅典帝国

一

[43]但是,如果说在公元前5世纪后25年,修昔底德就是一个寡头派分子,那么这对于我们更深层地关注政治形势的发展来说,不过是隔靴搔痒。因为真正的问题——在邦际和邦内划分政治派别——是从何种道德立场来看待权力,而在雅典,帝国问题是这一问题的表征。再说,这个[帝国]问题也没有清楚地划分寡头派与民主派。

雅典究竟拥有什么权利,摧毁了那些原先曾加入雅典的德洛斯联盟(League of Delos)以对抗波斯持续侵略的其他邦国的对外自治权?这是雅典势力范围以外的每个邦国提出的直言不讳的问题或义愤填膺的指控。我们可以在战争前夕斯巴达会议上斯巴达的同盟者口中听到这些指控,还可以在公元前427年普拉蒂亚(Plataeans)沦陷后,底比斯人(Thebans)对普拉蒂亚人的严厉控告中听到(《战争志》I. 69, 1以下;III. 62-64)。毫无疑问,雅典在操纵其同盟国的对外事务时,就触犯了泛希腊公认的道德准则,这种情况早在波斯战争前巳经存在。

然而,值得注意的重要一点是,在修昔底德的作品中,那些指控雅典的人始终未在这类道德层面上质问雅典。比如,科林多人向斯巴达人公开宣称,他们不因雅典人夺取任何他们能够获得的权力而责备雅典人,但却因斯巴达人忽略自己及其盟友的利益,以致允许这类事情发生而责备斯巴达人(《战争志》I. 68 – 71)。再有,后来在战争中,赫摩克拉特斯(Hermocrates)在为西西里的某种“门罗主义”①辩护时,[44]也不加掩饰地陈述了形势,他说雅典人无论如何也不应因为遵循人性的要求而遭受谴责,反倒应该责备的仅是西西里的诸邦国,因为他们是如此盲目,以至于无视当前的形势,且不加以保卫自己(《战争志》IV. 61. 5 –7)。因而,我们能够看到雅典帝国的成功,即便在海外也有其影响力。也就是说,许多敌视雅典的人并不是在道德层面上反对雅典,而只是在国家保存的层面上反对她,与此同时,可以明确肯定的是,在私下的外交交谈中,反对雅典不正义的呼声事实上只是一种表面现象。

但是,正如我们所见,这种表面现象至少呈现于斯巴达的宣言中,他们声称,作为弱小城邦之自治权的保卫者,他们要发动战争来反对雅典。②而且,正是借自由之名,巴纳西达斯(Brasidas)才在公元前424年至前422年期间,取得西北部非凡的外交胜利。③因此,雅典帝国提出了一个邦际性的道德问题,不过此时,战争双方第一流的政治思想家们——就其在拉克岱蒙联盟和雅典中的地位而言——都讥讽地宣称,道德问题根本不用争议,它只是个赤裸裸的问题:正如希腊人

---

① [译按]“门罗主义”是指由美国总统门罗在1823年12月2日提出的外交政策。门罗担心欧洲国家会试图恢复原西班牙殖民地,于是宣布任何试图控制西半球任何国家的欧洲势力都将被视为是对抗美国的行为。随着美国成为世界强国,门罗主义将西半球定义为美国的势力范围。

② 例如,阿基达姆斯(Archidamos,《战争志》I. 82. 1);斯提尼拉伊达斯(Sthenelaidas,《战争志》I. 86. 2)等。

③ 《战争志》IV. 85. 1,5;86. 1,4;87. 4 –5。

所说的,谁有资格夺得希腊的霸权?

雅典以外的希腊邦国之混乱状况反映在雅典自身的邦内政治上。在这里,我们也可以发现一些保守派分子以道德理由反对帝国的某个尝试,至少他们在舆论上以这一点作为党派的口号。结果,这些保守派更有意倾向于斯巴达而非雅典,后者公然申明帝国主义的事业。因此,他们不愿意尽任何程度的力量来出战,而且他们确实总是希望结局将会是一个“预设好的”和平,这样一来,希腊也许能再次在外交上根据希波战争中的两个原合作伙伴(雅典和斯巴达)之间达成的友好协议来管理。然而,当保守派已经下定足够的决心破除民主政制,[45]并基于有限的公民权对它进行改革时,保守派也受到了道德上新“现实主义”的渗透:只要放弃帝国是与斯巴达换得和平的唯一手段,也是雅典自身的一种极端保守的解决方案,保守派也会同意。

保守派这种态度上的矛盾的也许不全是道德立场转变的结果。在某种程度上这可能归因于如下事实:保守派的许多早期领导人确实曾帮助建立帝国,那时候他们还不太清楚她已不再是[德洛斯]联盟而将变为帝国。在研究某些重要的细节时,我们在公元前 475 至前 450 年找到了一些具体迹象,表明对寡头政治的偏好和扩张地盘并使之受雅典直接控制的意愿是并行不悖的。例如,阿里斯泰德(Aristeides)正是第一个倡导德洛斯联盟的人,显而易见,这个联盟一开始就播下了种子,孕育着一个更为强大的雅典,而他则在《雅典政制》(XXIII. 4 - 5;XXVIII. 2)中被当做保守派的首领来加以引证。举一个更有意义的例子,克蒙(Cimon)是一位贵族,被亚里士多德称为贵族派的首领(同上,XXVI. 1 和 XXVIII. 2),正是他促成了第一个确切由雅典帝国合并的城邦,这区别于盟邦的自愿并入。

但是,存在着颇有说服力的证据表明,公元前450年后,保守派选区内的雅典选民对帝国持续增长滋生了某种厌恶情绪。①在公款正式从德洛斯转移到雅典不久,最早且最强烈反对频繁剥削盟邦的呼声,正是由米利西亚斯(Melesias)的儿子修昔底德发出的,我们知道这位修昔底德曾经是与伯利克勒斯对立的寡头派首领。②以下无疑是这位修昔底德的说法:

> 在我们看来,这真是一种可耻的傲慢,有违希腊的尊严;这种显而易见的僭政正在希腊实行。因为她目睹我们为了战争而迫使其他希腊城邦缴纳贡品,以便粉饰我们的城邦;目睹我们事实上把雅典当做一个妓女来颂扬,她带着珍奇的宝石、雕像和满载无数英才的船舰,四处晃荡。(普鲁塔克《伯利克勒斯传》XII. 2)

[46]从那以后,雅典保守派的政策——我们说"保守派"比说寡头派更加可靠,因为我们没有确实的证据表明他们在公元前411年前想要以寡头政治制度取代民主政治制度——[他们]最初显得不断地反对帝国扩张,接着,当战争紧逼他们时,他们多少有准备放弃帝国的念头,以换取本国的安全,这种安全与限制某些人的特权密不可分,保守派之前颇为相信这些人会投他们的票。

保守派反帝国主义者的立场多少是强加给他们自己的,而不顾他们的道德信念,因为如果他们要遏制国内的民主制的极端分子,战争的终结和与斯巴达的友谊将不可或缺,而

---

① 参见特别是诸如托名色诺芬的《雅典政制》这类著作。

② 普鲁塔克,《伯利克勒斯传》XI. 1－2;XII. 1－2。

与斯巴达建立的友谊，只有以放弃帝国——或至少放弃帝国的重要部分——作为交换条件才可获得。因此，明显可以察觉到，保守派一部分人倾向于把战争看作民主派发明出来的公害，他们还愈发心甘情愿地认为，斯巴达不是敌人，而是全希腊寡头政治特权的保护者。因此，我们在保守派的阵营中发现的是一个由反民主的、反帝国主义者、反战者，以及最后的亲斯巴达（pro-Spartan）分子组成的混合体。

当然，这种混合体历经很长时间才稳固下来。例如，没有理由假定，尼西阿斯在他多次将军任期（截至前 421 年）中体现出来的忠诚和稳重，与他应得名声不符。然而，尼西阿斯确实在某一年与斯巴达缔结了和平，这个时间点对雅典帝国并不有利，却无疑使得斯巴达摆脱了重重困难。雅典仍然扣押着斯法克特里亚（Sphacteria）的俘虏，而斯巴达如她在公元前 424 年所做的那样急于弄回他们。斯巴达与阿尔戈斯（Argos）的休战协议将于公元前 420 年到期，而且斯巴达在伯罗奔半岛要面对怀着敌意的阿尔戈斯，在海上又遭到雅典船队的反抗，其境况令人避之不及（《战争志》V. 14 – 15）。[47]当时，一个坚决反斯巴达的政策本来可以使阿尔喀比亚德的谋略得以实现，并获得更大的成功，这一政策在公元前 418 年却得不到认真落实。尼西阿斯与普雷斯托阿纳克斯（Pleistoanax）的和约是一个缓兵之计，斯巴达在这个关头本来并不享有喘息的时间。

再者，在公元前 415 年关于西西里远征的辩论中，我们发现尼西阿斯反对那项鲁莽的征服计划（《战争志》VI. 9 – 14）。可以肯定，这次反对出自尼西阿斯的个人的谨慎。他必定记得伯利克勒斯在战争开始时的建议：雅典如果不扩张帝国，将是安全的（《战争志》I. 144. 1）。但必须记住，修昔底德本人这样评价西西里远征：这是一项基本合理和从概念上讲可行的计划，只是由于雅典内部政治管理的无能而失败(《战争志》II. 65. 11)。当远征军队彻底败北时，尼西阿斯向斯巴达的吉利浦斯(Gylippus)投降，“因为他认为吉利浦斯比叙拉古人更可靠”(《战争志》VII. 85. 1；比较 86. 3)。而且尼西阿斯的死并不归咎于斯巴达人，而是代理此事的西西里人(《战争志》VII. 86. 1 – 2)。

寡头派在前 411 年发动的政变中所设定的政策，使得放弃战争并与斯巴达交好的趋势更进一步了。事实是，阿尔喀比亚德发动了向寡头制转变的政治行动，他是民主党派的前任领导者，而且他所持的论点大意是，雅典从民主制转向寡头制，将会赢得波斯国王[大流士]的友谊，而与波斯国王结成的友谊又将为雅典赢取战争的胜利(《战争志》VIII. 47. 2 – 48. 3)。但是，就在寡头派即将实现废除民主政治制度的目标时，有人马上提出了通过谈判的方式来终止战争的政策。新寡头政权几乎一开始的举动，就是试探性地向斯巴达国王阿吉斯(Agis)提议和平，只不过是阿吉斯的政治天真阻碍了斯巴达人接受雅典人建议(《战争志》VIII. 70. 2 – 71)。随着寡头派身上的压力日益增加，他们接受斯巴达作为保护者的意愿差不多变得明显起来，而这一切正发生在公元前 411 年，而非前 404 年。修昔底德这样记下自己的意见：

> [48]首先，他们也想统治盟邦，如果这个愿望落空，他们宁愿留存他们的舰队和防御工事，来保持独立，要是这个愿望也成为泡影的话，他们就想不惜一切代价来逃避复辟的民主政体对他们的清算，为了不遭此祸，他们已经准备好召请敌方，与其达成协议，自己放弃军舰和针对敌方的防御工事，让敌方掌握对城邦的控制权，假若他们以此能够换来自己的安全的话。(《战争志》

VIII. 91. 3)

没有必要对这个情况作进一步引述,除了要注意到克里提阿(Critias)在公元前404年的所为——他接纳了斯巴达的一个驻军和司令官,并在他们的协助下进行统治——早已可以明确地从公元前411年"四百人"革命的领导者的行为中找到预兆。

在考察雅典保守派的对外政策自公元前450年到前404年间的发展时,我们也许可以找到一系列转变的线索,这些转变包括从保守民主制转向寡头制,及从坦率认同民主式投票决定的战争政策,到最终在雅典帝国主义的邦内影响下把他们自己的邦国拱手让给敌人。在这里,我们只得满足于非第一流的证据,但是,即使这些证据如其所是,我们也不能作最终的结论。老寡头(the Old Oligarch)沉溺于用长篇演讲,谴责雅典内部的大量外邦人,批评庞大的公民群体之傲慢——他们也不再受其贵族优越感或财富的从属感控制(托名色诺芬《雅典政制》I. 1 - 12)。柏拉图在《法义》中,讨论了对外贸易的不利之处,因为它把一群不熟悉本地传统习俗的外邦人引入城邦,而且它带来太多容易被本邦吸收的东西(《法义》IV. 705A)。诸如阿里斯托芬和亚里士多德这类有寡头政治倾向的作家,会针对克里昂(Cleon)及其同僚的言行方式极尽讥讽,而这种讥讽正强调着同一种道德。①随着帝国在财富和地域范围上日益增进,中心城区的全部居民逐渐演变为这样 个群体,在其中,高贵的出身或财富所带来的传统优越感已经不像过去那样被人们接受。雅典不再由有教

---

① 阿里斯托芬,《骑士》(*Knights*),214 - 219;亚里士多德,《雅典政制》XXVIII. 3。

养的人(gentlemen)所统治。通过贸易获得的财富大多数情况下落入外邦侨民(metics①)或定居的外地人(resident foreigners)的手中。[49]典型寡头派的资金来源要么来自土地不动产——已被斯巴达的侵袭所毁坏,②要么来自矿产投资③——也被斯巴达在前413年的占有期间破坏了,④要么来自诸如法律方面的专业技艺,而人们对睿智、教育或智术的厌恶向来就是这些技艺的绊脚石。⑤由于所有这些因素的势力不断增长,公元前420年的保守民主派便顺理成章地变成了公元前404年的反动寡头派。

二

修昔底德在其有生之年目睹了帝国主义的发展和壮大。而修昔底德对其的态度,[我们]可以通过《战争志》中的正面论述较低程度地获知,而通过反面的推论则可以获得更全面

---

① [译注]在古希腊,该词意指住在某城邦的外邦人(resident alien),他们在暂居的城邦中没有公民权。与住在某城邦的外地人(resident foreigners)不同,这种人多半是移民,他们在移居的城邦中享有公民权。

② 我们不知道土地不动产有多少控制在阿提卡里面或外面。有关阿提卡的土地不动产,见B. Büchsenschütz,《古时代的占有和购买》(*Besitz und Erwerb in Alterthume*, Buchhandlung des Waisenhauses, 1869),页57以下。

③ 例如,据普鲁塔克《尼西阿斯传》(*Life of Nicias*, IV)可知,投资劳里翁(Laurion)矿产是尼西阿斯的财富来源。有关矿产中的私人利益,亦见色诺芬,《论收入》(*Poroi*)IV,页14–17。

④ 比较修昔底德,《战争志》VII. 19. 1–2, 27. 3, 28. 4。

⑤ 例如,就像安提丰的情况(参修昔底德,《战争志》VIII. 68. 1–2)。

的理解。让我们首先来弄清楚正面的证据。

在他的“探源”(Archaeology[①])中，修昔底德描述了希腊从最早时期直到德洛斯联盟期间的发展，这一描述与他对公元前478年到战争爆发这五十年期间所发生的事件的说法一道，在他看来，拉开了他将要载入编年史的伟大事件的序幕。在这整个纪事过程中，我们意识到一种人们只能称为“自然的”或必然的发展进程的东西，那就是，一种依据地理和经济的必然性对单个邦国所施加的强制力，一旦这种必然性和居民的某一秉性(temperament)结合起来，就会导致某些“自然的”结果(修昔底德，《战争志》，I. 8. 3)。金钱、商业、海军力量和大范围的集权化都是从粗糙的野蛮状况通往成熟和高度发展的雅典帝国的必经阶段。

这种严格而言的史前史和伯罗奔半岛战争爆发前的历史直接引向修昔底德对战争起因所表达的看法。我们被告知，战争的起因是斯巴达人对雅典势力的不断增长感到恐惧(《战争志》I. 23. 6)。[50]正好与此[战争的真正原因]相对，我们得知大多数人所流传的[战争]爆发时的起因(cause[②])所在——科西拉事件和对波提达亚的进攻。

我们立即想到散落在“探源”和“五十年”那些章节中的一系列抵牾。在那里，我们常常听到修昔底德所发现的战争

---

① 这是赋予修昔底德《战争志》第一卷最初二十二段的名字。类似地，对波斯战争结束到伯罗奔半岛战争爆发(I. 89 - 118)期间的事件的描述通常被提及为近五十年(Pentekontaëtia)或五十年(Fifty Years)。

② 这里没有必要纠缠如下问题，即，这里所引用的prophasis或aitia是否被当做“主要的”与“次要的”或者“真实的”原因来引用，使之与“假定的”原因对立。重要的是，以下两种起因之间有(is)一种对立，其一是修昔底德认为重要的潜在起因，没有过多公开的起因，其二是广泛宣称的起因。

真正的在物质方面的原因，它与荷马这类诗人或希罗多德这类纪事作家所给出的各种想象的或浪漫化的描述相反。[①]这些“真正的”因素在历史发展中当然不会局限于地理和资源，它们还包括与人类相关的全部心理。譬如说，重要的是斯巴达对雅典的恐惧，而不仅仅是雅典力量[增长]这一事实。要紧的是科林多对雅典人性情的印象，而不仅仅是性格和秉性的存在而已。

另一方面，修昔底德从未清晰地评论自由或奴役此类问题本身——两者都具有道德内涵。这些主题出现在不同民族的代表的口中，[②]至少在他们的内心和言谈中体现出重要性；但是修昔底德从未在任何地方保证过道德问题自身所蕴含的真正力量的实际存在。

事实兴许是，修昔底德含混地对待这些任何既定的政治情况下的道德问题，实际上是历史形势所迫。在他那个时代，邦际交涉（procedure）中关于正义和非正义的实际问题，几乎总是退避到如下质问，即，这个或那个国家曾在抵御波斯人的两场战争（490BC 和 480BC）中做过什么。而且，正是自由与奴役这个主题和波斯战争之间的关联，使得这个主题在修昔底德看来显得可疑。希腊人正是在与波斯人的交战中才达成了他们表面上的首次统一，即在公元前五世纪那个“现代”时期的统一。特洛伊战争——及其所有关乎此役的历史事实——属于很久远的过去。[51]希波战争是希腊各

---

① 例如，阿伽门农的权力盖过求婚者的原因：修昔底德，《战争志》I. 9 – 10；特洛伊久攻不下的原因：I. 11；以及有关[写作]方法的一般声明：I. 21。

② 《战争志》III. 10. 3，米提列涅的人民；III. 63. 3，底比斯人反抗普拉提亚的人民；IV. 85. 5，在阿勘修斯人（Acanthians）面前的巴纳西达斯。

个城邦首次为了共同计划的事业(打败波斯人)而出让他们各邦的独立性(哪怕只是暂时性的),这一点在现实可证的记忆范围内。自由,对于一个公元前480年以前的希腊人而言,仅仅意味着他所属的共同体能够管理自身事务的权利,而不论他的共同体偏爱哪种政体形式。再者,为了使这种自治权(即使只是暂时性)的让渡可以令人接受,希腊世界与波斯人的整个冲突不得不被描述为“自由对抗奴役”的共同体问题。

因此,意味深长的是,在希罗多德《原史》卷八中,波斯发言人——马其顿的亚历山大——以地方自治的名义直接向雅典人发出呼吁。这个马其顿人宣称,波斯王愿意向雅典作出让步(《原史》VIII. 140A)。斯巴达唯恐雅典会接受这个提议,这种担忧证明了亚历山大的宣传效果显著(《原史》VIII. 141 - 142)。而雅典人响亮的回答确实开创了先例,他们宣称要护卫希腊世界,因为希腊人在血缘、语言和习俗方面都如此相似(《原史》VIII. 143 - 144)。站在同盟者的角度看,德洛斯联盟得以在公元前478年成形,归因于他们实现了集权化管理的预期效果与效力,这种管理模式曾在波斯战争期间由雅典和斯巴达共同操控,而在波斯人撤出希腊本土后,还以相同的基础一直有力地延续到伯罗奔战争的末期。

我认为,没有证据能够表明这些结盟的希腊邦国曾把这个联盟设想为他们国家生活的永久特征。可推测的假设是,在令人满意地根除波斯在欧洲的残余势力和修复波斯人所造成的破坏后,联盟就会解散。这至少在诸如底比斯发言人反对普拉提亚人的那些愤慨的演说中暗示出来:

> 普拉提亚人声称,当波斯人进犯希腊时,他们是波俄提亚人中唯一没有投靠波斯一方的人。这就是他们引以为豪并侮辱冒犯我们主要来源。[52]但是就我们

> 这一方而言，我们要说，他们在那时没有投靠波斯人，是因为雅典人也没有那样做，但是出于同样的原因，当雅典人侵害别的希腊人时，他们普拉提亚人却是波俄提亚人中唯一投靠雅典一方的人。（《战争志》III. 62. 1 –2）

因此，在邦际交涉中正义和非正义的观念便转化为自由和奴役的问题，而这又被非常简单地理解为某个特定的共同体在它立法、行政和司法程序方面如其所愿地生活的专有权（sole right）。

在修昔底德的《战争志》中，这种直接无碍的地方自治遭到另外一种相当集权的政体之观念的挑战。重要的是，我们看到，对于修昔底德而言，这种挑战过程具有连续性，也就是说，从“探源”一直延续到他那个时代。西西里在公元前420年，正经历着希腊大陆较早时所经历的那种发展，再者，正如在13世纪和12世纪的希腊大陆，恐惧海盗和贸易的不断增长，导致了所有较大的政体单位的形成，因此，西西里在面临雅典和斯巴达的威胁时，赫默克拉底（Hermocrates）就建议西西里人在叙拉古的领导下团结一致（《战争志》IV. 59. 64）。诚如他指出，他们的个别利益临时服从更高一级组织的较大利益，这种做法甚至是各个西西里城邦无需直接屈服于某个外邦势力就可以存活下来的唯一途径。同样的论点在抵制斯巴达人时又被反复提及（《战争志》I. 19，76. 1）。斯巴达人在管理他们的联盟时，不允许他们势力范围内的任何邦国具有与斯巴达不合称的政制形式；也就是说，所有受斯巴达控制的邦国都是采用寡头政制来统治。当雅典尚未将自己的意志直接强加于其他邦国的地步时，她多方争取，为求看到据称是“民主式的”机器正控制着政府。

因而，对于修昔底德和许多与他同时代且最有洞察力的人而言,[53]自由和奴役的问题是一个过时和无关紧要的问题。弱国以某种形式屈服于强国乃时代的必然趋势。唯有[屈服的]形式才是重要的。因而,邦际正义也不存在于每个邦国都应该管理自己的事务这条较古老的简单法则,而存在于统治者权力所施予的干预。实际上正是在这个时候,而非从早前众小城邦拥有权利的这一法则算起,滑向残暴(atrocity)的堕落才真正开始。而且正是依据这样的现实——雅典、斯巴达,和后来的叙拉古都没有提出让他们的同盟城邦获得古老意义上的"自由"——修昔底德才描述如此渐变过程:占统治地位的城邦最初对待她的属邦时,还对某些外在的"正义"或平衡或公平感到摇摆不定,后来,逐渐在现实境况的迫使下,把被统治者纯粹当作达到某个目的的手段,仅践行极为低下的所谓正义。

修昔底德在"探源"和"五十年"中始终贯穿的论点是:先前所有的战争,就其规模和重要性来看(《战争志》I. 23. 1 - 2),较之伯罗奔半岛战争都相形见绌。波斯战争是属于过去的,而且他们的道德议题(自由或奴役)在希腊人成就自身权力的高峰并对其同胞施予种种行径之前,已经变得无足轻重。就如为了标明整个希腊人—野蛮人之问题不复存在,修昔底德在第一卷中特意地记录了斯巴达有意谋取波斯人的援助(《战争志》I. 82. 1)——后来雅典又召回了阿尔喀比亚德以赢取波斯的帮助(《战争志》VIII. 47)。修昔底德在评价伯利克勒斯的战争判断时,费尽心思地指出,波斯的援助是斯巴达最终取胜的关键因素之一(《战争志》II. 65. 12)。我们知道,马拉松(Marathon)战士的幽灵在希腊徘徊不散,①而在

① 阿里斯托芬,《阿卡奈人》(*Acharnians*),180 - 181;《云》(*Clouds*),985 - 986。

公元前五世纪后半叶同时代某些显要的“现代人”看来，波斯战争的问题已经过时，毫无意义。人们不难感觉到，在底比斯人反对普拉提亚人的争论中，修昔底德同意底比斯人的论点，[54]即普拉提亚人在波斯战争中的所作所为与他们在当时世界的政治立场毫无关系(《战争志》III. 67. 2)。

当然，对于修昔底德这样决意严格地克制自己作评论的纪事作家，在理论上做如下假设是可能的，即对帝国不作直接的道德谴责，却仍然可能带有纪事作家本人尚未明说的谴责。然而，全面细致地研究《战争志》就会发现，这种假设很难得到证实。修昔底德实际上好恶分明地评论了某些政体和这场战争所涉的多个人物。他不止一次而是多次轻蔑地和尖刻地评判民主制度(《战争志》III,82 - 83)。他公开地宣称，雅典在他那个时代所拥有的最好政体是特拉门尼(Theramenes)的寡头政制(《战争志》VIII. 97. 2)。他谈论海柏波拉斯(Hyperbolus)的“恶俗”(《战争志》VIII. 73. 3)。他为我们提供了那些“明智的”人对克里昂的见解(《战争志》IV. 28. 5)，这也充分证明了他自己所认为的“明智的”判断。①他说对密卡利苏斯(Mycalessus)的儿童所犯下的罪行，是这次战争中“最惨烈的”(《战争志》VII. 30. 3)。他说尼西阿斯“最不应该像他所遭遇的那样死去”(《战争志》VII. 86. 5)。还有，最重要的是，在记述 stasis 的章节中(《战争志》III. 82 - 83)，他明白无疑地证明了自己对道德的修饰语词之价值的信念。没有人能够谈论正当、高贵等品质，除非他表明自己相信诸如正当和高贵的品质的存在。古老的价值在革命时

① [译注]即让克里昂接管尼西阿斯的军队指挥权，围攻派罗斯岛上的斯巴达人，如果失败了则可以借机铲除克里昂，如果成功了则对雅典人有利(《战争志》IV. 28. 5)。

代遭到遗弃，但修昔底德是作为这样一个人来写作的：他知道这些价值曾经存在过，而且在某种意义上依然存在，即使人类不再向它们致以他们先前的敬意。考虑到所有这些对作为道德造物（moral creature）的个体，以及对共同体中的道德变迁所作出的直接评论，唯一合理的假设是，[修昔底德]不对帝国作任何道德谴责，而侧重对民主政体、它的领导者以及个体的行为和人们自身表达愤慨，这必定意味着他并未考虑这样一种恰当的道德指责。

于是，我们得出这样的结论：写作《战争志》所依据的观点并不是一个民主党派甚至可能也不是普通党派关系中寡头派的观点。之所以说修昔底德并非民主党人，[55]是因为，且不说他对战争中的民主政治所做的大量负面评论，他曾公开表明自己支持取代了旧式民主政体的特拉门尼政体，还特别反对无限制的选举权，后者正是民主派观点的基石。然而，既然修昔底德对帝国不作道德谴责，或者总体上对各邦国违背传统的自治形式不作道德谴责，他肯定也不是那种老式的寡头派。我把修昔底德描述为既不属于民主派，也不属于保守寡头派的人，但并不打算强调他缺乏直接的党派取向。当他在公元前 422 年的西北战场上担任将军职务时，他确实很有可能与一个保守的民主行政机构共事。他所称赞的特拉门尼革命，发生在他离开雅典的期间。但是，暂且不考虑他的党派忠诚，他抵制多数人的统治，拒绝批评某个邦国对另一邦国的统治，以此来反对民主派或寡头派公开声称的原则。既然如此，我们所要寻找的就不是这位纪事作家适合归入的第三种政党取向，而是他在政治上的第三种理论立场。

我的论点是，这个立场在于看到，个人和国家对权力之热望是人类最基本的品性，而且纪事作家应该依此品性评判一切政治行动，这属于广泛流行于公元前五世纪的新政治理论的框架，修昔底德对此展示了两点个性化的背离：他对那些在政治权力角逐中不幸罹难者表现出一种体谅的怜悯，并将一种独特的政治价值赋予这样的事物，它由追慕权力的热望，以及权力和人类（或创造权力的人）之间的关系所创造。

第六章　历史必然性

一

[56]值得再次注意的是,修昔底德在其对过去历史——古代史和五十年——的调查中如何强调心理因素和物质因素的相互影响,以及他怎样与往昔的诗人和编年史家们争辩,因为他们歪曲了各个历史事件的重点。这些章节范围所涉及的是,有需要证明在修昔底德的时代以前的战争当中,没有哪场战争像伯罗奔半岛战争这样重要或宏大。尽管他对这点的强调也许有些含蓄微妙,但是在其之前的其他纪事作家当中,没有人像他那样,承担严肃史家所负有的责任,以此处理各种历史材料。故而他决定在展陈过去历史的同时,审视以往的两场伟大战争——特洛伊战争和希波战争,并以他个人的措辞去挑明这些事件所隐含的重要意义——因为诗人的虚荣自傲和编年史家罔顾道德的通俗化已经蒙蔽了这些事件的真实意义。

譬如说,对特洛伊旷日持久的围城,并不是由于特洛伊人顽强和勇敢,而是由于希腊军队无能,而这又归因于他们没能带上足够的给养去维持他们集全军之力的围攻(《战争志》I. 11)。那么可以说,这场战争在这方面及其他方面,事实上被揭示为只是一个不重要的事件,这确实有违诗人赋予它的名声(《战争志》I. 21)。阿伽门农拥有统领求婚者的权力,并非由于誓言使得他们受制于他——这只是一个虚构的故事,而是因为他的财富已远远超过他那个时代的所有王者(《战争志》I. 9. 1)。而且荷马有关阿卡狄亚人(Arcadians)的说法已经证实了阿伽门农的权力范围,[57]修昔底德甚至在这里容许自己嗤笑荷马的权威(《战争志》I. 9. 4,10. 3)。

但是,他的整个记述远非只是对古老诗人和编年史家们的攻击。可以断言的是,对于想要了解过去[历史]的真相的人而言,忠实地对那些往事进行探究,就会发现在公元前五世纪之前希腊的弱势,以及自此以后希腊的强大其实取决于金钱、商业、海军力量以及大范围的兼并和集权化。①因而,诗人和编年史家所要说的东西只能当做某个真理的间接证据来引用,这个真理正被他们有意识或无意识地设法隐瞒。

当我们观察海上力量、集权化、商业和金钱这些因素时,我们会对以下两者中的极度相似之处印象深刻:修昔底德对雅典文明之兴起的描述与雅典使者的讲述(见本书开篇所引用的段落),后者涉及雅典人获取他们帝国的方式——事实上凭借人的恐惧、荣誉和贪婪。②在第一卷中我们得知,随着较大型城邦的建立和商业的发展,"弱者出于对利益的渴望而服从强者的奴役;而更有力量的城邦由于拥有任由他们支配的过剩物,所以能迫使势力弱小的城邦成为他们的属邦"

---

① 《战争志》I 8. 2 –3;11. 1;13. 1,5 –6。

② 《战争志》I 75. 3。这三种原动力与霍布斯(《利维坦》,*Leviathan*,第一部分,第十三章)所罗列的作为一切人反对一切人的战争起因的三种激情之间有一个显著的平行。例如,竞争,猜疑和荣誉:"第一种原因使人为了求利,第二种原因使人为了求安全,第三种原因则使人为了求名誉而进行侵犯。"事实上霍布斯本人翻译了修昔底德的著作,因此在这里看到直接影响是合理的,此外还可以在这两个人对人性的看法中看到一个基本的相似性,尤其是涉及政治权力本质和来源的人性。

(《战争志》I. 8. 3)。这里确然呈现了恐惧和利益。而我认为,那些归因于荣誉的伟大事件被有意地忽略了。我们应当看到,满载荣耀的时期就发生在伟大的时代;而这个伟大时代尚未降临。黄金时代即将会在伯利克勒斯的雅典出现。

我们在阅读修昔底德的《战争志》时必须时刻谨记,这是一本关于战争的书。对于作者而言,这场战争主要并非关乎军事或战略利益问题,尽管在对战争的描述中,这两方面的确很重要。用修昔底德的话来说,伯罗奔半岛战争是公元前479年以降长期历史进程中的一个顶峰,前479年波斯人正从希腊撤军,雅典则在盟友的要求下担任领导之位,指挥那些仍然挂念波斯对希腊的威胁的同盟者。翌年(前478年),雅典建立了德洛斯同盟,它最初只是自由邦国所组成的抵制波斯人联盟;[58]在三十年之内它就成为一个高度组织化的帝国,仅旨在为雅典的利益服务。在修昔底德看来,这才是战争的真正背景,于是,伯罗奔半岛战争就是这样的危机时刻,它在自身的要求下揭示了邦国与邦国之内的人的真正本性,同时破坏了所有从以往传统继承而来的非必要之物。

然而,"五十年"的历史与伯罗奔半岛战争的时代背景同等重要,这"五十年"自身的故事背后就是追溯到米诺斯(the Minoans)时代的希腊故事,而修昔底德在第一卷前十八章以"探源"来讲述的这个故事,加上"五十年"历史本身,共同编排了这场战争的序幕。序幕这个词,并不仅是表达编年意义上的意思。这是历史进程中的一个故事,这一进程将导向一场战争——不是特殊的战争,而只是一场战争。这场战争全关重要,因为它是希腊世界所知道的最为宏大的战争,而且修昔底德也能亲自观察它——以他的关注,"以便他能准确地了解关于战争的某些事情"(《战争志》V. 26. 5)。但它仍然是一场战争中的一个故事,而不单单是伯罗奔半岛这场战争中的故事。对于修昔底德而言,战争是社会发展的最后一个阶段,是每场历史剧最后严峻的一幕。

如果要以修昔底德的眼光来看待这一点的话,我们必须不仅关注修昔底德在第一卷中就这场战争及其之前发生的事情所直接说过的东西,还要关注狄奥多图斯在公元前427年代表米提列涅人民发表的演说(《战争志》Ⅲ,42-48)。这位狄奥多图斯在雅典公民大会面前为米提列涅人的叛变事件辩护,这次大会的前一天人们已经做出决定,要处决所有的成年男子并变卖妇女和儿童为奴。狄奥多图斯急着要澄清自己并不在乎判决的正义与否,而只讨论判决是否可取(expediency)。在他看来,严厉地镇压进犯行为从未对己有利——无论这种镇压是在国家单位以内还是以外,无论是惩罚个人犯罪还是打击叛变的邦国,因为它不符合人性的构成。他的原话如下:

> 必然性驱使下的贫穷会给人以勇敢,充满肆心与傲慢的富足又会养成贪婪,[59]而所有其他状态——每一种状态都分别属于某一特定的人类品性——都驱使人在某些不可挽回且严重事物的压力下陷入危险之中。在任何情况下都同时存在希望和激情,其中一个做向导,另一个如影随形,一个设计好进攻的方案,另外一个暗示运气的丰足。这两个因素会造成最严重的破坏,尽管它们是不可见的,但是却比可见的危险更具威力。除此之外还有机遇本身,它依旧有力地促成了励志;因为有时候它会支持一个人实现所有的期望,使他铤而走险,尽管他自身能力低下。这对于邦国来说亦然,因为对他们而言,自由或者凌驾于其他国家之上的帝国就是最大的赌注。鉴于上述所有情况,每个人不理智地把自

> 己认作促成某些更伟大的事物的潜在导因。因此，一旦人们受其人性本质的热切驱使而决心实现某一目标的时候，如果有人想凭借法律或其他恐怖行动的力量，企图设法使得人们离弃他们选定的目标，那么这一设想恰是不可能的，这也是把问题想得过于简单的标志。（《战争志》III. 45. 4 –7）

狄奥多图斯倾向于这一论断：个人和邦国两者都存在一种永久的侵略性。这被当做是个体与政治意义上的人的自然境况，而狄奥多图斯所要揭露的正是这种自然状态中的潜在要素。因而，政治社会之间的战争，某个社会的 stasis，以及个体与其所属的某个社会之间的混战，都是人类生活的自然潜在可能。

狄奥多图斯把社会中的罪犯和联盟内叛变的邦国两者的处境等同起来，这是我们转入观察"探源"部分时所要牢记的一点。狄奥多图斯还指出了城邦的"最大赌注"，这些赌注（自由或者凌驾于其他国家之上帝国）又被看做是等值的。这样你就不能以死亡的恐惧来制止犯罪者作恶，你也不能通过个体的死亡或者共同体的灭亡这样的恐怖行为，阻止米提列涅人借助叛变来挽救自己的自由。更可怕的是，"探源"的故事也是一样。它是关于规模较小邦国中一整个民族不可避免地走向重大战争时刻的故事。

[60]这里的意思确实含混，因为在"探源"中，技术意义上的发明物被视为人类对物质环境所作出的特有反应；换言之，叙述者的兴趣重点，不是关于不可能阻止人们叛乱和发动战争的原因，而是人们对其环境所作的反应在技术层面上的正面成果。因此，我们获悉，舰队的建立、城镇的设防、贸易的扩展、冲突的产生、僭主的形成等，都是人们对以下事物

的直接反应：早期的贫穷，海盗的出身，航海事业的潜在财富，以及不断增长的人口所形成的巨大潜在市场。然而不可否认，整个“探源”都指向战争：物质繁荣的稳定增长和城邦与人的相关激情搭配起来，迟早必将导致战争的爆发。

在修昔底德的叙述中，无论在哲学上还是实践上都不可能有别的解决办法，因为对于他而言，某个强国或若干个强国组成的联盟内部，不存在有关正义及其载体的和谐融洽的静态概念。有这样一种运动，它使得希腊发生变化，从早期无自卫能力且受穷困所迫而贸易、建城和航海的众多游牧民，发展成为两个强大的联盟——他们还在不久前不顾一切的斗争中针锋相对，这种运动过程将会以大致相同的开端和结局为循环周期，无期限地延续下去。正是带着这种想法，修昔底德才把他的历史写成对那些已经发生的和将会再次发生的事情的一个记述(《战争志》I. 22. 4)，后者“根据人之为人的事物”(according to what is human)以相同或相似的方式重现，这已经在他有关 stasis 的论述中得以进一步说明，其中，他谈到“现在正发生的这类事情将来会再次发生，只要人性不变，但其强烈程度不定，形式上取决于影响其开端的情形的具体结合”(《战争志》III. 82. 2)。

此外，修昔底德无疑以特别尖刻的措辞，描述了战争爆发前身在斯巴达的雅典使者的言辞：[61]“假如想要摧毁我们并自己接管帝国，那么你们很快就会丧失你们现在所拥有的，人们因为害怕我们而对你们所表示的好感。”(《战争志》I. 77. 6)。公元前 421 年的尼西阿斯和约签订后(《战争志》V. 25，27 以下)，雅典迅即转向了对斯巴达的怨恨，在伯罗奔半岛内形成抵制斯巴达势力的新同盟，当然还有对公元前 403 年的新斯巴达帝国更为激烈的反应，如此种种必定留在修昔底德的脑海里，作为证明其理论之真实的鲜活证据，他的理论就是，伯罗奔半岛战争无法最终解决权力和僭政的问题；它只是铲除了一个僭主的政权，而后又由另一个取而代之。现实状况要求权力的集中，而人们对此的反应又强化了这种权力集中的影响。各邦国之间的战争、邦国内部各阶级之间趁有利时机而发动的战争以及一个人反对其社会的个别和无政府的战争——贫穷或富足分别凭借“局促”（constraint）或者“肆心和傲慢”驱使这个人做出行动（譬如说阿尔喀比亚德的政治生涯）——是这条由束缚每个人和每个邦国之必然性所组成的链子的某些部分。

二

让我们看看当下关于公元前五世纪政治讨论的某些外部证据。柏拉图为我们塑造了修昔底德的读者特别感兴趣的两个人物形象：《王制》（*Republic*）中的忒拉绪马霍斯（Thrasymachus）和《高尔吉亚》（*Gorgias*）中的卡利克勒斯（Callicles）。卡利克勒斯显然是一位民主党人；忒拉绪马霍斯的立场未必是一位民主党人或寡头党人，但是，根据个人利益的考虑，他的立场将随着他碰巧作为公民所属的邦国之政体而改变。①然而，这两个人迫于压力都坦承，他们把当前的道德习俗，包括民主邦国所依托的大部分道德习俗，都当做社会中保存自己的弱者强加于强者身上的人为约束，而且真正明智的人要是有机会就会对这些约束视而不见。[62]他们两人至少在遭到苏格拉底的反驳前，都宣称僭主的生活是最幸福的生活。

---

① 柏拉图，《王制》，I. 338C－339A；343B－344C；《高尔吉亚》，481D－484C。

因此，我们在这两个人物速写中看到了一套政治和个人道德的哲学，这种哲学实际上超脱了公元前5世纪最后25年任何特定的政党联盟。一个像忒拉绪马霍斯或卡利克勒斯的人也许是一个民主党人；他极可能如此，因为民主政党在雅典更有可能处于优势地位，而他在此平台上才最有可能获得权力。不过，他也可能是一个寡头党人。克里提阿（Critias）就是这种人，而且根据他的行为，没有理由将其看作不同于《王制》第一卷中忒拉绪马霍斯所描绘的成功人士的一个历史变体。但是，不管他属于哪种，或无论他采取什么样的中间立场，其行为的哲学基础超脱了政党效忠的直接义务。他是这样一个人，他发现自己生活的至高目标就是自我利益的满足，以及为此获取权力。再者，用邦际性的话语来表述，这就意味着一个国家就像一个个体，如果获得适当的时机，就应该把自己的权力发挥到极致以满足本国的需要。

注意到修昔底德和柏拉图中相同的中点（halfway houses）和终点（conclusions），这也许并非不重要。在斯巴达的雅典使者仍然在他们所谓"自然的"功利主义理由之中极力主张一些不恰当的"道德"论点。例如，他们说："有些人是值得称赞的，他们遵从人的自然统治别人，关心正义胜过了关心他们根据力量所能做的事。"（《战争志》I. 76. 3）——当然，如果他们整个论证的含意是合理的（雅典官员在弥罗斯[演说]中严格地诠释了这些论点），雅典的正义，亦即自然正义，将表现为她所能达到的极致境界，因此她无需在道德基础上作出辩护。就《王制》（卷一）中的忒拉绪马霍斯而言，他的论证的最初阶段又依据（或看起来依据）某种传统的道德假设。[63]只有在修昔底德（卷五）的弥罗斯对话和在忒拉绪马霍斯之论述的最后阶段中，有关武力和自我扩张的赤裸学说才当做新的自然（natural）正义来引用。意味深长的是，在这两种情形中，这种学说是在犹豫再三和貌似迟疑的情况下才说出来的，而且最终，仅以这样的托辞来道出：言说者被要求讲出自己的真正理由，而且当时没有局外人在场。(《战争志》V. 85；《王制》I，349A－B)

一个像忒拉绪马霍斯或卡利克勒斯的人，或者身处斯巴达的雅典使者，对他们的心理分析，在修昔底德这里便和他自己关于物质性起因的理论统一起来，而且正是基于心理因素和物质因素的相互影响，他才得以寄望其著作可以对后世产生裨益的希望。他在《战争志》中至少三次——在记述战争、瘟疫和 stasis 之处——让我们注意到如下事实：他对某些极端的灾难事件的如实报道，当这些事件再次发生时，会[对人]有帮助，而且他在两个地方——记述 stasis 和瘟疫之处——断言这些事件肯定会再次发生。①

此外，他对 stasis 的记叙，让我们认清了那是一个什么样的时代。由这种特定的邦内变化引起的革命，以及随之而至的道德瓦解，与一场重大的战争息息相关，因为这场伟大战争"夺走了人们日常生活的安定"(《战争志》III. 82. 2)。人们同样还可以看到，在瘟疫发生时，雅典的道德灾难雪上加霜，归根到底是因为人们的心中已经丧失了所有信心，他们不相信能够活到明天。因此他们今朝有酒今朝醉，既蔑视法律的外在约束，又藐视良心的内在束缚(《战争志》II. 54. 4)。

这样一来，把重大战争会"根据人之为人的事物"而再现的说法，放在修昔底德个人对"探源"和"五十年"的记述中来理解，这种做法是否太过分？诚然，在修昔底德介绍性地对直至他所处时代的希腊史的记述中，他所表明的是：随着国家的日益富有，以及商业的发展和交流的增强，某些物质因

① 《战争志》I. 22. 4，战争；II. 48. 3，瘟疫；III. 82. 2，stasis。

素和某些心理因素的累积造就了庞大的集权化帝国。当这些事情发生时,[64]这样的帝国必定与帝国力量可能威胁到的任何邻邦或邻邦组成的联盟相抵触,再者,根据以上所述,我们可以看到修昔底德是正确的,因为依照其理论,他认为对雅典势力的恐惧就是伯罗奔半岛战争的根本起因。他并没有肆意地对帝国或帝国的缔造者作道德评判,因为这样批判他们是不恰当的,正如由于瘟疫降临雅典而责备雅典人一样也是不恰当的。大量人口涌入城邦肯定是瘟疫发生的一个主要原因,但他们是在必然性的驱使下才被迫涌入城邦的(《战争志》II. 52)。帝国必定是战争的杀戮和破坏的一个主要原因,但在修昔底德看来,帝国处在历史的必然性的迫使之下。

三

当一个人要解释修昔底德某个著名的语句时——其中修昔底德以如下的措辞来将自己与他的前辈们区分开来——也应牢记这种强迫性(conpulsion):

> 或许我笔下叙事的非虚构性质,对某些人来说可能会有点朴实无华,但是,如果有些人想了解关于过去所发生之事的以及关于根据人之为人的事物将会以相同或相似的方式重现的事情的清晰真理,从而断定我这部史著是有益的(useful),那我就心满意足了。(《战争志》I. 22. 4)

但是修昔底德没有对益处的本质作进一步详尽的拓展,而且对历史起因的分析,也让我们相当怀疑,修昔底德是否在某一特定事件发生之前就构思出某个作品，以此有助于消除灾难的根源。

这种看法，在以下语境中几乎是无法避免的：他坚决主张纪事作家掌握涉及历史事件之独特性的真理。当然，[历史]模式的重现是存在的，否则历史就无法给当下的历史观察者带来任何吸引力。但是，包括模式在内的一系列具体情况的独特性，也是存在的。重点在于，产生特定结果的某些人为因素的永恒重现，[65]以及每个历史情境下的重现之外在形式——的差异(《战争志》III. 82. 2)。

如今，当下的读者，或修昔底德所处时代之后的任一时代的读者，在阅读这位纪事作家时，也许能从中发现某种益处，这甚至能使我们更恰当地应对当下的灾难。但是，阅读修昔底德而获得的智慧并不是指向根除未来发生的灾难之起因(causes)。他并非说，通过理解公元前5世纪最后25年所发生的事情的真相，你将知道如何防止人们重现相同的浩劫和毁灭。远非如此，因为导致浩劫和毁灭的动机仍旧存在。然而可能的是，如果你从他们所有的个别性和独特性方面理解这一系列具体的[历史]情境，你就会获得应对由相同的动机制造出来的下一偶发事件所必需的技艺。

对像伯罗奔半岛战争这样一个历史事件的一种内在的真正理解，加上与之相匹配的必要特质——个人对人之欲望的永恒性，以及对欲望所伪装的临时且独特的表现形式——的理解，这两者也许会在未来的政治观察者身上催生出唯一极富价值的品质，即敏锐的推测和对人们的政治活动的直观洞察。修昔底德正是本着这种心态(spirit)来谈论瘟疫，这场堪与道德和政治的灾难相比的重大自然灾祸：

> 就让每个人——无论是行医者还是门外汉——都

> 如其所知的那样去谈论这场瘟疫，谈及可能导致瘟疫的原因，以及他所认为的足够强力激起这样一种病变的理由。但我将告诉你们它是怎么回事，并以一个观察者的身份来揭示这些症状，如果以后它再次发生，你们将有最好的先见之明，以免一无所知。因为我自己曾经患过这种病，也见过别的患病者。（《战争志》II. 48. 3）

四

如今，如果历史变更的因素在修昔底德看来实质上是固定的，那么接下来我们就应该发现，政治家所具备的才能的基本价值就是远见（foresight）。[66]如果人们对贫穷和富裕的极端状况作出明确的反应，而且人们心中能与物质条件相分离的情感可以被概括为激情和希望，那么真正意义上的政治家就必须拥有良好的判断力，以使这些普遍概念适用于他那个时代的特殊情形，而政治家的这种品质就是所谓的“远见”。想要打破必然性的束缚是愚蠢的；即使政治家能正确理解环境强加于人的命定程度，并能正确理解人类基本的无节制的侵略性，他也可能因为一些别的原因而仍无所作为。但是，如果不理解这种命定论，他就根本不能成为一个政治家。同样，用修昔底德的话说，既然战争就是社会和人类的危急时刻，那么正是在战争中，政治家的资质才得到终极的考验。而这种考验的方式是多种多样的。因为，他也许没能力策划出技术性的军事应急手段去赢取战争，结果丧失了他在社会中的主导地位；或者他也许不能控制他所在的社会面对战争时的心理反应；或者他自己也许成为人身攻击之恶病的牺牲者，当战争消除了人们不必要的情感奢侈物，随之便激起了这种病态般的恶病。所有这些针对雅典政治家的危险都见之于修昔底德的笔端,而且有三位政治家更加瞩目,他们的专长恰是应对上述三种危险,这一观察是证明修昔底德的历史起因论与狄奥多图斯的历史起因论之间的真正巧合的最好证据。这三个人就是特米斯多克勒(Themistocles),伯利克勒斯和阿尔喀比亚德。

这三个例子一致突出强调了他们的远见。特米斯多克勒在[预见]未来趋势方面是个最敏锐的预测者,而且应对突发困难时又显得是最杰出的随机应变者(《战争志》I. 138. 3)。伯利克勒斯小心谨慎评估雅典在战争中的实力和战争本身的进程,以至于即便其间出现了两个或三个未知的因素,他的判断仍然准确无误(《战争志》II. 65. 5 – 13)。明确地说,阿尔喀比亚德并不因这一才能而受到特别的称赞,但是,细微地看,[67]他为促进伯罗奔半岛上敌对斯巴达的势力[与雅典]建立同盟而作的计划,他对西西里远征之可能性的判断,他在公元前413年后推算胜机的能力,包括向斯巴达人提出的在得克莱阿(Deceleia)修筑一个固定要塞这一英明且极为有效的建议。这些例子都展现出他在预测未来方面的才智。①

修昔底德式政治家的这种品质——他的远见——整体上与狄奥多图斯所罗列的政治变更之因素相关。物质环境的力量和人类受此力量的影响而造就的性情两者之间存在必然的联系,这三位政治家全都对此有着恰当的理解,尽管历史要求他们每个人根据自己所理解的必然性而扮演的角色有所不同。

特米斯多克勒的特殊贡献是发明了技术手段,这在政治

---

① 《战争志》V. 45. 3;VI. 17. 2 – 6;VI. 91. 4 – 5,6 – 7。

权力发展的相对早期阶段满足了政治权力的需要。就雅典而言,这意味着长城墙和海军。这里显现的主要是,一种纯粹技术发明方面的才能;也就是说,政治家必须说服民众相当明白上述两种防御方式的必要性。事实的确是,在初期劝说雅典人放弃公共分配所有资金(这些资金对于组建海军是必要的)上存在着一些困难,但我们并不知晓他们是难以被说服的(《战争志》I. 14. 3,93. 3)。另外,在与即将在历史较量中胜出且在这一关头决然妨害雅典计划的斯巴达周旋的过程中,特米斯多克勒展示了自己"随机应变"的聪明才智,这些谋略相当容易实现(《战争志》I. 90. 3 –92)。在当时,历史必然性要求技术上的创造力,而特米斯多克勒恰恰拥有了这一点。

在伯利克勒斯的时代,对一位雅典政治家的要求并不那么侧重于应对预期或现实战争之技术手段的精巧。更确切地说,[要求]侧重于理解如何控制他所面对的民众关于战争的心理反应,以及侧重于正确地说明和预测敌人的脾性。[68]同样在这里,我们注意到,这正是修昔底德对伯利克勒斯的强调之处。他是那种能够"领导雅典民众,而不是被他们领导"的人;他能够"控制他们,但本着一种自由的精神"(《战争志》II. 65. 8)。而且,他对斯巴达人将会作出反应的方式所下的判断,在整个第一卷中被接连证明是正确的。

需要注意的地方是,必然性的模式已经发生了转变;必须满足的条件,用政治术语来说,不再主要是设计作战方案或者防御或侵略所需的工具。现在所要面对的情况几乎完全就是对某一特定形势必然的心理结果的控制,以及处理这些结果的有效手段的完善。伯利克勒斯给雅典人提出的建议——宣战的时间点,战争的涵义,以及使得战争顺利进行并取得胜利结局而制定的计划——完全是基于他对雅典民众的情绪与敌人的情绪的一种准确洞察(《战争志》I. 140－144)。这就是由机运(chance)所引入的,作为不可预料之因素的瘟疫,何以破坏[伯利克勒斯的]计划——甚至到几乎毁掉它们的程度——的原因。这里说的是几乎,而不是彻底毁掉。因为,即便当时雅典民众失去理智的怨恨无所顾忌地袭向伯利克勒斯,他还能够说服他们,让他们务必如其所是地看待瘟疫——它是偶然的产物,并非某个政治家无能的明证,也不是更换领导者或更改计划方向的正当理由(《战争志》II. 60－64)。

然而,正是在阿尔喀比亚德的例子中,我们看到,一位政治家可能在某些方面拥有最高意义上的才能,如应付某一特定的实质性状况所必需的技术发明方面的能力,和准确地理解人类对环境的心理反应的能力,但还是失败了。阿尔喀比亚德的技术性方案是卓越的,无论代表雅典还是反对雅典(《战争志》VI. 48;91. 6－7)。此外,他能借助伯利克勒斯所拥有的全部本领,预知[别人]对其提议的心理反应。他能说服雅典人与阿尔戈斯结成同盟(the Argive alliance),并说服雅典人进行西西里远征;他能说服斯巴达人相信他的建议的合理性,尽管他以叛国者的身份出现在他们面前。①[69]他所缺乏的既不是构思计谋的能力,也不是对人类情感的理解。再者,就像为了表明阿尔喀比亚德是如此接近那个时代所需要的政治家一样,修昔底德大胆做了一个极为罕见的假设:他说道,阿尔喀比亚德的放纵行为引起了民众对他的不信任,而正是这种不信任造成了雅典邦国的毁灭。言下之意显然是,如果雅典人对他有信心,他或许早已拯救了他们(《战争志》VI. 15. 4)。然而,修昔底德在卷二伯利克勒斯的演说

---

① 《战争志》V. 45. 3－4;VI. 16－19. 1,89－93. 2。

中解释了,何为阿尔喀比亚德所缺乏之物。伯利克勒斯彼时谈论了三种将证明是无益于城邦的政治家:

> 一个知道必然的事物而无法向民众作清晰说明的人,就如同他根本从未有过这种思想一样;一个知道必然的事物且能够表达清楚,但却非城邦之好友的人,还是不会带着个人真切感受道出所知;再者,一个人肯付出个人真实情感,但同时受钱财所役,那么整个共同体也必定会多亏他而被出卖。(《战争志》II. 60. 6)

在阿尔喀比亚德身上显现的,并不是对金钱的热衷,而是野心;而且正如修昔底德在他对他们[雅典人]的历史情爱事件所作的记述中指出的那样,雅典人特别地,几乎是无理性地,对野心所包含的危险反应敏感,而这次事件是围绕僭主的灭亡而详加叙述的(《战争志》VI. 53. 3 –60. 2)。个人的某几种道德缺陷,能致使一位政治家在他的选民的眼中变得可疑,而且在那时,即使他真正理解了历史必然性,他也无法摆脱在历史行动舞台上无所作为的命运。

第七章　偶然和怜悯

一

[70]阅读修昔底德的人都会留下这样的印象：修昔底德很少对笔下所描述的人物和事件作出自己的道德评论。但是，似乎很少人注意到这些道德评判是如何像它所是的那样奇怪地作出的。这里特别地有这类评论的三个选段，每一选段都包含了这位纪事作家的某些个人判断，初看之下它们在评论的本质和类型上都完全不同，然而经过更仔细的考察，它们就会显现出一种相似的超然(detached)人性。①

(a)第一个选段讲述了波俄提亚(Boeotian)的米卡列苏斯镇(Mycalessus)的毁灭(《战争志》VII. 29)。米卡列苏斯位于内陆深处，它的城墙太薄弱，有些部分已经倒塌；它与战争没有太大关联，或从未料想过会陷入战争之中。不幸的是，雅典人碰巧雇用了一批色雷斯的雇佣兵，这些雇佣兵本应随德摩斯提尼一同前往西西里。他们因姗姗来迟而无法参与西西里远征，而且在缺少明确指派的军事任务的情况下，他们[的薪酬]确实是耗费过多，以致无法继续受雇前行。所以雅典人下令把他们遣送回色雷斯，并命令一位雅典军官在返归旅程中指挥他们。只要他们听命于雅典，雅典就得付给他们每人每天一个德拉克马，加上他们从陆路的回程又颇费时

① 第四段，即对安提丰的评价，会在第八章中得到单独的研究。

日,故而他们的将军狄伊特里弗斯(Deitrephes)接到指示,要利用他们在归途上尽一切可能伤害敌人(《战争志》VII. 27. 2)。他们正是在这些情况下,行军穿过波俄提亚的一部分,并袭击这座沉睡中的乡间小镇米卡列苏斯。接着,修昔底德说:

> 他们袭掠米卡列苏斯,洗劫它的房屋和神庙,[71]屠杀所有人。他们毫不宽怜年轻人和老人,而是杀害他们所见的每一个人,妇女和儿童也一视同仁,甚至连驮兽和他们看到的所有活物都不放过。因为这些色雷斯人像其他大多数的野蛮人一样,在他们自负之时是最为嗜杀的。结果,城内一片骇人的狼藉,陈列着各种形式的死亡:特别是他们侵袭了镇上最大的一所学校,那里的孩子刚刚进入学校,色雷斯人屠杀了所有的孩子们。整个城邦遭遇了一场劫难,其出乎意外和恐怖的程度不亚于其他灾难。(《战争志》VII. 29. 4 – 5)

修昔底德在这段文字最后写道:"这就是米卡列苏斯所发生的一切,尽管这个城镇规模较小,但这次事件就像发生在伯罗奔半岛战争中的任何事情一样值得我们垂泪。"(《战争志》VII. 30. 3)

(b)在西西里战役的最后,尼西阿斯向西西里军队投降,修昔底德告诉我们,这是因为尼西阿斯信任他们的斯巴达将军吉利普斯(Gylippus),而非信任西西里人(《战争志》VII. 85 – 86)。在吉利普斯的要求下,他和另一位雅典将军德摩斯提尼被西西里人拘留了一段时间,但最终他们都被处决了。据修昔底德所载,西西里人之中的一些叙拉古人因为害怕而不敢放过尼西阿斯,以免他在拷问之下泄露了叙拉古自己内部的显要党派分子的名字——这些人曾试图和雅典人展开谈判。西西里远征的彻底失败,近4万人被杀、受伤和被俘虏(《战争志》VII. 75. 5),很大程度上归咎于尼斯亚斯的愚蠢、胆怯和无能。德摩斯提尼已经屡次试图挽救军队,而且他的挽救计划是明智的,他们很可能会胜利。但是尼西阿斯始终阻止执行这些计划。这些事实在第七卷得到了修昔底德本人的确认。他这样评价尼西阿斯的死亡:"于是,在这个指控下,或者类似这样的指控下,尼西阿斯死去了,他是我这个时代的所有希腊人当中,最不应该遭逢如此惨痛厄运的人,因为他一生都依照普遍称为德性的事物来生活"(《战争志》VII. 86. 5)。至于德摩斯提尼,修昔底德只字不提。

[72](c)公元前412－前411年间,寡头派的阴谋集团颠覆了雅典民主制,他们长期以来一直不满于雅典民主不断延续的情况下战争与和平的前景。这个党派中的某些人有着这样的想望:获得阿尔喀比亚德的支持,并通过它获得波斯的援助(据说他有能力争取到)。但是,正如我们在稍前章节所看到的,寡头派对战争、民主制和斯巴达的态度的根基能回溯到更深一层。寡头党的派系内有两翼,一个是激进派,他们的目标是[建立]一个由极少数人组成的强有力的管理机构,另一个是温和宪政派,他们想要对选举权进行限制以及重构政体,使它更接近亚里士多德后来所称的 politeia,即民主要素和寡头要素的混合体。极端寡头派的主要策动者是安提丰;而温和宪政党的主要策划者则是特拉门尼。

极端寡头派在革命过程中率先采取行动,并且暂时施行秘密警察制度来管理城邦,正如修昔底德所记载的:

> 其他公民中没有人反对这些措施,由于他们感到畏惧而且也看到了阴谋集团的势力之大;如果有人胆敢这

样做,他就会立即以某种适当的方式被杀害,而且没有人去追究谋杀犯,也不会审判有谋杀嫌疑的人,但是,民众保持沉默,还极为提心吊胆,以至于每个没有遭受暴力对待的人即使他闭口不谈,都认为没有追捕或审判反而是件有利之事。(《战争志》VIII. 66. 2)

这种恐怖氛围并没有持续很久,寡头党中的温和派接着便取得了控制权,并草拟一份新宪法,旨在把拥有选举权的人数限制在五千之内。极端寡头派曾郑重地提出这一设想,但按照修昔底德的说法,这不过是使民主制更容易过渡[为寡头制]的一个伪饰而已;他们从未打算使五千人成为一个有效的政治团体。然而,作为温和派的领导者,特拉门尼真心支持建立五千人政府,而关于以五千人的名义建立起来的政体,修昔底德说道:"在我有生之年,就现在来说,雅典似乎第一次享有一个优秀的政府,[73]因为其中包含了少数人与多数人的混合,而且这是让城邦从不利状况中摆脱出来的首要事务。"(《战争志》VIII. 97. 2)

二

现在,如果我们细察这些选段时采用这种方式——最先看它们的上下文,然后看它们彼此的关联——那么,它们所隐含的某些奇异之处便变得明朗起来。首先,从比较的视野来看,这三段文字实则并不包括人们可以称之为明显值得注意的评论。有这么一个人,他记录过弥罗斯被最为无情的行动彻底毁灭、米提列涅城邦几近全面的毁坏以及遭到[斯巴达]围攻后已投降的普拉提亚人(Plataean)所遭到的屠杀,他难道就不应该对[以上事例中的]罹难者说一句同情的话,或者对行刑者发出责备之词？他却为了波俄提亚区区上百名村民以及孩童所在的某一校舍中的屠杀，表达自己的怜悯和指责，这难道不奇怪？这位记述者提到了安提丰的结局（把他描述为“论其德性方面，在他那个时代是首屈一指的”）（《战争志》VIII. 68. 1）和德摩斯提尼的结局，后者绝妙地打赢了派罗斯战役，甚至还几乎挽救了尼西阿斯领导下的西西里远征注定的败局，却连只言片语或评论都没有得到，这个记述者难道就应该对尼西阿斯发出一个如此完整而全面的赞许，而尼西阿斯明明曾在战争的关键战役中落败，这难道也不奇怪？再者，这位记述者曾亲眼见过伯利克勒斯领导下的雅典，并承认其强大的实力、适应能力和生命力，他难道就应该为了特拉门尼的那个尤其可疑且不切实际的尝试——它只持续了数个月，而且实则几乎完全没有作为一个能起作用的组织而存在过——而保留他那“最好的政府”的赞扬，这难道也不奇怪？

要消除这些评论带给我们的奇异感，其途径之一就是逐一单独地解释它们。当然，每一段文字都容许一个自成一体的解释。我们可以说，毕竟修昔底德也是人，就像其他任何人一样；那些遭到破坏的村庄和被屠杀的校园孩童引起了他的怜悯（pity），[74]而规模更大且更为恐怖的事件却不知何故，未能使他产生如此情感。或者我们可以迫使自己把修昔底德对米卡利苏斯面积的强调看做是[解释的]重点。别的比这更大的城邦也被摧毁了，但考虑到这个城邦之小，其他城邦的毁灭没有比它更为彻底。另外，我们又可以通过假定修昔底德与尼西阿斯之间存有私交而修昔底德与德摩斯提尼之间则暗藏私仇，以此来对尼西阿斯的评语作出辩解。我们还可以这样来为特拉门尼政体的赞词辩解：修昔底德毕竟凭个人偏好来说是一位温和寡头党人，他从未认可过民主式的帝国,而且他对特拉门尼政体的赞誉之词只是他作为公元前5世纪一名政治家自发的声音。贯穿以上所有个人化解释的共同思路,就是把作为纪事作家的修昔底德与修昔底德这个人分离开来。修昔底德被想象为这样一种人:他严肃地致力于完成记录伯罗奔半岛战争的任务,但在过程中有时候会透露出某种他与我们一同享有的个体的人性。

当一位纪事作家首先是一位历史哲人,其次才是一位纪事作家时,正如黑格尔(Hegal)和斯宾格勒(Spengler),这样一种专业性与个体性之间的分歧就是可以理解的。因为[历史哲人]首先构建的是[历史的]模式,它源于某一系列事实对个别艺术家的冲击,这发生在此系列事实获得艺术形式之前。当这一过程进行时,哲人—纪事作家自身特有的小缺点就会时常打破他所创造的模式。但是当完整意义上的具体细节同时是哲学的形式和整体时,[纪事作家]个人的东西是无法介入的,修昔底德的情况就是如此。他逐个细节所看到的是故事,而且故事具有重要的含意;但这些含意源于故事,而不是说故事源于某套理论。在这种情况下,唯有当纪事作家首先选取了他的写作对象时,个人的东西也就能随之进入。在论述对象的过程中,个人化的东西并非作为一个补遗或插话而出现。

三

[75]不只如此。如果我们再次细看所引用的三段文字,我们就能够在道德评判中看到一个共通的关联处。奇异的是,这三段文字所论述的人物或事件,都属于偶然性的范围,而非必然性的领域。

就米卡利苏斯事件而言,修昔底德强调过这一点。采取行动的士兵们是那些因迟到而错过预定军事行动的雇佣兵；正是一次纯属偶然的机会，他们被遣送并取道波俄提亚，而且他们收到的指令——最大程度地伤害他们沿途所遇的敌人——以最为偶然的方式把他们引向这座可怜的波俄提亚村庄（《战争志》VII. 29. 1 – 2）。米卡列苏斯有着陷落和坍塌的城墙，以及绝对的安全感，可见它本身绝不是一个适宜卷入这场战争的地方。而弥罗斯也许自然而然就成为雅典和斯巴达之间争执的焦点；这个由多里斯人居住的岛国，既不站在雅典一方，也不站在斯巴达一方，从战争的逻辑上讲，它必定要遭受苦难。但是，按照同样的逻辑，米拉列苏斯没有必要如此遭罪，而且修昔底德正是出于这样的理由才怜悯它。

同样的模式亦可在尼西阿斯及他与西西里远征的关系这两者的相关情节中辨别出来。正如我们在第六卷中得知，尼西阿斯一点也不想望这样一次远征，而且尤其不想指挥这次远征（《战争志》VI. 8. 4）。撇开他的意图不谈，身为被推选出来的将军，不久之后，纯粹的偶然以特殊的方式从他的身边夺去了两位本可以促成远征行动之胜利的助手，也就是说，拉马卡斯（Lamaclus）的死亡和阿尔喀比亚德的逃离相继发生（《战争志》VI. 61. 6 – 7，103. 3）。尼西阿斯在他的首次败战之后，作出又一次孤注一掷的努力：那时他要求的援军数量如此庞大，以致他想当然地认为雅典人会拒绝，而且他还以自己患病而无法指挥战事为由，要求雅典派一个人来接替他的职务。他这两个请求都没有成功（《战争志》VII. 15）。要命的是，雅典人派来另一支庞大的军队，使他再也无法为失败找借口；而且他们坚持保留他的职务，以此证明对他的信任（《战争志》VII. 16 – 17）。最后，当在海港战败时，[76]他依然可以相对完整地撤回他的军队，但是月食[因素]的介入暴露了他迷信的弱点，他硬要延期撤军所带来的结果就是军队和他自己的彻底毁灭（《战争志》VII. 50. 3 –4）。

当我们谨记尼西阿斯——在他自己看来和在雅典人看来——是一位非常幸运的将军时，他所处的境况显现出的特别令人同情和沉痛之处，就能得到进一步强调。他一再带着他对好运气的不安的依赖出现在我们面前。修昔底德告诉我们，他特别急于议定前421年以他名字命名的和平，因为直到那时为止，他担任将军期间的好运气一直未曾间断，而且他渴望拥有一个从无败绩的将军功名（《战争志》V. 16. 1）。他“一生都依照普遍被称为德性的事物来生活”（《战争志》VII. 86. 5），而且带着个人化的胆怯式审慎来生活，他个人一直备受好运眷顾，并懂得运气可能改变。他那“普遍的德性”和对运气的审慎态度的结果，就是把他自己和他的国度都卷入她前所未有的极为巨大的灾难之中。

我认为，这两段文字包含了修昔底德在偶然性面前的敬畏感。修昔底德不是一个迷信的人；他显然不相信偶然性就是我们给上帝的发明所定的名称，也不相信被狄奥多图斯标记为“偶然性”的那个领域就是命运的模式。但是我认为，偶然性掌控下具有反讽意味的奇特事件以一种令人恐惧的方式启发了修昔底德，在这两个例子中，其中一个说的是一位善意、正派却能力不足的人，他无谓地接受一个需要掌握大量技艺的任务，另外一个说的是某座简朴的小城镇，当地的男人和女人、小孩和动物都在毫无知觉的情况下遭到一伙雇佣军的屠杀，他们并没有想过把这座小镇作为军事目标，这些人与其命运之间的不相称唤醒了某种人类的怜悯之情，按照修昔底德的历史理论及其发展来看，这种怜悯仍是可以理解的。

对最后一个事例——对五千人政体的评论——的定位

则要难得多。五千人政体肯定不是偶然性的特有产物,[77]与之相关的偶然性也不是要展现反讽,而在尼西阿斯身上和米卡利苏斯村庄所发生的事情,这种反讽尤其突出。另一方面,也许还存在另一种方式,把五千人政体理解成这样一个事物,它并不是直接产生于历史必然性——进而以此来解释修昔底德对它的评论。修昔底德在记述 stasis 那一章时说:"在和平繁荣的时期,邦国和个人都显现出较好的判断,因为他们并未陷入必然性之中,而人们的意志或意愿在必然性[形势所迫]面前则脆弱不堪。"(《战争志》III. 82. 2)这里的"较好"(better)一词很可能显示出与描述五千人政体所用的"最好"(best)一词相同的道德评判:也就是说,在这两个出处中,"较好"和"最好"两个词都指涉某种道德上的卓越,而当客观环境的压力"使得大多数人对待他们所处的环境的心态也随之变化"时,这类道德卓越就不再可能了。

如果我们在论述 stasis 的章节中寻找"较好"的定义,在论述五千人政体那节中寻求"最好"的定义,那么上述论点将得到进一步支持。记述 stasis 那章的要旨是,在一个正常的邦国中,人的正当品质,诸如勇敢、审慎、正派和智慧,实际上都由异常的扭曲之物所取代,即无理性的狂肆、残忍和普遍的猜忌,此外,道德语词的使用也发生了变化。扭曲的极端情况获得道德的标签,所依据的竟是这些道德标签正常意义上的对立面。在记述五千人政体的章节中,修昔底德不可能是在能帮助雅典赢取战争胜利的意义上,说这是"最好的政府",因为这个政府的首要行动,就是旨在与斯巴达缔结和约。修昔底德为他把这种政体归入"最好"所给出的理由是正确且意义深远的。"因为其中包含了少数人与多数人的混合,而且这是让城邦从不利状况中摆脱出来的首要事务。"(《战争志》VIII. 97)少数人和多数人的冲突是 stasis 的基础,而且修昔底德把它(stasis)表明为由对外战争所造成的特殊邦内形势。

换句话说,[78]考虑到人性的基本欲望——一方面引致邦国之间战争的潜在可能,另一方面激发社会中少数人与多数人冲突的潜在性(少数人内部具有多数人之间所缺少的动乱倾向),那么,人类侵略性在战争和派别斗争中的实现,反映了狂乱的状态,而在这一点上进行道德评判不再有意义,因为人的能力如今完全受制于客观环境,而且他的意志或意愿都毫无自由可言。在这样一个时期,政治的技艺就获得它适当的运用,因为它是理解必然性,和在必然性所提供的可能性范围内起作用的极佳技艺。但是,只有在以下场合,才适合进行道德评判:人类在某种程度上可以被认为是能自由地在一种或别的可能性之中做出选择,而不束缚于必然性的直接压力。

五千人政体就是后一种情形。它在某种程度上是一次不切实际的尝试,因为它试图用一种标本兼治的方式来治愈雅典邦国的基本病症,即少数人和多数人的冲突。它是这样做到这点的,首先倾向于把战争的胜利放在第一位,正如民主派想要达到的,还通过法令建立一个稳定的政府,这正是极端寡头派所希望的。这个政体刚好出现在必然性强制的冲击下难得的喘息间隔时机中,而且是人们有意识地和自由地选择一个理论上更好的邦国的一次努力。而修昔底德正是本着这种精神来评论它。

综观这三段文字,我们可以得出这样的结论。只有当人或境遇处于必然性直接控制之外的情况下,修昔底德才会认为某个人或某种境遇中好与坏之间的斗争是值得评论的。因此,米克列苏斯的偶然毁灭,以及促使尼西阿斯成为灾难性的西西里远征之指挥官的偶然性,都简要地展示了一段可能别具新意的历史。根据这段历史的假设性差异,这位纪事作家很可能且愿意在道德上作出评判。[79]再者,当一个行动能在选择之真正可能性的随同下臻于完善时,也就是说,当这种行动出自人们的自由抉择而非必然性的强迫时,一种道德评判才可能是有意义的。但是道德评判不涉及对战争和帝国的讨论,因为这两者只是对客观环境之持续过程的最终及自然的反应,至于人们在战争和帝国中应该实施的行动,必须(should)只听由应付现存境况之必然性的支配。

第八章 超越必然性

一

[80]尽管上一章讨论的三个评论很可能会被整合到我解释过的这种历史理论当中，但是它们并没有揭示出修昔底德作为一位纪事作家最重要的表态。在某种意义上，按照对它们所进行的传统解释的方式，这是显而易见的。如果这些段落与其余记述部分的总体倾向之间不存在一个极其显著的对立，就不会有这么多的学者试图把这些段落看做一些充满感情色彩的嵌入物，或者仅从其表面上理解，认为它们是讽刺的评论。①迄今为止，我们所进行的分析事实上已说明了为什么会有这种笔调的差异。在记述尼西阿斯、米卡利苏斯和五千人政体的段落中，修昔底德所评论的是一些以某种独特方式属于必然性以外范畴的事件。“探源”和“五十年”[所涉及的章节]，以及某些演说文本，向我们指明了修昔底德所认为的历史必然性的意涵，还点明了以这种必然性为基准的真正治邦者所需的品质。我们现在必须尝试去做的事情是探讨，在历史必然性的范畴中，人们还能在何种层面上赞扬治邦者和邦国的事功。当人们的自由意志全然受到客观环境的约束时，当偶然性没有明显地混淆该问题时——换言

① 例如 J. B. Bury,《古希腊的纪事作家》(*The Ancient Greek Historians*,New York:Macmillan Co. ,1910),页 119。

之，在真正的政治领域内——修昔底德究竟在哪里找到了他的最高价值？

二

我们可以从一段本身足以令人困惑的文字开始，除非我们找到我们所寻求的解释。[81]据修昔底德所载，安提丰是具有杰出才能的人，他领导寡头党人的极端派，而就是这个派别在公元前411年上台，并坚持实行恐怖统治（参[72]相关部分）。以下是纪事作家本人的原话：

> 提出建议的人，且从外在的各方面来看，最为积极地致力于推翻民主制的人是皮山大（Peisander）；但是，安排整个政变行动，设计此次行动所采用的方式，并对行动所需的计谋考虑至深的人，却是安提丰，他在德性方面是他那个时代的雅典人中最优秀的一个。（《战争志》VIII. 68. 1）

这个未经限定的"德性"（virtue）一词，与对尼西阿斯的评定（"依照被称为德性的事物来生活"）形成极其鲜明的对比（参[71]相关部分）。对两人载入史册的行为所做的一点调查，就能阐明我们理应如何认识这两种德性。修昔底德非常清晰地记录了安提丰所属党派的寡头分子的暴行。当时盛行恐怖统治，其秩序则靠审慎地选定的秘密处决方式维系。需要注意修昔底德对此的冷峻语词："他们还杀害某些看起来适宜被清除的人，尽管为数不多，并把其他一些人囚禁起来，流放另一些人。"（《战争志》VIII. 70. 2）在某种意义上，鉴于尼西阿斯的犹豫不决和优柔寡断，以及避免有力且残忍无情地行事的一般倾向，对尼西阿斯的整个记叙都与以上描述构成了最为强烈的对比；但这一点可以说是被他对其部下所作的最后演说中令人垂怜的话语所掩盖了：

> 我与你们当中地位最低下的人一样置身于同样的威胁和险境之中；我并不比你们任何人强壮——事实上，你们可以看到我的疾病如何使我屈服。然而，在我私人生活和其他方面，我认为我以前的好运气不次于任何人。我终身虔诚地敬奉诸神，而且在世人看来处事公正，我不应受到人们的嫉恨。（《战争志》VII. 77. 2）

当然，把某个人的自我评价等同于纪事作家对其的评价是冒险的，但是，当记述过程、纪事作家的评定和将军本人的演说词全然一致时，可以说没有什么理由能够否认，尼西阿斯整个人呈现为一个有心无力的人物形象，同样可以肯定的是，修昔底德对安提丰及其党派的评论致使我们构想出一个图景，即他们行事不近人情，颇为讲求实效。[82] 换言之，“习传的德性”和政治家按照必然性[行事]的德性相互抵牾。我们也许还会注意到，对安提丰进行总括性描述中的措辞——“在谋思及将其公开表达方面极具才华”——使人想起另一个类似的段落。这就是伯利克勒斯对政治家职责的描述（《战争志》II. 60. 6 –7），其中所强调的两种品质，其用词和上文一致：谋思及将其公开表达的能力。我们也许还记得关于特米斯多克勒的段落：

> 特米斯多克勒是这样的人，他毫无疑问地显示出天赋才能的优势，因此，他比任何其他人更值得我们钦佩。凭着他特有的判断力（对此他事先并没有想过要完善或

> 补充其不足)，他就能在那些容不得深思的危急关头作出最敏锐的判断，并能对最大限度的未来作出最佳的预测。对于他所熟悉的问题，他总是能够给出一个解释，甚至对于他经验不足的事情，他也并非不能做出很好的判断。他还能够预见未来，甚至达到惊人的程度，无论是更美好还是更不幸的将来。总之，依凭杰出天赋和最少的实践，他在临时采取必要措施的方面是最具才华的人。(《战争志》I. 138. 3)

因此，某个推论内在的消极部分就这样被建立起来了，这一推论来自于评述安提丰的段落中“德性”一词的使用。显然安提丰身上被修昔底德所赞许的德性，根本与仁慈或人道无关。从伯利克勒斯那里我们也可以确定这一点，我们最好记起他就帝国所说的话：“获取帝国也许一直是不正义的：放弃帝国则是危险的。你们必须记住，你们如僭主一般掌控着权力。”(《战争志》II. 63. 2)是否还存在可以从安提丰式对德性的总体定义中所导出的其他特性，以帮助我们以一种更全面的方式来理解修昔底德的评论?

是的。诚然，据修昔底德所载，政治家的德性未必让成功随之而至。[83]无论是特米斯多克勒、伯利克勒斯还是安提丰都不是成功的——至少从个人上来说不是成功。那就是说，他们每个人都完成了一个重大的政治任务，特米斯多克勒为了创建新帝国而建造长城和舰队，伯利里勒斯对帝国进行了扩张以及为战争做了帝国自身的准备，安提丰促成了民主制的瓦解。但是，在这三个例子中，大多数人的判断总在某个时刻影响并破坏了[他们]纯粹个人对政治成就的满足感。特米斯多克勒在流亡期间死去，在最后的时光里，他成为自己曾经的手下败将波斯王的一位宾客(《战争志》

I. 138. 1 – 2,4);伯利克勒斯在生命行将结束之时,遭到他领导已久的民众的贬谪,即使他在其生命最后几个月恢复了原职(《战争志》II. 65. 3 – 4);安提丰最后受到人民的审判和处决(《战争志》VIII. 68. 2)。然而修昔底德告诉我们,特米斯多克勒"比历史上任何其他人都更值得我们钦佩"(《战争志》I. 138. 3),伯利克勒斯是雅典已载历史上一位具有独特才能的政治家(《战争志》II. 65. 8 – 10),而安提丰在德性方面是他那个时代的雅典人中最优秀的(《战争志》VIII. 68. 1)。因此,在修昔底德看来,个人的成功就不可能是成就伟大特性之中的一个必要因素。这一点更加值得注意,因为对于他而言,远见和讲求实效就是一个优秀政治家的必备条件。

三

那么,在那些值得修昔底德钦佩并应归入赞美之列的政治家身上,我们发现什么了积极方面的东西呢?就他的《战争志》而言,[那就是]实现一个显赫的功绩,不管这个功绩按希腊习传道德来看是好的还是坏的。不仅如此。这种功绩必须前无古人,后无来者。因为修昔底德认为,这两大帝国之间的冲突,使他所处时代的历史意义独一无二(uniqueness),所以对他而言,唯一性在某种意义上保证了某一特定事件之重要性。在修昔底德看来,舰队与长城,战争中雅典非凡的忍耐力,延续百年之久的雅典自由的瓦解;所有这些都具有独特性和伟大性的特征。这也许是政治家个人的失败的要害之处,[84]因为大众不能充当一个自愿的伙伴,与政治家一同成就具有独特伟大性的功绩。政治家与大众联手制造一些有待克服的难题,亦即用来考验进犯一方实力的障碍。因此,当任务完成时,多数人与个人又再次陷入彼此对立的自然状态，再者，当冲突演变成针对个人的时候，单独的一个人必定被打败。但是，在自我牺牲这种特殊的非个人性中，在要创造某些比个人野心或仁善的实现更为伟大之物的迫切动力和意志中，修昔底德发现了他称之为“德性”的东西。

对修昔底德来说，国家的生存历程在早期阶段是：为生存而奋斗，然后为获取霸权而斗争。对于国家来说，在其历史发展中所关注的对象就是 dynamis，即权力，这意味着对他者的统治。恐惧和贪婪是通向帝国主义道路上的推进力，而且绝无退路。然而，在发展过程中有这么一个时刻，此时这两种因素并非仅有的因素。正如雅典使者所言，除此之外还有荣誉。在被造物（即帝国）的伟大中，还有一种品质不同于创造帝国的诸多品质；帝国本身就是伟大的，且因其自身而伟大，而荣誉就是在所有品质之中帝国应得的一种。

也许，历史的紧要时刻稍纵即逝；但是，这一时刻的伟大与高贵就像磁铁一般吸引纪事作家的注意力，而它的消逝，则是所能提供给纪事作家的关于政治动机、失败者与胜利者的最深刻的展示。对修昔底德来说，这里存在一个不断再现的重要事物。人们为了活着而奋斗，然后人与人、国家与国家之间为了相互统治对方而争斗，这就是一个反复出现的主题，但它并没有获得任何形式上的确定性，直到他们协作一致并共同努力，创造出一个昭显他们个人的贪婪和恐惧的伟大功业。当他们不仅仅把那功业看做自己物质幸福感的来源，而且看做是某种外在于他们的，高于他们的并且值得他们为之牺牲的东西时，那么一个人最高意义上（政治和社会方面）的发展就已实现了，正如修昔底德对这样的人的理解。而相应地，[85]由于历史的重要时刻会唤起生活于政治社会中的人之最细微和最复杂的情感，所以社会的稳定就是罕见且不确定的。整个社会可以在一夜之间再次化为一个由充满恐惧和贪欲的人组成的联合。

因此，在修昔底德看来，历史将是一系列的庞大山脉，在那连绵不断的脉系中，峰顶不定时地出现。再者，对于纪事作家而言，被创造的伟大事物之伟大和匀称比例，是因其自身的缘故而变得有价值，虽然对其伟大和匀称比例的赞赏毫无疑问暗含纪事作家的重视。这里并不难把修昔底德式探究这一面相与他在习传道德判断方面的阙如（包括他对人类以及他们所组成的政治实体的道德判断）放在一起讨论，而且更为重要的是，把上述面相与我们已知的少数令人费解的评论并举。从修昔底德的角度看，传统的道德判断已经失去了它的重要性。在修昔底德看来，通常所说的人之德性并不是重要的，因为对于修昔底德而言，这些德性并非权力创造过程中的真正诱发因素；而唯有在权力中，在某些超乎他自身的事务之建构中，才体现出真正具有强迫性的力量之压力的独特优势——这些力量就是恐惧、贪婪及其发生的时机——还体现出在一定范围内超越这些时机之控制的能力。

然而这种超越并没有别的目标；它必定以自身为目标。这也同样地适用于政治家、邦国以及纪事作家。伟大的治邦者是这样的人，他统治不是为了自己的利益，也未必是为了被统治者的利益（这该是一种经典的说法），而是为了延续的高贵性以及邦国的生存，而就雅典而言，雅典的“高贵性和邦国的生存”典型地体现在权力、财富和扩张方面。像雅典这样伟大的邦国，必然不会去寻求榜样，其本身就是被模仿的对象，而且矗立在其自身的美与伟大的光芒之中。历史的伟大性就蕴含在它的实质和意义之中：历史从不为人的欢乐或虚荣或党派属性服务；[86]由于历史事件被真实地记述下来，且又具有必然再现的规律，所以它们在过去如何，将来也是如此。

四

伯利克勒斯在政治家当中占据一个独特的历史地位，而我们必须在伯利克勒斯和他的雅典之中，寻找流露出修昔底德对其赞美的最为重要的表述。

《战争志》只记叙了伯利克勒斯的三次演说。他们分别是伯利克勒斯主张宣战的演说（《战争志》I. 140 - 144），献给阵亡者的著名的葬礼演说（《战争志》II. 35 - 46），以及他在对其战争指挥表示不满的民众面前，为自己辩护的演说（《战争志》II. 60 - 64）。这三次演说尤其表现了正值雅典开始她漫长的战斗之时，雅典城邦的精神状态，且不说这些演说在修昔底德《战争志》中的重要性，它们很可能构成我们所拥有的最具非凡意义的文献，其揭示了在一个纯正、绝对的民主政体中，占领导地位的治邦者和他领导下的民众之间的关系。

这三次演说中第一个会让我们惊奇的方面，就是它们的坦率性。面对由大众组成的选民，一位政治家能够流露自己的希望和恐惧，就像这些情感必然出于他自身一样，这并不常见——尽管这里已经暗含修昔底德所描述的伯利克勒斯对待民众的奇特态度，即："他统治他们，但是以一种自由的精神来统治他们。"（《战争志》II. 65. 8）例如，在第一次演说中——伯利克勒斯极力主张宣战的演说——他告诫公民大会，当他们陷入战争时，他们就会发现，自己的态度完全不同于只把战争预想为某种未来可能性时的态度。他告诉我们，这种态度的转变是错误的。"因为事件的结果有可能来得跟人们的计划一样荒谬：这就是为什么无论有什么意外发生在

我们身上，我们总是怪罪偶然性的原因。”（《战争志》I. 140. 1）

在《战争志》的最后一次演讲中——当时伯利克勒斯被迫在战争初期[民众对他]的不公正怨恨面前为自己辩护，[87]他毫不犹豫地指出，应该责备的是瘟疫和人们在瘟疫中所经受的痛苦，这使得他们对他作出不公正的评价。之后他仍试图使他们意识到，他们当前的变节暂时蒙蔽了取得胜利的真正可能性。然而，在他这样做的时候，他令人振奋地向他们揭露了统治环节上的一个秘密；也揭示了他并不是像人对待人那样应付他们。

> 至于你们对自己在这场战争中的苦难所感到的惧怕，为了避免这种情绪变得过分强烈，以致我们不再能够克服它——那么我之前在许多场合告诉你们的话，对你们来说是足够的，我每次都证明你们对战争的疑虑是不恰当的：然而，我将要就你们帝国的伟大性，另外补充一点，我确信，这是你们自己从未思考过的东西，也是在我以往的演说中也没有向你们提起过的。即便是现在，我本来不会向你们提出它；因为对它的描述未免有些太令人印象深刻——如果没有看到你们缺乏理智地消沉沮丧。你们认为你们的帝国只统治着同盟者；但是我将告诉你们这一点：这个世界有两个可供利用的要素，一个是陆地，另一个是海洋，其中整个一部分已经完全处于你们的控制之下，因为你们现在正行使着那种统治权，只要你们愿意，你们还可以进一步拓展这种权力。无论是波斯大王还是现在世界上其他人，如果你们以目前拥有的舰队去对抗他们，那么谁也无法成功地抵挡你们。（《战争志》II. 62. 1,2）

在这里我们暂且不考虑演说的平静语气下透露的傲慢——这在下文的讨论中将是重点——而先考虑在这次演说中他向听众表现出来的坦诚。这里明显地暗示着:他正以其性格和才能作为正当的权利来管理他们;他知道在此刻或彼时该说事情的哪一部分。而且他只告诉他们这一点:若非我见到你们不理智地情绪低落,我本来认为提出这个事实上显得如此傲慢的论点不是明智的选择。所以我发现,要使你们恢复明智的心境,比平日所知更多一点的赤裸真相是必要的。此处标示的是脱离了神圣许可或世袭合法性的庇佑后完全的个人责任。这里同样表明了他坚定不移的坦诚(openness),[88]他告知他所管控的人们,他的判断比他们的更好,而且对他来说只有像当前这样的特殊环境下,才有必要向他们展示自己思虑中最深刻的因素。

但是,坦率性只是这些演说基本特征的一方面,这方面的特点也许可以这样概而言之:演说关注人,且除了人之外不关注其他。在这三次演说中,第一次考虑城邦参与一场漫长战争的可能性;另一次为颂扬阵亡者而发言;最后一次为一个因偶然不幸之事而受猜疑的领导者辩护;这些演说的特别之处是就在于:除了一次无关紧要且轻描淡写的提及之外(《战争志》II. 64. 2),这几次演说应该没有论及神的指引、神圣的庇护,甚至也没有仅以一种感伤的暗示来提及家国的诸神。

这并不是希腊人的通常做法,如果我们需要确证这一点,我们可以参见修昔底德本人对尼西阿斯在西西里最后几场战役前夕对其部队所发表的演说的观察:

> 他还说了其他一些人们在这种突发情况时往往会说的话,即关于妇孺和我们国家之诸神的话,在这个时

> 刻说这种陈词滥调似乎并不用担心会遭到任何人的反对，这些套话被不断地以一成不变的方式提出来，以便符合一切目的（all causes），然而在当前的危急情况下，人们认为这话是有用的，并且极力地推崇他所说的这些话。（《战争志》VII. 69. 2）

但是，伯利克勒斯即便处于危机之中，看来也会避免谈论这种陈词滥调。他和他的听众一起分享这样的共识，即他和他们并不像别的时期或邦国中的人那样，通过诉诸过时且无效的信条来维持他们的希望、恐惧甚至悲伤，伯利克勒斯明白这一点，并从中获得他的力量。致力于战争的城邦，爱戴亡者（伯利克勒斯曾为其作葬礼演说）的城邦，是一个人为制造的事物，而且唯有依靠城邦内人们的意志和牺牲才能存在。

这里接下来要解释伯利克勒斯在物质方面对雅典公民所产生的吸引力。雅典公民享用着世界各地的产品，就如同享用阿提卡的产品一样自然（《战争志》II. 38. 2）。他们可以随心所欲地生活，没有人会去干涉他们（《战争志》II. 37. 2－3）。[89]他们不需要承受艰苦持久的军役的折磨（《战争志》II. 39）。因为在某种意义上，城邦就属于他们的，而且自始至终都体现出其居民的直接抉择，而非体现传统的或者外在强加的约束力的影响。再者，在伯利克勒斯对其城邦战胜斯巴达之可能性所作的最后评估中，他本着他的城邦的精神，把世界描述为某些本质上以供利用的东西：陆地和海洋都是可供利用的，无论是在战争还是和平时期。这样的声明之中，在某些比人类更伟大或哪怕仅异于（alien to）人的事物面前，并不存在一种值得尊重或敬畏的东西；此外，在权衡各种能够促成军事困境解决的复杂因素时——某些因素属于人类控制的范围而某些则否——也没有掺入任何的犹豫不决。这里有的是,关于冲突和权力这些具有根本决定性方面的赤裸裸的声明。雅典是一个部分[海洋]的主人,绝对的主人。因此,她在希腊这块土地上实质上必定能赢取战争的胜利,因为在希腊,海洋无论在战时还是和平时期都是力量的源泉。这些演说显得极其直率,而且在演说者的口中和听众的心里,人类就是宇宙的中心。

然而,在人为制造的实体中,包含了一种非常显著的非个人性,这个物体就是要求人类为之做出牺牲的城邦。[城邦]督促丧子的父母生育更多的儿女:

> 因为对于作为个体的你们而言,那些作为亡者之后继者的孩子将会使你们遗忘已逝去的子女,另一方面,对于城邦而言,这也会使她从两方面获益,因为她将不会空无壮丁,且将更为安全;又因为,就那些没有子女为他们的提议之后果作担保的人们而言,他们不会给出正义且公正的建议,而有子女作担保的人则不会这样做:这两类人不可一视同仁。(《战争志》II. 44. 3)

我们在这里看到,之所以需要重新生育孩子,其原因很大程度上至少是为了保存城邦,这不仅仅关乎人口数量,而且有其微妙之处,因为只有那些有最为宝贵的亲人可以失去的人,才会充分考虑邦国的政策!一个人愈想到这一点,就愈会看到,城邦不仅是人为缔造的结果,[90]"正如我已经谈论过的,这种对城邦的赞扬,是由于她的子民所作的公正行为"(《战争志》II. 44. 2)。她还获得了这样的一个独立的存在:城邦的保存比其所有居住者的个人幸福或痛苦来得更为重要。

这种观点仍相当远离我们随后将了解的邦国崇拜的诸形式,因为,它首先是这样一个邦国,它的整个视域就是邦国自身——在伯利克勒斯看来它没有涵盖一个比其自身更伟大的理想;其次,他预期到在未来的某个时日邦国的衰亡,那时邦国的荣誉将会是唯一遗留之物。

> 你们必须意识到,你们的城邦因不屈服于厄运而在全人类中拥有最伟大的声誉,它在战争中牺牲的生命和付出的辛劳比任何其他城邦都要多,还获得至今为止全世界所见过的最庞大的权力。即便我们将在某一天遭受灾难——我们可能会如此,因为任何事物有始便有终——对那惊人权力的记忆将是永恒的:我们曾是希腊人,我们统治过的希腊人超过以往任何其他城邦所统治过的;我们在最伟大的战争中以一己之力来抗衡他们的整个联盟和个别城邦;我们的城邦在所有方面都是最伟大且最富足的。(《战争志》II. 64. 3)

伯利克勒斯说,你们必须漠视臣服者的怨恨,因为"怨恨并不会持续很久,但你们现在所拥有的辉煌和今后的盛名是会被留存在永恒记忆中的所有东西"(《战争志》II. 64. 5)。

从抽象的角度来看整段说辞,它的直白无遗足以令人生畏。荣誉就是能留存下来的仅有的一切,然而荣誉并不是某种原则、信仰或文明之胜利的特征;荣誉最终既与战败,也和胜利联系在一起,它是一种让人生畏的记忆,其中,那些违背希腊道德的最不光彩的行为,确实就像对美和智慧的热爱一样占有属于它们的地位;荣誉是关于一个城邦的叙事,这个城邦的伟大引人注目且不可捉摸,人创建了她,但她却不对人负责,因为她并不知晓神和超越自身的生活。

此外，修昔底德如何看待自己作为一位作家的价值，与他在战争及其政治背景中所见的价值紧密相联。[91]他缓慢且痛苦地背离了诗人和编年史家的价值标准。他既不想要达到娱乐效果，又不希望记录伟大和光荣的事件，“关于这些事件的记忆将不会被人们忘却……或者没能获得他们应有的荣誉”（《原史》I. 1）。他意欲记录的是真实和永恒之事物，而公元前五世纪希腊的历史所反映的人性中真实且永恒的东西，很少是令人愉悦的，而且几乎从来都不是美好的。虽然这些历史事件严酷、残暴且充满血腥，修昔底德仍必须正视它们，绝不可令人宽慰地将其道德化，以反对一种对必然更光明之未来的期盼或一种关于神圣起源之普世美好的描述。纪事作家的全部职责就在于：充分了解事件的真实意义；忠于事实本身且不带有多余寄望，拒绝对实然的事物生发无意义的怨恨；断然且执着地坚持解说冷血无情和残酷野蛮的事情，至少在他那个世界的风气成为历史以后，这些说法能得到证实。当他的著作达至特别苛刻的完美时，也许修昔底德感到自己与伯利克勒斯分享着某种亲缘关系，伯利克勒斯只在创造比自身更伟大之物的时候追求荣誉和回报，然而这一创造物却深植于他周遭生活的残酷真相之中。

伯利克勒斯是伟大的——尽管他激起了其同胞的恐惧和贪婪，尽管他所缔造的帝国是建立在恐惧和贪婪的基础上——因为他，也许还可以算上他所创立的帝国，已经超越了这种恐惧和贪婪。他无所畏惧，也不贪求别的东西。当民众过度自信的时候，他就吓唬他们，当他们灰心丧气的时候，他就使他们振作起来。谁都知道金钱无法诱惑他。正因如此，他才在他的竞争者当中脱颖而出，而他的继任者也正是由于缺乏这种公正无私品质，才又重新使他们陷入恐惧和贪婪的状态之中，最终毁灭了邦国和他们自己（《战争史》

II. 65. 10)。

雅典城邦在国家之林中也如伯利克勒斯在人群中那么突出吗？难道她不是希腊的学校？尽管她可能曾为了建造帕台农神庙(Parthenon)而掠夺同盟者，[92]还剥夺了希腊城邦国家所珍爱的自由，但正如“葬礼演说”所表明的，她已经成为比这一切更伟大的事物。既然四处征服的时代已然逝去，她已经成为人类社会的一个模范——宽容和仁慈。在伯利克勒斯的雅典中，修昔底德看到某些伟大且值得钦佩的事物，没有别的事物能像它们那样迫使他在理性上深感敬意，在情感上接纳认同。如果一个人认为人在政治方面的历史是一个关于贪婪、冲突和恐惧，以及关于在自己创立的社会中劳作的故事，那么仍然存在这样的一个时代，其中这些情感在某个历史时刻被凝聚在均衡的美和持平的力量之中，伯利克勒斯的雅典即是这个历史时刻。商业发达的民主制独自所能创造的巨大财富——修昔底德对此了如指掌——在这里便戏剧性地映衬了雅典统治的标志：雅典人在自己的桌子上品尝世界各地的果实，就像品尝阿提卡附近的橄榄一样平常。

然而，以贪婪和恐惧为动力，以贪婪和恐惧之效果为力量的民主国家，曾受制于一个独裁者，他的统治为这个民主国家所接受，因为他与其他人不同。在公众的自愿默许下，在这种对政治家的服从中——这位政治家既不奉承也不恐惧他们，而是真心对待他们，或者使他们战栗于那超然[判断]之真确性的魔力——修昔底德可能已经看到对自己所相信的物质主义的超越。这就是如其真正所是的力量，它建立在恐惧、肆心和贪婪的基础上，但它却触及了某种充满魔力、无法衡量的东西。

第二部分　尘暴中的人

第九章　言辞与行动

一

［95］柏拉图的生平由一个支配其思想的连续智识关系构成。这一关系是指以下两者之间的关联：一方面是具体细节的复杂性，即关于行动和他周遭世界的意义的复杂性，另一方面是这些细节背后的一个不变的单一存在物。我不打算把这一分析当作对那种常见的哲学立场的一次重述，后者诉诸柏拉图对理念或永恒形式与生成的世界这两者所作的划分。问题不只是如此，因为这种哲学学说本身只是激发柏拉图从事教学、写作和政治冒险行动的智识驱动力的表现之一。柏拉图生平的这三部分都不可以决然分离；再说，既然在柏拉图思想本身之内的一切事物都是相互依存的，那么对主题作出任何形式的划分最终都证明是没有说服力且并不令人满意的。只有当从想象上理解柏拉图整个人的时候（就算真的可行），才可以分离他的思想中某一个方面——我打算以某种特定的方式把他的政治行动分离出来。要理解柏拉图这个人，首先应该重视的是核心主题，而非核心主题的某些不同表现形式。这个核心主题就是整合了某种现实感的持久热情，这种现实感是关于人能看到、听到、嗅到和触摸到的事物之实然存在的感觉——这些事物还包括人类喜爱，厌恶，倾心或者反感的东西——就是要把所有这些感觉整合起来。此外，核心主题还意味着一种对某些超乎上述现实存

在的东西的确信,它非但不会使这个世界变得琐屑,反而满足一种对设计(design)、完满(completion)和美的追求。

对柏拉图来说最重要的,正是复杂与单一、具体和抽象的统一。[96]他不能接受这样一种关于现实之无形秩序的观点,即现实的秩序与他周遭的事物之间不可能达成紧密的联系。这种观点认为,这种联结的时刻是不可思议的,只有在神话和寓言中才能表达出来,但这一观点并不意味着,这种联结不是柏拉图的智识生活和情感生活中所主要关注之事物。据此,当我们注意到这两个世界的位置和重要性所发生的变化时,柏拉图一生中真正的发展过程就明晰了。

早在柏拉图年逾花甲以前,他书写作品(从不同的方式来说还有他的授学和政治才能)的动力就关涉艺术或生活方面的实际创造,它近似于他所相信的隐藏在他所看到的世界背后的秩序和设计(design)。对话的戏剧性细节,和精心塑造的对话者的个性;学园的建立,和对未来立法者和治邦者之教育的重视;最重要的是,对叙拉古的狄奥尼修斯二世(Dionysius II)这个有哲学爱欲的君主加以教育的两度苦涩的失败尝试——所有这一切都指向同一个方面。此时,在柏拉图看来,复杂且可见的当下现实与超然之物的关系是这样的:他争取看到两者处于和谐状态,以使行动(action)在这个世界上具有重要的地位和价值。在他漫长生命的晚期,也就是六十岁至八十岁之间,这种看法发生了决然的转变。他依然像以前那样关注他那两个世界之间的关联,但现在促使他这样做的推动力却来自于另一方面,即证明形式(forms)的必然性的需要,以及这种必然性最终赋予他的安宁。那改变他周遭世界的事物所需的精力和努力已经所剩无几。他正致力于探求的是认识(understanding),而非行动或创造,为的是自己,其次才是为了他人。而这种认识非同一般,因为它必须探讨关于所有事物的知识,乃至知识本身的生成过程,后者正好有助于理解这些知识之外的东西。人的生活、公民的生活或邦国的生活,人的身体,对宇宙本身的剖析,这些都只是对真正超于其之上的东西,以及任何常用的沟通手段所无法企及的东西的类推式表达。[97]柏拉图晚年的作品——譬如对智术师和治邦者的勾勒,《斐勒布》(*Philebus*)对"善的生活"的描绘,《蒂迈欧》中对物质世界的探索,或《法义》中为建造一个未来好的邦国所作的规划——尽管看似从不同方面涉及我们的人类世界,但是它们都同时笼罩在一种魔力之下——既指削弱了作品表面的实用目的的一种超然之物,又指不可见诸人类的一种令人生畏的深度及洞悉。

二

柏拉图生于公元前427年,伯罗奔半岛战争爆发后的第四年,修昔底德如此亲近地观察这场战争,以至于"他也许能够准确地了解到关于战争的某些事情"。公元前404年,战争结束,雅典民主政权也随之垮台,那时柏拉图不过是一位23岁的年轻人。公元前399年,复辟后的民主行政机构判决了他的朋友苏格拉底死刑,那时他才28岁。①就在公元前399年,他径直离开雅典,周游希腊及其他地方,直到公元前387年才返回雅典,同年,他建立学园(Academy)以便培养哲人、治邦者和立法者。他生命中的第一个28年是在雅典度过的,

---

① 有关我们对柏拉图生平的了解,大部分通过他本人在《书简七》(参页[100]相关注释,下述)所告诉我们的信息。至于我们现有的其他资料来源,参见A. E. Taylor,《柏拉图,其人及其书》(*Plato, the Man and His Work*, New York: Dial Press, 1936),页1-9。

据推测，其间与苏格拉底保持亲密关系的最后10年或12年，构成了有别于其他一切的时间单元。对柏拉图来说，伯罗奔半岛战争期间的雅典和苏格拉底让他毕生难忘。尽管他有80岁的高寿，尽管除了两次西西里的短暂访问之外，他在公元前四世纪的雅典共度过了将近四十个春秋（前387－前347），但是我们在他的作品中几乎看不到有关那公元前四世纪雅典的任何东西。①

我们通过伊索克拉底（Isocrates），德摩斯忒涅（Demosthenes），埃斯基涅斯（Aeschines）和其他雄辩家的著作，了解到相当多这个时期雅典和其他希腊城邦所发生的事情。我们掌握不少有关腓力普（Philip，马其顿王）在外交和军事上的胜利，以及马其顿王到来之前希腊各城邦逐步衰亡的详尽而准确的知识。但是，充满各种令人感兴趣的政治尝试的公元前四世纪几乎没有在柏拉图的作品中产生回响。对他而言，在雅典的这些年头，他度过了自己的童年和青年时光，而且就在这个时期，他后来看做是至关重要的政治问题的东西达到其戏剧性的高潮，早期和中期的对话所再现的就是这个世界和这些问题。如果《高尔吉亚》（*Gorgias*）、《普罗塔戈拉》（*Protagoras*）、《王制》（*Republic*）和《斐德若》（*Phaedrus*）在某种意义上就是对公元前五世纪之政治生活的外延性评注，那么晚期诸如《治邦者》（*Statesman*）、《克里提阿》（*Critias*）和《法义》（*Law*）都是政治著作，其格调和主题都与公元前五世纪相隔甚远，这种说法当然是正确的。然而，这些晚期作品

① 有关试图——无法令目前的作家信服——将这些对话理解为对公元前四世纪事件的评注的做法，参见G. C. Feild，《柏拉图及其同时代人》（*Plato and His Contemporaries*，London：Methuen&Co.，1930），第九章，页122－131。

所涉及的问题也不是公元前四世纪的问题。它们获得了一种全新的抽象性和普遍性。只要承认早期作品和晚期作品在风格和重要性上的差异,那么就有可能表明两者在政治立场上的关联。但是,不可能以任何显要的方式都把晚期对话涉及政治的内容和当时的政治事件联系起来,虽然后者实际上适时地围绕着这些对话。

我们也很难明确地推断对话写作的年代。①对此所作的努力主要遵循两条主线。第一,依靠对文体证据的调查研究,以及解释柏拉图如何运用个别可确定年代的事件;第二,根据哲学学说(doctrines)的形成和发展。在这两种方法中,

---

① 至于对话的真实性(有别于创作时间的问题),如今不再存在什么重大难题了。十九世纪德国学者盛行的研究方式,既会把明显是伪作的对话诸如《忒阿格斯》或者《阿尔喀比亚德》前后篇作为怀疑对象,又有对无疑是真实的对话产生的怀疑,譬如对话《帕默尼德》(见 F. Ueberweg,“《帕默尼德》对话”,Der Dialog Parmenides,刊于 *Jahrb. f. klas. Phil.*,1863,页 97 – 126)或《法义》(见 Eduard Zeller,《柏拉图研究》,*Platonische Studien*,Tübingen:C. F. Osiander,1839,页 112 以下)。这些伪作问题至少大致上已由格劳特解决了(见 Grote,《柏拉图与苏格拉底的其他同伴》,*Plato and the Other Companions of Socrates*,London:John Murray,1888,卷一,章六和七,页 264 – 341)。亦见泰勒著作,页 10 – 15,前揭。

第一种方法在其最宽泛的意义上显得相当有用。[1]任何人都可以看到《王制》和《法义》在写作手法上的一种实然的转变，还能注意到这两部作品所设定的风格标准，我们至少粗略了解其文本依据，故该标准大致上比较合理。这些风格标准使得我们能够以某种程度上的确定性来推断各组对话大致所属的年代，例如，我们可以说《高尔吉亚》，《普罗塔戈拉》和《斐多》(*Phaedo*)同属一组，介于15年或20年的区间之内，但这些标准并不能解决对话的先后顺序问题。[2]第二种关于参考对话的哲学内涵来确定对话所处年代的学究性方法

---

① 用“文体学”(stylometric)方法确定对话的日期，是坎贝尔(Lewis Campbell)在其所编的《智术师和柏拉图式的治邦者》(*The Sophistes and Politicus of Plato*, Oxford: Clarendon Press, 1867)中首创的。他的著作一直鲜为人知，直到W. Lutoslawski在其著作《柏拉图逻辑的起源和发展》(*Origin and Growth of Plato's Logic*, London: Longmans, Green &Co., 1897)中对它作了增补及详尽阐述，才引起关注。理特尔(Ritter)和其他学者的类似研究进一步证实了坎贝尔的结论(见C. Ritter,《关于柏拉图的探究》, *Untersuchungen über Platon*, Stuttgart: W. Kohlhammer, 1888, 以及《关于柏拉图的新近研究》, *Neue Untersuchungen über Platon*, München: Oskar Beck, 1910, 页183－227)。至于对这些现已普遍承认的研究成果的综述，参见泰勒著作，页16－22，前揭。

② 然而，值得一提的是，大部分德国学者认为《普罗塔戈拉》应该出现在极早的时期，还有人指出甚至应置于《申辩》之前，而不是像我在这里所处理的，把它放在中期对话这一伟大系列之中。从此对话出色的戏剧技巧及精妙之处来看，我认为上述观点是相当不可思议的(参见泰勒著作，页20，页235，在这一点上，我完全同意他的看法)。

[99],更不让人满意,①因为首先,柏拉图自己承认,人们无法

① 在现代最重要的评注者之中,也许只有纳托普(Natorp)才会仅仅基于学说来确定对话的时期(见 Paul Natorp,《柏拉图的理念论》, *Platons Ideenlehre*,2e Auflage;Leipzig:Felix Meiner,1921)。在他看来,通常认为柏拉图在晚期对话放弃了理念(ideas),这并不是问题的所在,他认为问题在于柏拉图在晚期对"理念学说"所作的延伸和发展。由此得出一些异样的结论,尤其是《泰阿泰德》(页 90)被放在《高尔吉亚》和《斐德若》之后,又置于《斐多》、《会饮》和《王制》之前:"《高尔吉亚》、《斐德若》和《泰阿泰德》这三部作品只可能以这个顺序编排,并且,在这个紧密相连的顺序中,他们便能得到很好的理解(页 96);此外,《斐多》从一开始便已假设了一些已然确定的前提,但这些前提在《泰阿泰德》中却处处不一致;《泰阿泰德》和《斐多》这两篇对话正好联合组成一个关于我们从柏拉图那里获得的理念论的彻底而完整的论证;相反,《会饮》和《王制》……则已经立足于并且继续推进这个论证"(页 132),参见页 164 – 167。那么,虽然《泰阿泰德》不是一篇能够根据文体论定位的对话,但有大量其他证据把它与《智术师》和《帕默尼德》连在一起,后两篇毫无疑问是晚期的对话。这样说来,一种可能性是,纳托普不得不把《泰阿泰德》(183C)对帕默尼德的一种潜在批判与一部计划写作但从未动笔的著作联系在一起,而不是与《帕默尼德》这篇对话对应起来。此外,即使泰阿泰德在战争中受伤的证据是非决定性的(见《泰阿泰德》,H. N. Fowler 编,Cambridge:Harvard University Press,1942,导论,页 5),但仍然表明《泰阿泰德》与《智术师》(216C)之间的明显关联,后一对话无疑属于晚期(见 Campbell 的著作);作为重要的对话,《泰阿泰德》与《帕默尼德》之间具有亲缘性:前者通过主张运动或变化来接近形式,后者则以对永恒或存在(being)的信念来接近形式;柏拉图对《泰阿泰德》、《帕默尼德》和《治邦者》作了一种相似且费解的处理,即谈及一个年轻苏格拉底,或者与苏格拉底相似的人,或者甚至是与苏格拉底同名者(参见第十三章相关部分)。如果要证实纳托普对日期的确定结果,就必须对以上所有问题都视而不见或者加以曲解。而在对话中发现一条[柏拉图]学说发展的完整线索的尝试,必然要以歪曲上述事实为代价。

在他的对话中找到严格意义上的学说。[①]也就是说，人们无权假定，对话之间的哲学立场的变化都归因于柏拉图对某个论题的思想发展；这些变化可能只是由于柏拉图想要在不同地方先后作一个戏剧性的强调。其次，有些学者虽然承认了这一点，还是试图根据某些学说的突显和消隐来推定对话所属的年代，但即便如此，他们取得甚少建设性成果，还遭遇某些致命的失败。例如，他们认为一个人可以展示理念论首先在这里出现，然后在那里显得没有那么重要，而此后就再也没有出现过。于是他们把这几次变化按年代顺序依次排列出来。[②]但是，所有这些处理方法所主要针对的理念论，也可以隐含在某些对话之中，这些对话在理念论本应消失（如果他们这个论点成立的话）之后很久才被写作出来。[③]

再者，早期和中期——从公元前 399 年到公元前 362 年，

---

① 《书简七》341C，有关《书简》的真实性的一般问题，参见页[100]关于《书简七》的注解。

② 在英语学者中，伯纳特（John Burnet）是倡导这种观点的最有代表性的人物（见他的《希腊哲学》[*Greek Philosophy*, Part I:*From Thales to Plato*, London: Macmillan & Co., 1914]，页 154 – 155, 247 – 248；以及《柏拉图主义》[*Platonism*, Berkeley University of California Press, 1928]，页 35 – 47）。伯纳特甚至认为理念论完全是苏格拉底式的，而晚期用“范畴”（categories）代替“理念”的学说则是柏拉图式的。Lutoslawski（前揭）曾将他的“文体学”运用到类似的发展论中，尽管他把早期和晚期的学说都一并归入柏拉图名下。

③ 《蒂迈欧》51C，伯纳特对这种观点不予重视（《希腊哲学》，页 155，前揭；《柏拉图主义》，页 34，前揭），因为它简短，而且是由一位毕达哥拉斯学派的人提出的！然而，伯纳特过于轻率地忽视了这一在对话构思上占有如此重要位置的观点。此外，晚期对话总体上似乎更多地进行重述，而不是简单地抛弃形式；参见，例如在《斐勒布》（15A – E, 16D）或《智术师》253D 中的一和多（the one and the Many），以及四个类别（the Four Classes）。参见第十三章，尤其是第一部分。

即从苏格拉底被处死到柏拉图最后一次从西西里回到雅典——可以大致上由以下一系列对话来表现:《克力同》(*Crito*)、《申辩》(*Apology*)、《游叙弗伦》(*Euthyphro*)、《拉克斯》(*Laches*)、《吕西斯》(*Lysis*)、《卡尔弥德》(*Charmides*)、《斐多》、《高尔吉亚》、《美诺》(*Meno*)、《普罗塔戈拉》、《王制》、《斐德若》和《会饮》(*Symposium*)。在这一系列对话之中,事实上并不能确定某个必然的年代顺序。①或许这还不算十分重要。重要的是,我们已大致拥有对身为艺术家(artist)和人本身的柏拉图之发展的认识,而这对个人发展的认识并不等同于对其哲学学说中的转变的认识。对我来说,不可能设想《王制》继于《治邦者》之后;而《会饮》是否写于《斐德若》之前,这并不太重要,况且我对此也没有把握。

从公元前399年到公元前362年,是柏拉图生命当中的这样一段时间,他用心在最宽泛意义上的政治生活中建构某些作为[100]永恒且不可见的形式世界之模仿的重要事物。反映这段时期的对话与这种构建的努力密切相关,既体现在对政治问题作客观的艺术性展现,另外就对话的教诲价值而言,又体现在给人和公民间接地指明通往美好生活的途径。其中一些对话比别的对话更彻底地实现了后一种目的。例如,以柏拉图常见的二分法出现的《王制》,正是要绘制人世间最好邦国的模型,而《高尔吉亚》、《普罗塔戈拉》和《斐多》则是对复杂人性因素的更为生动的研究,而这种因素又贯穿于关于整全政治生活的思考过程之中。尽管我们对他建立的学园的作用所知甚少,但是这个学园似乎就是为向希腊邦

---

① Lutoslawski 试图精确地界定每一篇对话的日期,这只是坎贝尔方法的延续(参见伯纳特,《柏拉图主义》,页11)。

国提供他们所需的立法者和治邦者而设置的。①此外，柏拉图曾两次试图改变西西里政制（前367年与前362年，见本书第十二章），他在这两次努力中证实了自己所持的信念：当哲人有机会去改变当代事件的进程时，如果他袖手旁观的话，那么他就有辱哲学的正义之名（《书简七》328E）。

在他生命的最后岁月，即从公元前362年返回雅典直到公元前347逝世，柏拉图自己专心在学园中教学和写作。他再也没有从事积极的政治生活，而大概在公元前352年，当西西里党派纷争陷入僵局之时，与之有关的某些人向他这位几近80岁的老人发出请求，希望他再次帮助他们建立邦国的一种新政制形式，这时他写下了带有试探性拒意的回信，这就是我们所知的《书简七》。在这封信中，毫无疑问回响着某个人的声音，表明他自己将永不涉足政治世界，但又急于阐明那些把他一生导向不成功的政治经历的事件经过。我们在后面将看到，这篇文献所揭示的不止一个方面。②

---

① 比较John Burnet，《希腊哲学》，第一部分，页303，注1。这种传统的古代参考来源是普鲁塔克，*Adversus. Colotem.* 1126C和第欧根尼·拉尔修，《名哲言行录》，卷三

② 《书简七》在我看来无疑是真实的。持同样观点的有以下学者：伯纳特，（《希腊哲学》第一部分，页206－207，前揭），维拉莫威茨（Wilamowitz－Moellendorf，《柏拉图》[*Platon*，2e，Auflage；Berlin：Weidmannsche Buchhandlung，1920]，页281－282），罗斑（Léon Robin，《柏拉图》[*Platon*，Paris：F. Alcan，1935]，页31），还有在原则上接受的理特尔（《关于柏拉图的新近研究》，页404，前揭）。为了维护他对柏拉图哲学所作的极为系统性解释，理特尔必须反对“哲学上的离题”，但他承认，这些离题在风格上与其余书简完全一致，并且与这些书简的上下文保持连贯，他也承认其余书简的真实性。至于对柏拉图书简的真伪问题的透彻研究，参见R. Hackforth，《柏拉图书简的作者身份》（*The Authorship of the Platonic Epistles*，Manchester：University Press，1913）。

在晚年的这些岁月中，他写下了《泰阿泰德》（*Theaetetus*）、《帕默尼德》（*Parmenides*①）、《斐勒布》，还有某些本来适合纳入到单一系列中的对话；[101]但这样的系列尚未完成，体现在两种他所许诺过的情形中。因此，《智术师》（*Sophist*）和《治邦者》本来是要添上另一篇探讨哲人（Philosopher）的对话，而后者却不曾写下，另一方面，以《蒂迈欧》为开篇的系列原本也应由《克里提阿》和《赫默克拉底》（*Hermocrates*）来接续完成。在后一个系列中，《克里提阿》在中途戛然而止，而《赫默克拉底》则只字未写。柏拉图所有对话的最后一篇是关于未来优良邦国之规划的《法义》。

拙文着力于呈现柏拉图作品中某种发展的东西——它在我看来涉及整全的人本身——尽管我择取他在政治方面的言行作为详细讨论的内容。在我的解释中，以下发展过程至关重要，这种发展是指柏拉图对所有实践行动的兴趣逐渐衰减，而智识活动中的一种全新且几乎完全神秘的思想的形成。这种看法与传统立场针锋相对，后者想让柏拉图从早期和中期的某种带有艺术特质的蝶茧，进化到一个类似于科学家的人，甚至或许在晚期变成一个投身政治的务实的人。按照这种通常的看法，位于晚期对话之列的《智术师》和《治邦者》表明了他对新的逻辑方法保持教学上（pedagodic）的关

① 我认为，关于确定《泰阿泰德》和《帕默尼德》所对应的写作日期的尝试，已并没有多少探讨的余地。例如参见伯纳特在《柏拉图主义》（页50－54）的讨论。

注，[①]《蒂迈欧》体现了他对物理学的兴趣；[②]《斐勒布》是一篇为他的道德理论所作的教科书式概要，[③]而《法义》就是可供直接运用的，对《王制》作过更新和改进的一种实用版本。[④]

如果我所描绘的关于柏拉图之发展的画面有时可能显得隐微难明和违背常理，那么读者最好应该记起柏拉图问题中一个方面，它与我方才所概述的那种浅易且普遍的解释格格不入。持传统理论的人总是倚重研究柏拉图的晚年作品和关涉亚里士多德的证据，亚里士多德当然只可能在柏拉图年至六旬时才当面了解他。传统观点理解中的柏拉图，正不懈地愈发接近科学家、传授科学的教师以及实践政治的策划者，而这种观点正是基于在亚里士多德[102]那里所发现的所谓柏拉图式的“学说”，而又由于所谓柏拉图的“哲学讲演”，故此学说能从柏拉图的对话中获得，[⑤]另外，这观点还基

---

① 参见泰勒著作，页 371 以下，前揭；亦可参斯登策尔（Stenzel）对晚期柏拉图的分析，他的论著使得这种分析颇为流行（Julius Stenzel，《柏拉图辩证法的方法》[*Plato's Method of Dialectic*, trans. D. Allan, Oxford: Clarendon Press, 1940]）。这是传统看法的变体，传统研究认为青年柏拉图的道德兴趣与晚年柏拉图的科学兴趣截然相反。

② 参见 A. E. Taylor，《柏拉图〈蒂迈欧〉一种疏解》（*A Commentary on Plato's Timaeus*, Oxford: Clarendon Press, 1928），页 18 – 19 及各处。

③ 比较维拉莫威茨，《柏拉图》，I，页 630，前揭。

④ 同上，页 658，“他要让它在此岸世界实现”；Taylor，《柏拉图，其人其书》，页 463：“整个目的严格来说是实践性的”；John Burnet，《希腊哲学》，第一部分，页 303：“《法义》的写作目的非常具有实践性。”

⑤ 这里唯一真实的“证据”就是由亚里斯多克诺（Aristoxenus，*Harmonics*，30 – 31）所提供的，他提到亚里士多德对柏拉图“论善的讲演”的评论。查尼斯（Cherniss）教授已经在下面我所引用的著作（《早期学园之谜》）中充分地证明，单靠这次公开讲演的事实，不足以证明柏拉图惯于在学园举办常规的讲演。

于对《智术师》和《治邦者》所作的独创性解释,以及基于同样独具创造性的对《蒂迈欧》的摒弃。[①]具有强烈戏剧性风格的早期和中期的对话,是难以与具体的哲学学说联系起来的,尽管有人已经做过这方面的尝试(例如,在纳托普的著作,页4以下,前揭)。但是,当晚期对话中戏剧性表面逐渐稀少而论证更容易引起形而上学的兴趣时,评注者则假定柏拉图正值此时变成一位严肃的哲人。而且,因为这正是柏拉图一生中令亚里士多德得以认识他的时期,所以晚期作品的"柏拉图学说"及"讲演"才依次被提出。给人的感觉就是,如果在哪个地方有一个像哲人所应该那般直抒已见的柏拉图,那么他肯定是老年的柏拉图,而且《斐勒布》、《智术师》和《治邦者》三篇对话具有一种教科书般的特质,使之看起来好像是柏拉图正要焕然一新地发展成一个注重实际的人。还有,《蒂迈欧》作为柏拉图老人的一个离奇的幻想作品而被剔除在讨论之外,

但事实似乎是,我们只能从柏拉图的对话来理解他的哲学,除此之外,柏拉图从未以任何更清楚的方式向任何人传授他自己的哲学。他自己在《书简七》中使我们确信,他的哲学从未被写下来,而且永远也都不会(《书简七》341C)。更值得一提的是,近年一个优秀且细致的研究已经确凿地证明,除了我们所拥有的对话,亚里士多德并没有利用别的资源来

① 关于把《蒂迈欧》解释为毕达哥拉斯派的,因而不是柏拉图式的,参见泰勒的理论,《柏拉图〈蒂迈欧〉的一种疏解》,页11,前揭。

研究柏拉图的学说。①下面这种看法就提供了强有力的例证：雅典学园研究的对象几乎仅有几何学和数学，这些学科被纯粹地设想为哲学的入门学业（《早期学园之谜》，页70，前揭），而且鲜有或根本没有证据表明柏拉图本人在哲学方面作过正式的指导，而且为雅典学园准备了一套正式学说（《早期学园之谜》，页81，前揭）——鉴于这个事实：柏拉图的两位继任者（斯彪西波[Speusippus]与色诺克拉底[Xenocrates]）在掌管学园时实际上已经抛弃了埋念论，而不管是何种柏拉图哲学，理念论在某种形式上无疑都是它的核心理论（《早期学园之谜》，页32以下，前揭）。

[103]事实上我希望表明，传统的看法正与富有想象力

① Harold Cherniss，《早期学园之谜》（*The Riddle of the Early Academy*，University of California Press，1945）。查尼斯分析柏拉图"不成文学说"的"证据"，得出了一个较长且谨慎的结论："如果你的对手提出一个你试图反驳的论点，你首先并不是要去证明他提出了这个论点的事实。只有当你想通过推翻他本人没有作过的推论时，你才会这样做。这就是亚里士多德的做法，他习惯使用的一种方法。在这具体情况下，正如其他很多成功的例子一样，他所作的推论是依赖于误解；但是——对于我们的问题而言，这更为重要——这是对柏拉图对话中的学说的曲解。因此，带有不同程度的扭曲性质的亚里士多德的评论，以及斯彪西波（Speusippus）与色诺克拉底（Xenocrates）的异端学说体系，所反映出来的柏拉图，并不是讲演台或研讨会中假设存在的柏拉图，而是至今现存的全部对话背后的柏拉图"（页54）。

地阅读晚期对话所能学到的东西形成对立。①我们在努力理解柏拉图时,一定不要忽视他在生命最后岁月所担任的雅典学园主管人的角色,此时他几乎与他身边的人断绝了所有重要的智识联系。亚里士多德在讨论柏拉图的学说时,总是不断地追问柏拉图的真正意思究竟是什么,而且那些熟知柏拉图的继任者也提出同样的难题(查尼斯著作,讲演二,页31-59,前揭)。如果这些人都无法理解他们所拥有的证据是什么——这些证据显然就是大量的对话,因为他们事实上并未引用任何别的东西——那么他们本可以直接请教柏拉图本人。他们也许请教了,也许没有得到答案。他们肯定没有得到答案,而且他们先于我们成为一系列对柏拉图大量哲学性文献中的悖论感到困惑的众多学生中的第一批,又没有充足的线索对这些素材进行解释,以说明其作者的立场和学说。

从其最表面的形式上看,困题仅仅是如何分辨苏格拉底与柏拉图。既然苏格拉底几乎在所有对话当中都充当哲学意义上获胜一方的代言人,那么最简便的解决方法就是把苏格拉底等同于柏拉图,把苏格拉底看作拥护柏拉图立场的人,②或者采用另一种可选方案,那就是完全把苏格拉底与柏

---

① 尽管我接受查尼斯教授的结论,以此作为我解释柏拉图思想发展的历史基础,但我确信,他必定或很可能不会同意我这种解释本身。一方面,他并不认可《书简七》的真实性(同上,页13),因而如果他愿意,而且又能从《斐德若》找到支撑,他就可以在某种意义上认为所有对话都呈现出柏拉图的学说,这正是我无法做到的。因此,他可能免于承受阐释某些上层理论构建的负担,这些更高意义上的解释是我在他的理论基础上建立起来的。

② 这是善于系统性分析的评注者们的基本立场,如罗斑(Robin,前揭),Ritter,《柏拉图哲学的精义》(*Die Kerngedanken der Platonischen Philosophie*,München: Ernst Reinhardt,1931),以及R. Demos,《柏拉图哲学》(*Philosophy of Plato*,New York:Charles Scribner's Sons,1939)。

拉图分离开来，并把苏格拉底的对话如实地视为苏格拉底自己的。[①]然而这两种解释都不尽如人意。第一种做法没有解释清楚为何戏剧人物苏格拉底在晚期对话中消失，而且两种处理方法都没有阐明柏拉图自己在《书简七》所强调的声明，即含有他的哲学的书籍没有被写下（参《书简七》341C）。最重要的是，许多对话本身的不确定性，给人们留下这样的疑问：如果存在的话，柏拉图—苏格拉底所一直坚持的究竟是什么样的立场。

三

> 美诺对苏格拉底说："我想你不仅在外表上，而且在任何方面都很像平静大海上的黄貂鱼。无论谁靠近它和触碰它，都会被它击得麻木，[104]而且我认为这正是你现在对我的所作所为。"[②]
>
> 阿尔喀比亚德说："每逢听他说话，我的心就狂跳得不行，比被科普班特人音乐迷住的人还跳得厉害；他的话一进我耳朵，我的眼泪就止不住要往外涌；我还看见过许多其他人也到了和我差不多的地步……我惟独在这人面前曾经感到过羞愧，你们也许都不相信，但是对

---

① 参见伯纳特，《希腊哲学》，第一部分，页179："如果柏拉图笔下的苏格拉底并不意指真正的苏格拉底，我觉得很难想象他还能够意指什么。"

② 《美诺》80A。就我当下的目标而言，没有必要去细究这个经常被谈及的问题，即比较"柏拉图式"［苏格拉底］，与阿里斯托芬式或色诺芬式苏格拉底的异同（例如参见 John Burnet，《希腊哲学》，第一部分，页126－150）。

> 于我而言却是真的。他是唯一让我感到羞愧的人。我自己非常清楚，我没法违背他，他劝导我的事情我都得去做，可是，一旦离开他，我还是不免拜倒在众人的迎奉之下……说真的，我经常想要是看到他已不在人世该多好，可要是真的这样，我又晓得自己肯定比以往更加难以忍受。我简直不知道拿这家伙怎么办才好。”(《会饮》215e－216c，参刘小枫译文，有改动)

有如上述对话的言辞，对话中好几个角色证明了苏格拉底对所有遇见和爱恋他的人产生了超凡的个人影响力。当然，他谈话的奇异效果部分归因于这个人的身体特性。他奇丑无比，凸眼、类猿的脸、步履不定、对冷热吃喝漠不关心，简直就是一个奇特的人。[①]确实，德尔斐的神谕也似乎突出他是个非凡的人，出于某种我们未知的原因和背景，该神谕宣称苏格拉底是最聪明的人，尽管像他自己所说的，他清楚自己一无所知(《申辩》21A)。当阿尔喀比亚德在《会饮》中用比喻来描述苏格拉底的时候，他谈到马尔苏亚的萨图尔(Satyr Marsyas)塑像，它是一个沉溺性欲享受的神。他说，这个塑像从其丑陋的外观来看十足是苏格拉底的写照，然而，当这尊塑像被某些机关打开时，它就满是黄金般的神像；苏格拉底的神像也是这样，在丑陋和好色背后，你简直难以相信他是多么的纯洁，“他活到这岁数，一直都和人们开反讽性的玩笑，不过，当他认真起来的时候，把自己打开，是否有人看到过他身子里面的神像，我就不得而知了。但曾有一天我倒亲眼见过它们，呈现在我眼前的东西那么的神圣和珍贵，那么的美妙无比、神奇透顶，我简直觉得，无论苏格拉底要我做什

① 参见《泰阿泰德》144A；《会饮》220A－221C。

么,我都得做”(《会饮》216e－217a)。

柏拉图不是擅长虚构(就其一般意义上)的艺术家,[105]他笔下的苏格拉底也不是一个擅长虚构的艺术家的创造物。的确,这样的艺术家也许会从他关于许多人已有记忆的片段里面拼接出一个人,即根据这个人的谈吐方式或那个人的面相,或其他人的步姿。这样合成的画像就出现了,它以其完整性而与它的创造者保持一种共生的关系,同时,它既独立于创造者,又独立于构成它的那些真实生活中的片段。但是,对柏拉图来说,这个创作过程是以模仿整个人物形象为出发点,因为正是独一无二的苏格拉底的存在才驱使他去创作。如果没有历史和实体上的证据证明苏格拉底的存在,就不会有对话的诞生。对于柏拉图而言,必须存在一个有血有肉的苏格拉底,他好色、丑陋,而且无知,但却超乎于此,并指向非物质的灵魂,它是精神性的,美好且明智的,还将彼此相对的品质融入一个不可分解的人身上。①这个历史人物在柏拉图看来就是这样的人,他曾生活于一个城邦和一个时代,这城邦与时代都为柏拉图所熟知,或者说柏拉图能重获对其的认识。苏格拉底“因不敬神,而且败坏我们的青年”(《申辩》24C)而被复辟的雅典民主政府判决死刑,他的死在多方面深深触动了柏拉图。正如多年以后他在自己所写的《书简七》中告诉我们,苏格拉底的死最终证明了希腊政制安排下的政治生活是没有价值的,而且还表明一种全面彻底改革的需要,其中政治权力不会偶然随便地获得和运用,而是凭靠被赋予某种意义的关于一个真正共同体的意识来获取和运用(《书简七》326A－B)。苏格拉底的死还意味

① 参见 Karl Reinhardt,《柏拉图的神话》(*Platons Mythen*, Bonn: Friedrich Cohen,1927),页27。

着,柏拉图满怀愁苦地离开了雅典将近20年,当他回来的时候,他所做的第一件事就是建立雅典学园,把它作为培养那些有能力决定性地改变政治生活的哲人的场所和工具,而这场所和工具都是属于他自己(his)。所有这些都是苏格拉底之死对柏拉图所产生的意义,也是柏拉图对其朋友之死的部分回应。

但在柏拉图作为哲人和作家的生涯中,苏格拉底之死意味着某些与此不同的东西,某些更让我们难以准确地理解和传达的东西。苏格拉底曾以身体力行和个人的方式唤醒柏拉图,让他明白一种看待世界的方式。[106]从理论上讲,这种世界观的重要性也许在苏格拉底逝世时尚未被柏拉图理解。那时他还是一位年轻的小伙子,而且在他选择要将苏格拉底之死戏剧化的早期对话中,对苏格拉底只有这样的感觉,即他是一个在其生活的表里之结合上几近怪异的人。他整个人表达出一种独特且恒久的真理,这是其他人的身体和言辞无法表达的;他那充满谜团和玩笑的精神,必然与人无法揭示的内在真理并存。柏拉图提供给我们的关于苏格拉底之死及其临终时刻的景象,戏剧性地强调了苏格拉底个人生活和政治生活的所有智识意蕴。这个景象就涵括在《申辩》、《克力同》和《斐多》之中,而我们无法绕到戏剧之后探究那些促成戏剧的客观事实。但可以这样说:这些对话给人的感觉是历史的,也就是说,对话的总体效果就是要尽可能精确地重现苏格拉底生命的终结对他人的影响。我并不是说每个细节都像这些对话所写的那样发生,而是说在这几篇对话之中——有别于十年期间所写的其他对话——它们的影响力并不存在于以苏格拉底为主要对手的智识辩论之中。在这些对话里,一个人生命的寥寥数个小时光阴就戏剧性地集中体现了他那生活方式的意义。于是,作为哲人自辩的

《申辩》,展现苏格拉底对公民责任之论证的《克力同》,以及说明他在死后世界之阴影下对现存世界的理解的《斐多》,都不是关于哲学立场的实例。它们是对哲学立场的戏剧性表达。

然而,柏拉图用以反映苏格拉底审判和定罪诸类事件的戏剧形式,也以某种特定方式与这些事件一同消亡。苏格拉底的生命结局被柏拉图认为是一个完美的结局,而不仅仅是一个偶然的事件,他所描画的苏格拉底之死也是这样。这是注定要发生的事,它也确实发生了。因此,随着时光的流逝,苏格拉底的形象变得既时隔遥远,又固定为这样的姿态,柏拉图相信这种姿态才是根本上真实的苏格拉底,他的真实在于他身上最深入且最不为人知的东西。与涉及苏格拉底的对话同处一个时代的活生生的苏格拉底是不可想象的,[107]因为他的自然衰老和死亡会败坏柏拉图所描画的形象。柏拉图本人或他的某位学生在《书简二》(314C①)里写道:"没有一部对话是我的;它们全是苏格拉底的,但这是一个年青和帅气的苏格拉底。"我认为这句话的意思是说,对话让人从那位老人的形象想起——他的年纪、丑陋,还有公元前399年在他的指控者面前显露的胜利姿态,再想到马尔苏亚的萨图尔神像内部的金色塑像出现之后,不断在情境中揭示出来的真相。诚如《书简七》的作者所见,此处有真正的年轻和美貌,而且现存世界的衰老和变化无法触及它们。

这位不会衰老的苏格拉底在对话中显示出耽于探问的静态形象,他永远以人类所拥有的智慧来研究问题,但仅允许在其身体形态和行为习惯这些细微的个人特点中表现他

① 有关这封信的真伪问题,参见 Hackforth 的著作,"概论",页 1–35;"书简二",页 40–51。

属人的一面，亦即诸如赤足、凸眼、奇特的誓言以及司空见惯的沉思状，还有在他将要犯错误时抑制他的守护神（demon）。①上述这些都是小说家创作一个活生生且必然富于变化的人物形象所能采用的诸种特点。柏拉图做了史无前例的事情。柏拉图运用人类的特点创造出一个形象，这些特点又把他置于我们面前实实在在的生活之中；他塑造了他所展开的对话和他所碰到的人物，以便我们能够为行动和发展做好思想准备——未必是戏剧意义上的行动或发展，但必定是一种智识上的行动和发展，它可能会让我们在故事的结束之际，而非开端之时，对苏格拉底产生不同的感受——可是我们并没有这样做。处于中心位置的非人格化人物之不断追问所造成的对话的智识衍生物，只留给我们一种感觉，那就是苏格拉底的吸引力。

这个人物同时获得了属人的和非人格化的特质，因为没有人要求我们考虑到他本身的任何变化；我们只需用某种特定的态度去看待他，以其他言辞为语境去聆听他的言辞，[108]注意他的语气与其他人的对比，领会其他说话者不同于苏格拉底的个性特点。我们可以暂时且不确定地想象他们像普通人那样行事和过日子，因为我们只不过稍微想过一下他们。但是，他们在对话中总是被卷入苏格拉底的魔圈里面；即直露无遗的非个人化的领域，在其中，他们的言辞和思想直陈在他的分析之前，而苏格拉底也不像一个活着的人那样不断改变其行为，反而像一个块试金石一样保持不变。

从以上方式来看，我们就明白，对于柏拉图而言，在其一生中较早的时期（或者更准确地说是在最后15年之前）为什么苏格拉底在对话中所起的作用，就是把一个个内在深层的

---

① 例如参见《会饮》174A，215E以下，221E；《高尔吉亚》490D。

真相和表面上的矛盾整合起来。据阿尔喀比亚德说，比作苏格拉底的马尔苏亚的萨提尔神像有着充满色欲的外观，但是，当它被打开时，我们发现里面藏的竟是闪烁着神圣之美的金色塑像。“他外在的雕像真的就是西勒诺斯(Silenus)的样子，但当它被打开时，你简直难以想象他是多么纯洁高贵”(《会饮》217A)。这个悖论就居于苏格拉底身上，这个内在的真相取代了不真实的第一印象。

不过，即使我们把握到阿尔喀比亚德这比喻的意思，我们也不能放弃《会饮》论证的思路，也就是说其中的高潮之处。在阿尔喀比亚德到来以及把苏格拉底当做马尔苏亚来谈论之前，第俄提玛(Diotima)——苏格拉底在其说辞中引入的虚构的女先知——已经讲述了爱的阶梯。我们在其中得知人从掌握有关生成世界的知识上升到了解有关真实之存在(being)的知识的过程。首先，他应该爱恋众多漂亮身体之中唯美的一个，接着发现这个身体与所有其他漂亮的身体的共性，然后他将爱恋所有这些身体(而非其中之一)的肉体上的美。接下来，他会寻找灵魂之美而不是身体之美，还会爱上优秀的灵魂，尽管它嵌入一个不那么美甚或丑陋的身体当中。[109]到最后，他将会寻求遍及所有优秀灵魂的灵魂之美，并竭尽全力沉思真正的美(《会饮》209E－212A)。

这里有一个循序渐进的过程，每走一步都把先前走过的一步带走，每次前行都会使得我们抛之于后的阶段失去意义。这种进程集中体现在苏格拉底身上，他表面上丑陋和好色，满嘴黄段子，而且完全充满肉欲的吸引力，如今却完全远离了色欲本身。事实上，他控制阿尔喀比亚德的力量就在于，他劝诱年轻人尝试拿他自己身体的美作交换，以一瞥[苏格拉底]所有金色塑像的光芒。不过阿尔喀比亚德在作交换的时候发现自己没有什么东西可以给苏格拉底，所以苏格拉底保持对他的控制权。对于苏格拉底而言,性欲不再有任何意义。正如他的反讽,性欲不过是一副撩人的面具,它隐藏着一个不同于面具之表面的真相。

当柏拉图变得年迈时,苏格拉底的这种形象不再表达看待现实的最真切方式。这样一来,对于柏拉图而言,在生成的世界(the world of becoming)以外就没有可以把握的真理了。路途上先前的脚步被落在后面这样的过程也不复存在。没有开端和终点,没有第一阶段或最后阶段。取而代之的是一和多的不断融合,个体的身体和灵魂与宇宙的身体和灵魂各自不可分解的融合,而且对这种融合的沉思构成了理解如下两点的真正方式,即什么东西超越了这种融合以及超越了人的视力所限的全部范围。人的身体和灵魂的结合是内在真理的反映,这种真理是指他的四肢行动的方式和他的大脑控制四肢的方式,以及揭示人的身体和人类世界所无法企及之神圣技艺的无数隐秘线索。

这并不是苏格拉底选择的方向,而且苏格拉底不能继续出现在对话里。正如历史曾经把他置于那里,他就具备历史上和哲学上的双重意义,柏拉图无法改变或扭曲他。柏拉图对原型人物注以过多的敬重之情。[110]但柏拉图不再把苏格拉底放在心上了,恰如一位画家曾经采用某种风格作画,当他对这种风格所创作的作品感到满意时,他就不再关心这种风格了。在《泰阿泰德》中,甚至可以找到某个对柏拉图所采用的方式的暗示,柏拉图就是以这种方式把对苏格拉底的离弃看成某个标志。① 苏格拉底在《泰阿泰德》中告诉我们,他是助产婆的儿子,而且他的智识工作就像一位助产婆的体

---

① 《泰阿泰德》149A - 151D。这一点印证了通常的看法,即《泰阿泰德》是一篇过渡性对话。见[99]长注和第十三章,[177]以下。

力活。他说,助产婆这一阶层是由这种人构成的,她们自己曾经生过小孩,现在只能协助别人分娩。因此他自己无法获得智慧;他只能在别人身上催生智慧。这又是苏格拉底的独特之处,也是他作为独特的历史人物的意义所在。然而,柏拉图也许宁愿在他的晚年寻求某些关于生命本身的哲学表达。它不再局限于单个人物形象的必然界限,无论这个形象有多么伟大,尤其是这个形象的伟大性也具有某种远离生命历程的不育性(sterility)。对于临终的柏拉图而言,如果生命不能被看做一个过程,即一和多的瞬间结合,那么将无法真正理解生命;又,如果不能真正理解生命,那么也就无法见识超于这个结合之上的东西。因此苏格拉底遭到了离弃,柏拉图曾一度热衷重塑的苏格拉底的鲜活性及其生活也随之而去了。柏拉图在其晚年所需要的正是一种新的生活和一种新的鲜活性,以及一个已不能使用人类所用的语词来表达的事物。

四

但是,柏拉图与苏格拉底的关系问题,绝对无法穷尽柏拉图作品内在的含混性。主要的困难就在于对成文作品本身的解释。因为对话是一个鲜活的矛盾体,如对话形式上的完美与作者对他的对话所表露的轻蔑之意的矛盾;对话所具有的戏剧性特点与柏拉图对戏剧的嫌恶和担忧之情的矛盾;对话的哲学含义与柏拉图否认对话是哲学作品的态度的矛盾。[111]这些都是柏拉图作品中蕴含的张力。与明确的否认态度形成对照的是,柏拉图对创造行为本身的隐性对抗,其结果就是对话的主体:这些带有历史性质的、模仿性的和哲学性的对话,就介于思想与人类生活中的思想结果之间。

让我们看看柏拉图在哪些言辞中否认了他所写的对话体现了他的哲学。第一次自述来自《书简七》。

> 不过,我完全能够断言的是,关于所有那些写过和将会写的人——他们全都声称知道我最严肃从事的志业的本质,不论他们曾做过我的还是其他人的学生,或者是他们自己发现的;在我看来,这些人根本不可能对这一志业有所领会。我从来没有关于这些东西的著作,也永远不会有,因为这个志业根本不像其他学问那样可以用言语来传达,而是一个经由与这志业本身的持续交往和与之朝夕共处而产生的东西。它就如被一束跳动的火苗引启的光,它在有知者的灵魂中生成,此后就自己维继下去。可是,我深知,若是把这些东西写下来或说出来,那最好是由我来说出来,而且,要是写的糟糕,最感伤的是我。但是,如果我觉得,这些东西可以适当地写下或说出来给大多数人,那么在我的一生中,我还能做出什么事功比这更美好呢?写下对所有人有莫大助益的东西,并把真正的自然带进光明,让所有人看到?但事实上我认为,即便朝着这个方向而做的所谓的努力,对所有人并不是好事,除了那些凭借蛛丝马迹就能找到自己所寻找之物的少数人。至于其余的人,对其的教诲将不相宜地使得一些人充满一种最不恰当的轻蔑,让另一些人充满高远和自负的期望,仿佛他们学到了某些陌生和令人敬畏的东西。(《书简七》341B - E,参彭磊译文,有改动,下同)

下面这段话的重要性也不相上下:

每一现存事物都有一些东西，必须通过这些东西，才能习得有关那些事物的知识，这些东西一共有三样，而第四样就是知识本身；[112]至于第五样东西，应当假定为可认识的、真正存在的东西。它们分别是：第一，名称；第二，定义；第三，影像(image)；第四，知识。如果你要理解我的意思，就让我们找一个例子，并由之理解所有情形。有种东西叫做圆，它的名字就是我刚才拼出的那个词——“圆”。它的定义是一个由名词和动词组合而成的句子。因此“每一端点到中心的距离相等的事物”就是以“圆球”，“圆环”，和“圆”为名称的事物的定义。第三样东西，即影像，就是介于被描画和被擦去之间的圆、用镟刀镟出和被毁覆之间的圆。所有这些东西都与圆本身相关，但是圆本身不会经受这些步骤中任何一种，因为它跟这些圆截然不同。我们提到的第四样东西就是关于这些事物的知识、理智和真实的意见，我们必须假定这些东西是一个整体，它既不存在于言辞，也不存在于物体的形态中，而是居于灵魂之中。由此可见，第四样东西明显不同于上述三样东西(名称，定义和影像)，也不同于圆本身的自然。在这四样东西中，理智在亲缘性和相似度上最接近第五样东西，其余的则离得远一些。

同样的道理适用于直的和环的形状以及颜色，适用于善、美和正义，也适用于一切人工制造品和自然生成物，[比如]火、水和所有此类东西，也适用于一切生命体和灵魂中的道德行为或情感。如果谁不以某种方式把握前面四样东西，那他就永远不能成为完全分有(perfectpartaker)关于第五样东西的知识的人。除了这些，这四样东西试图显明关于每样事物的特性，不亚于试图显

> 明每样事物的本质,这正是由于逻各斯的缺陷;因此,但凡有理智的人都不会冒险把自己的理性思考付诸言说:尤其不会使之不可更改,这在著述方面亦然。(《书简七》342A－343A)

必须记住的是,这是柏拉图生命晚期的手笔,此时他已完全抛弃真正的戏剧性对话。[113]但是我认为,柏拉图对于什么东西能够表达某一志业的看法和先前的并没有实质上的差异。中期对话中出现的名称、定义和影像在分析方面的差别并不大。它们都融入诸如《高尔吉亚》和《普罗塔戈拉》这些对话的主要人物的个性之中。这四样东西在《王制》中更加醒目,它们在阐述与论证的方面较少出现分离,但仍然清晰明了。但是他们之间的关系问题总会以戏剧形式阐明:名称,即人们如何称呼他们所认识的东西,并使其适应一个相应的叫法。定义,其对应的戏剧形式即是人们力图描述他们所见的形式的作用和特点——一个定义将会因对形式某一方面的不完全理解而发生变化。影像,对应的戏剧形式则是他们试图在生成的世界中辨认影像之常变外观。

大概比《书简七》早10到12年写就的是《斐德若》中的一个段落,它包含了一系列加诸苏格拉底之口的发言。柏拉图在这里几乎是确凿无疑地谈论他自己的对话,这是我们所拥有的他的作品中唯一一次这样的记录。他那晦涩且带有轻蔑意味的超然顿时跃然纸上。

> 苏格拉底:因此,以为可以在文字中留下一门技艺,以及反过来,接受了它便以为从文字那里会得到清清楚楚或牢牢靠靠的东西,头脑恐怕都过于简单啰,他们实在没有明白阿蒙(Ammon)的预言,因为他们以为,知道

这些东西的人们把它们写成文字,且文字不仅仅是作为记忆写下的东西的工具。

斐德若:完全没错。

苏格拉底:斐德若,你是知道的,文字的这种奇特之处在绘画中也有。绘画技艺的子女也立在那里,仿佛是活生生的,但倘若你问他们什么,他们却威严地一言不发。写下的言辞也如此。你会认为,他们在说话,仿佛有某种所想的东西,一旦你问他们说的某种东西,想把它搞懂,他们却总是翻来覆去讲同一套话。再说,一旦写成,每篇东西就以同样的方式四处流传,传到能理解它的人的头脑里,也同样传到根本不适合懂它的人那里,文章并不知道自己的话该对谁说,不该对谁说。[114]要是遭到非难或不公正的辱骂,它就总得需要自己的父亲[作者]来帮忙;因为它既维护不了自己,也帮不了自己。

斐德若:你这番话也太对了。

苏格拉底:很好。让我们看看另一种言说,它与我们刚刚讨论的是兄弟,但却是本真的,既看看它是以何种方式形成的,又看看它天生比这种要好多少、能力强多少。

斐德若:你说的是哪种?怎样形成的?

苏格拉底:用知识写在习者灵魂中的那种[言辞]来写作,它有能力卫护自己,而且懂得对谁该说、对谁该缄默。

斐德若:哦,你指的是明白人的言辞,既是活生生的,又有灵魂,那由此写成文的东西正确地该说成是一种影像(image)。

苏格拉底:正是如此。那么请你告诉我:一个聪明的农夫有些种子，倘若他珍惜它们，想它结出果实，他是不是会趁夏日正盛严肃地在阿多尼斯园子（Gardens of Adonis）下种，然后美滋滋地看着它在七天里美丽起来呢？抑或他做一切单纯为了好玩和节日里高兴？又，对于那些他严肃热诚对待的东西，他是否会运用他全部的农作术，在恰当的时候播种，然后美滋滋地等七个月后自己播散的种子成熟呢？

斐德若：是这样，苏格拉底，他会带着严肃热诚来做这事，另一个人则会按你说的另一种方式来做。

苏格拉底：咱们能说，这个有了关于正义、美和善的一些个知识的人，他对待自己的种子还不如一位农夫明智？

斐德若：当然不会。

苏格拉底：那么他就不会严肃地把那些东西写在水里——黑色的水里，靠苇笔用言辞来播撒种子，因为笔墨既没能力在言辞上帮自己，又没能力完美地传授真相。

斐德若：看来好像不会。

苏格拉底：当然不会。但是，在自己的文字园子里，似乎他也不过为了乐趣才撒点儿种子和写点什么，如果非要写，也只是为了采集记忆的收藏，为自己有一天到了老年［派上用场］，也为了任何一个跟随其足迹的人而写下它们；这样，他看着自己的种子抽枝发芽就会满心喜悦；别的人喜欢别的消遣形式，整天吃吃喝喝和忙别的仅仅与此相关的娱乐之事，他呢，似乎把自己的时间都怡然自乐地花在我所提到的那些事情而非吃喝玩乐这些事情上。（《斐德若》275C 以下，参刘小枫译文，有改动）

五

如果对话在某种意义上不代表哲学,那么它们向我们传达了什么?[115]我们惟有既考虑到柏拉图这位不信任哲学的表达方式的哲人,又考虑到柏拉图这位不信任文字写作的作家,还要考虑到柏拉图这位担忧技艺的影响力的艺术家,才能回答这个问题。因为这三种面相事实上是合一的:既表现为一个对难以言说之形式(forms)充满热忱的人,但他意识到自己必须通过对定义和影像的扭曲(distortion)来赋予形式以生命力。又体现为一个强烈地热爱生活的人,但他认为生活玷污了不可触见的唯一真实形式。对话的诡秘、含混和富有深意,就处在对这一重要张力的表达之中。

在柏拉图的写作生涯之初,他的头两篇作品——《申辩》和《克力同》——自成一类。它们极其接近纯粹的历史;尽管其中包含了一个有意识的关注目标和一个逾越历史范畴的戏剧主题。紧接它们的对话,就其吸引力来说,则稍逊一筹,它们是《游叙弗伦》、《拉克斯》、《吕西斯》、《卡尔米德》。这些对话在柏拉图的思想发展中不同于《申辩》和《克力同》,因为柏拉图所关注的不再只是苏格拉底生命的伟大时刻,即他的受审、定罪以及狱中的最后日子。柏拉图开始以一系列对话来建造苏格拉底的世界。这是比它最初表面所示更大程度的一次转变。苏格拉底之死是一个基于某一个特定时刻的伟大主题,即苏格拉底之死在道德和社会层面上究竟意味着什么,他在面对死亡时又如何处之泰然。在一定程度上,他的死其实从最宽泛的方面来讲是柏拉图的最高主题,而这个方面是指一个人的性情(composition)与死亡(dissolution);他的死表明了理性所能扮演的角色,即理性能使人有所准备,无惧抽象意义的死亡标向;他的死还证明了人与其世界达成统一的存在可能,以便我们能够作出关于灵魂之命运的论证。①柏拉图将要在后面最著名的对话中探讨所有这些主题,但它们却隐含在苏格拉底之审判和死亡这些历史事件当中,正如柏拉图把它们写入了《克力同》和《申辩》。当他从这个主题[苏格拉底之死]转向紧接其后的对话时,他开始走在返程之路上。他不再拥有重要时刻的魔力来引导自己,转而以戏剧家的身份来考虑应该挑选什么东西来作为其戏剧的情节。[116]对于柏拉图而言,它们充当智识上的论题,当把它们放到人类状况来考虑时,作为论题本身的情节既可以被修正又可以被删除。因此,在《游叙弗伦》中,当虔敬与道德责任的清晰定义出现在涉及游叙弗伦和他父亲之关系的语境时,这些定义就变得模糊和晦涩;又如在与拉克斯的对话(即以他为名的对话)中,懦弱的恶行和勇敢的德行就令人不快地混合在一起;诸如此类。苏格拉底一开始就已经被赋予发问者和破坏者的角色,只要他在任何程度上都是对话中的重要人物,他就保持着这个角色。苏格拉底之角色独具的静态特质已摆在眼前。但是,对于我们在晚期对话所发现的人物,我们还缺乏深层的理解。对这些早期对话所出现的人物的描述具有一种清晰的朴素性,这与晚期的柏拉图迥然不同。正是柏拉图中年时期的对话充分表现了他身为一名作者和一个人的含混性。而含混性的问题则集中在技艺与对现实之思考的关系上。

一方面,柏拉图在中期的著名对话中,把经验的全部复杂性都看作是对一个更遥远之现实的局部零碎的模仿。在

---

① 参见 Romano Guardini,《苏格拉底之死》(*The Death of Socrates*, New York:Sheed & Ward,1948)。

《王制》中，以画家为表象的政治思想家遭到了挑战，因为他无法证明任何像他所描画的形式那么完美的人类曾经存在过。①苏格拉底回答道，问题并不在于完美的画像是否曾经在一个美的人身上实现。苏格拉底的说法似乎暗示，它本身或多或少是美的真正体现，而这种美的原型是在远离生成世界的其他地方。由此看来，柏拉图在某种意义上打算消除行动、言辞和思想三者的差异，鉴于行动、言辞和思想无一例外都是对一个完美本源的不完美复制品。

对于柏拉图而言，真正的美很可能最直接地反映在直线、图形和颜色的魅力之上。但是，就连这些最纯粹而在的和谐之物也是它们自身的影像（reflections）；它们会本能地使自己被覆盖于肉身的属性之下，[117]因而变得可朽且屈从于变化和不完美——当它们得以在人类的思想（而非木头、涂料或金属）中成形时，它们确实就会变得如此。同样，正义的模式（pattern）也受到了污损，但必然是以一种更为复杂的方式。②正义的模式（就现在能表达的程度而言）很可能比其

① 《王制》472D。这一段标志着对话中第一二次主要划分的接合（参第十一章，[147]以下）。

② 参《斐德若》250B 和 D－E，相对于正义、节制，美在此特别列举出来，作为人类灵魂通过视觉最直接地回忆起的一种形式。

他我们所能构想的东西更为近似于一个数学的公式。①但是，即使是数学公式也没有能够达到足以避免扭曲的抽象程度。更别提关于一个安稳的社会、阶级的和谐、经济利益的协调这些观念了。所有这些东西都无法超离人类而设想，故变化、衰亡和不完美亦必然随之而至。

在柏拉图看来，理论上，一位思考者内心关于正义的想法，与这一想法在言辞中的形式，以及由已道出的想法到付诸行动之间的转换，这三者相对来说差别不大。如果存在任何重要差异的话，那么这想法就能更加接近完美，且仍然存在于脑海里，没有经过思考者的系统阐述。柏拉图必定已经意识到，这些想法在某种程度上是出自他人言辞的结果，它们永远不能根本上摆脱口头表述而独立存在。但他也相信，只要思想还没有被那于内心形成这种思想的人表达出来，尤其未在文字中表达出来，那么它从某种角度看是更为安全

---

① 诺斯洛普(F. C. S. Northrop)在他的论文中走得更远，竟把理念等同于数学概念或比率。见《希腊哲学的数学背景和内涵》(The Mathematical Background and Content of Greek Philosophy，刊于 *Philosophical Essays for Alfred North Whitehead*, London, New York, and Toronto: Longmans, Green & Co. ,1936，页 1 – 44)："善、神和灵魂的理念都能够表述出来……这些理念由基本的概念或比率组成，故理念可以由它们的术语来表达。由于这些理念中不存在'超出掌控范围'的不可言说的贡献，所以它们能够以数学所揭示的整个形式的要素来表述"(页 30)。这种观点当然与柏拉图在《书简七》中对自己写作方法的描述相抵触(参[111]相关部分)，不过，诺斯洛普教授的论点带有刺激性和启发性，强调了"比率"和比例在柏拉图作品中的重要性，严肃地把数学作为辩证法的入门。另一方面，认为"认识论问题——还有道德和政治的问题——的关键，'只是'集中在自然科学上"(页 21)，就等于把柏拉图看做一个擅长科学化系统化分析的哲学家，在某种意义上我这整部著作旨在反驳的正是这种理解方式。

的,因其免去了生成世界所带来的污损。①更不用说行动世界所带来的污损了。所以,他认为有必要在《王制》中区分清楚一个构思中的计划和一个已实现的计划之间的必然差异(《王制》473A)。但是在他的理论框架中,所有这些(思想、言辞和行动)都是模仿的结果,都是人对抽象概念的理解的反应,这种抽象观念隐匿于人,且不只赋予人判断类或属的能力,使人能够把个别事物分门别类地聚集起来,还给予人以客观真实的唯一保证。②

因此柏拉图可以说,问题并不在于理想的图景是否能(或曾经能)在生成世界中找到其对应物,[118]也不在于理

---

① 这明显可见于《书简七》(342 - 343)和上文引述《斐德若》([111] - [113])的陈述,对此的理解与对话本身相关。亦见《克拉底鲁》349A - B,《法义》895D。

② 对形式作"科学的"解释实在数不胜数,它们只强调形式本质的这"认识论"的方面。例如,参考理特尔,《柏拉图哲学的精义》,页77:"我把柏拉图的理念看做这么一些单纯思想的表达,即每一个正确构建的观念都会在客观真实中有其牢靠的支撑。"根据这种解释,理特尔把现象学当做是真止的柏拉图主义的现代复兴(同上,页185 - 190)。亦可比较纳托普之理念概念,他把理念当做"纯粹的思想目的"(《柏拉图的理念论》,页133,前揭):"迄今为止的审查结果是:理念不意指事物,而意指方法"(同上,页221)。至于把善的理念理解为"律法中的律法"(页194),参页188 - 201。这种看法不过是试图表明,柏拉图预见了康德或者新康德派,纳托普在《柏拉图的理念论》第二版附录中愤慨地反对了它(同上,页462 - 463)。事实上,理特尔和纳托普这两种观点都具有一个重要的真理内核;在某种意义上,它们是对形式做最低限度的解释,尽管理特尔的解释——撇开他对外与此相反的声明不谈——比纳托普更肤浅和更少启发性。但所有"科学的"解释最终都是不充分的,关于这点的明确论证,参见 F. M. Cornford,《柏拉图的认识论》(*Plato's Theory of Knowledge*, London: Routledge & Kegan Paul, 1935,导论),页1 - 13

想的邦国是否将会实现或曾经实现过；重要的是从某种视角去理解形式，无论这种理解是多么不完善。苏格拉底在《王制》中说：

> 我明白……你说的是我们刚才正在建立的城邦，即言辞中的城邦，因为我认为她在人世间无处可寻。但是……或许天上建有她的一个原型，让凡是希望见到它的人能使得自己在那里定居下来。至于她现在存在还是将来存在都没有差别，因为他只有在这个天上城邦才能参与政治，而不能在别的任何城邦里参加。（《王制》592A－B，参郭斌和、张竹明译本，有改动）

虽然如此，柏拉图尤其具有一种强烈的生活感觉。我们可以察觉到它融入在对话中随处可见的细节里——譬如普罗塔戈拉在庭院中来回踱步的荒唐行为，由此使得他那心存敬意的学徒陷入难堪，他们在老师面前总是如履薄冰；又如对天刚破晓之恰如其分的感觉，年轻人希波克拉底在此时拜访了苏格拉底，我们可以从希波克拉底开头几句话中瞥见他所随意略为提及的抓回奴隶一事；在《会饮》的最后时刻，苏格拉底、阿里斯托芬和阿伽通是唯独仍然留在桌旁的宾客；还有《王制》卷一忒拉绪马霍斯的矫饰和粗鲁。这种对生活的充满热情的感知最初曾促使柏拉图对苏格拉底的身体外观作出回应，即丑和美的悖论，不过到了柏拉图中年时期，这种感觉完全否定了他的理论所声称的东西，后者指的是内心的思想、言辞中的思想和行动中的思想三者之间没有重大差别，也就是说雕塑是否能被赋予生命力，或者想象中的邦国能否基于国家、男人和女人的实存而得以实现自身，这并不重要。柏拉图以其存在的一个方面热切地探寻这些东西。

他与任何也曾想过的人那样渴望亲见自己梦寐以求的城邦，渴望见证这样的邦国的存在，其中的公民像他一样能够衷心接受他认为有价值的东西；因而，同样在《王制》中，他可以说，如果理想的邦国无法得以实现，[119]“在这里我们将会理所当然地遭到嘲笑，被他人唤作是徒劳地说些仅近似于愿望和祷告的东西的人”(《王制》499C)。

这种对生活的热切感觉仍然力求寻找一种形式，以便克阻感觉的泛滥并将其固定在一个美好且不朽的模具之中，但这种生活感觉几乎不是造就一个治邦者的驱动力。它在思想和性情上更易于转向想象和虚构的神秘世界，这世界中的素材具有一定的灵活性，而且乱象的丑恶也能够被更有效地驱除。柏拉图殷切渴望为其心目中的创造物覆盖一层活生生的外观，不过他对自己创造这样的事物缺乏信心。最终，他退而让自己相信另一种生活是保持不变的和静止的，他知道这种生活隐藏在稍纵即逝的生成世界背后。然而习俗的实存感纠缠着他，使得他必须顾及它们的存在，亦即你所能闻见知晓的芸芸众生，如果柏拉图能够建立他的城邦，他们将成为城邦的一分子。在其晚期的生命当中，他曾一度缺乏热情且忧心忡忡地面对这种习俗的存在。与此同时，他仍然深受他那强烈的希腊信念的影响，相信思想的目的在于行动和伦理行动(praxis)。至少，他必须设法观察男人和女人，必须聆听他们的言辞，并理解那些为其沉思提供直接意义的暗示。

仅凭柏拉图自己的想象不足以创造对话。他不信任自己对戏剧的偏爱，以致他必须对大众的真实存在有所把握，而且确信他不完全是一个操控木偶的人。正是对话的主要成分之历史真实性为他提供了这种保证。随着昔日的中心(苏格拉底)悄然退落成柏拉图当下所思所问的现实境况，对于柏拉图而言，过去与苏格拉底同在的关于逝者的记忆，和历史事实的力量便成为他自身想象之真实性的保障，但这种真实性还未经过一个实际试验的检测。包含着柏拉图某些极为重要的结晶的中期对话，[120]只不过是介乎纯粹沉思的哲学和以教学与政治为形式的行动之间的影子世界。①

六

然而柏拉图一直不能够满足于这个影子世界。早在推动柏拉图生命的两股力量分离而产生冲突之前，这个世界就逐渐消解了。一方面，使得柏拉图以苏格拉底的史实性作为早期对话的基础的意向，进一步促使他出访西西里作一次尝试，那里鲜活的人和邦国将检验他的抱负之真实性，最后，当他再次转向文学时，这种倾向又导致了《蒂迈欧》的奇思异想，在这篇对话中，关于形式方面的内容具体体现在宇宙中的人身上，以及对寓言的解释之中，它[寓言]认为造物主(Demiurge)说服必然性女神(Necessity)融合到他的设计之中，以创造宇宙。另一方面，对形式(forms)的强烈信念，致使柏拉图不信任自己在表现人类及其生活方面的想象能力，因

① 在柏拉图研究中，激发思想和行动的两种动力的紧密统一，并不常常得到足够严肃的阐明；在某种意义上，这正是希尔德布兰德的一个研究论题，参见 Kurt Hildebrandt，《柏拉图：争夺权力的精神之战》(*Platon:Der Kampf des Geistes um die Macht*, Beilin: Georg Bondi, 1933)。亦参页 311:"柏拉图的秘密就存在于其意愿行动与意愿思考的原初统一。"然而，这里对对话的"实际性"解释过于刻板。例如参见，希尔德布兰德对《斐德若》的解释(同上，页 274 以下)，或对《王制》更加极端的解释(同上，页 225 以下)。参见第十一章，页[148]关于希尔德布兰德的分析的注释。

为这点存在极大风险,即他会构想出、道出所谓的"不存在之物"(the thing that is not)。换句话说,这种不存在之物最常见的就是影像(images)的组拼物,即来自现存世界的影像片段的混合,它被用作进行欺骗及隐匿底下之空无的伪装;再说,通常而言都是由艺术家造就这种欺骗。因此,我们在柏拉图关于技艺方面的理论中发现:其一,对他的戏剧性对话之本质的进一步阐明;其二,对于柏拉图而言,这些对话限制在作者自身的两难处境中,暂且不能试探性地逸出的理由,这一困难处境正是柏拉图向写作《蒂迈欧》与《法义》的那个自己演化的一个中间阶段。

那些不可见但可理解的形式(forms),只要它们是完全可以传达的,那么它们在那些可认识的且运用概念能被整全、理性地领悟的主题上,是可教于人的。①因此,一个人的真正影像在某种程度上(仅是在某种程度上)是一位作者所创作的虚构人物。他的外表,言谈与思考的习惯都确是一个模仿的作品,[121]但只是一种最表层的模仿。倘若作者确实执意要对一个人进行模仿,且对一个现实存在的人进行模仿,那么他就不那么容易误入歧途或误导他人。因为这个人的成长和实存(reality)实际上必须与对应的形式有一个真实的关联,要不然他就未曾存在过。这样的作者是对实在进行第三重模仿的人,犹如描绘木匠已做好的椅子的画家。但是只要他是真诚的、紧贴对此人的单纯模仿性描述以及关于他的言行已明确可知的一切,那么他仍是一位无害的模仿者。

然而,柏拉图深知处于这种状态的作者事实上数量极少。较为普遍的是这样的作家,他试图传达关于整个人的一个影像,对于多数作家来讲,关于这个人从前的身份及其所

① 《斐勒布》15A－18D;亦参《王制》509D 以下。

作所为,并没有任何实际上可供利用的信息。要弥补这一点,作家就必须动用他的想象力和对所有人的知识。在这一点上,柏拉图确信,为了劝诫和说服他人而进行模仿的愿望使得他认识到关于形式(form)之整全的较易获得的片断,这形式作为一个整体就隐藏在所创造的影像背后,同样肯定的是,这也适用于在生活中真实存在的物或人。这就是为什么柏拉图必定把所有技艺都当做模仿的技艺来讨论的原因,也是为什么当他选取某个突出范例时,他多数情况下总是在戏剧中寻找它的原因(例如参见《王制》392C－398B)。

让我们举个作家或剧作家可能已描绘过的例子,即一个人为他的已故好友哀悼。由于这位哀悼者并不真正懂得人死之后等待着他和他的朋友的将会是什么,所以他可能会为自己即将来临的死亡或其朋友的死亡而悲痛欲绝;在另一时间,没有遭到客观环境逼迫的他,可能会理智地谈论生存的可能性,而且其理性或传统信仰总会坚信生存的较大可能性。现在,对于柏拉图而言,灵魂品质的真正模式(pattern)——就像圆的真正模式——容不下对立的事物,也就是说,灵魂不可能一下子懂得这一点,一下子又认同另一点。[122]但是,永久徘徊于怀疑和犹豫之间的状态,以及随之而来的强烈表现,是现存世界中任何人类生活不可避免的特点。再者,准确来说,正是这种犹豫不决的状态吸引住模仿者,而他要做的就是把这种状态摹写出来,使得他的读者和观众感受到内心的愉悦。当惯于模仿的艺术家在模仿那个哀悼亡友的人时,他并不关心他的模仿对象是否不值一提,因为在他看来,这个人所具有的瞬时情感背后没有轻重之分;他也不在乎自己是否以一种真正的价值观来感染他的听众或读者,因为他认为,唯一的价值就在于向他的受众传达此时此地真实的东西,以及传达他自己、他所创造的对象和他的听众所共有的东西——这正是来自于他的内在艺术直觉。惯于模仿的艺术家的吸引力的来源主要是,他对人类极端苦乐的时刻的艺术再现(和利用),确切来说这个时刻人的世界已遭受改变或毁灭,而且显然缺乏整合的生活观念,即缺乏一种同时涵括快乐和痛苦的生活观念。但在柏拉图看来,唯有这种一致地涵括快乐与痛苦以及这两者对更高事物的从属关系的生活观念,才是一种对形式(form)的适当再现。

此外,艺术家对他人的不良影响是,尽管他没有传达他本应模仿之形式的真正融合性的观念,但他似乎常常看起来做到了这一点,他以影像来对形式进行的分裂和重组是如此的熟练。俄狄浦斯(Oedipus)的自我重识看似不仅仅是对索福克勒斯的俄狄浦斯这个独特的人物形象的一次再现。它好像还是世上每个人所面临两难困境的写照。但它也只是对这种困境的一种呈现。它本身并未拓展到这样的程度:俄狄浦斯的恐怖惨状能够和他自己生命中的其他事件协调一致;一个人(同时意味着对所有人亦然)经过整合之后的一幅图景,也将会在其自我重识中体现出来。正是凭借剧作家或画师的技艺,他们所创造的单个场景,才能以其内在力量遮蔽其他场景所透露的思想,在这种背景下,单一场景成为整个生活的一部分。[123] 既然灵魂的真正形式(form)据柏拉图看来正是一种统治原则——理性统治和血气屈服,后者是服从作为本质的前者的因素——那么每个个体成员强烈的生命力对一个有组织的和谐共同体所造成的破坏,则是虚假且极其危险的形式。模仿恰恰有利于这种不真实。①

然而只有通过这个过程——尽管其充满危险——思想才能在生活中得以表达，随着思想在芸芸众生中焕发出生机，它也获得无以言表的复杂性，就连最精确的理论论述都无法设想。就柏拉图而言，戏剧应该是他的哲学天赋的自然表现，他的这种天赋一直是为了理解意愿(will)和行动(action)的混合物与思想之间的关系，这一关系标示出人类性情的限度。对话本身是对滑稽剧(mime)的改写，②后者是一种当时流行的小型戏剧形式，由此对话取消了对话者实际体态的再现，这对柏拉图来说是个相当重要的问题，因为正如柏拉图所见，在模仿过程中，演员的身体能力是一个限制性且有损完美的因素。但是中期对话都带有具体情境的真正生活状态，无论是智识上还是情感上，因而我们应当这样去理

---

① 尽管作为模仿的技艺在《王制》卷十(595A－608B)得到较大篇幅的讨论，但它也隐含在卷二和卷三论述诗歌教育的地方，其中一处表达得较为清晰，见402B－C。然而，技艺问题的形而上学基础，只有在稍后部分，即紧随卷六对"知识线段"的讨论，才能得以进行。有关柏拉图对技艺的看法的讨论——认为模仿并不是技艺问题的核心，可参R. G. Collingwood,《技艺的原则》(*The Principles of Art*, Oxford: Clarendon Press, 1938)，页46以下，和Edgar Wind,《神圣的恐惧：柏拉图的艺术哲学研究》(Theios Phobos, Untersuchungen über die platonische Kunstphilosophie，刊于*Zeitschr. für Aesth. und allgem. Kunstwissenschaft*, XXVI, 1932)，页349－373。柯林伍德(Collingwood)坚持认为，柏拉图只将某些技艺视为具有模仿性的艺术，而怀德(Wind)则完全分离柏拉图式技艺理论与模仿概念——他接受关于晚期柏拉图的普遍看法，即认为他放弃理念的理论，然后表明柏拉图整体理论能够在《法义》中找到，进而把"理念"与理念的"模仿"分割开来。

② 参Hermann Reich,《知更鸟》(*Der Mimus*, Berlin: Weidmannsche Buchhandlung, 1903)。

解这些对话，把它们看作表现各种关系的戏剧性言辞，而非作者某个论题的学理性解释。

但是，柏拉图不得不惧怕的，非但是在影像中显现的形式之碎片化，而且是促使作者谈论那些使他困惑的“不存在之物”的虚浮感。在某种程度上，尤其是对柏拉图而言，他的哲学禁止他享有大多数作家所经历过的写作活动中的满足感。对绝大部分的作家——甚至是从事哲学性写作的人——而言，理解的时刻和表达的时刻几乎是统一的。直至深刻见解为言辞所表达，关于它的阐释（illumination）才完全澄明。因而，完整的作品就是意义之启明时刻的永恒纪念。但在柏拉图看来，阐释和表达决然分离，而且表达不过是间接地唤起阐释之记忆的一种智识上和感官上的尝试。[124]当它为作者或能理解他的人唤起意义之释解时，它并没有同时忆起和表现出创造它自身的思想——更不用说思想和表达过程所共同指向的实在。毋宁说，好比我们对某个愉快或痛苦时分的记忆，它由于其所涉事件之场景的重现，或者由于此场景与我们当初感知事物的模糊体验两者的融合，而被再次唤醒，这就是表达过程引启关于意义之释解的方式。我们看到，尽管柏拉图试图把思想、言辞和行动三者统一起来，这三者之于他仍同样是对某一实在的各种模仿，至此，没有哪个是模仿得彻底的；只有在对实在的偶然且猛然的理解中——超越语言所涉及的范畴——意义之澄明才会出现。

第十章 御者与团队

一

［125］事实上，柏拉图能在某些早期和中期的对话中抽离出若干政治理论的问题作单独处理，这使得我们作出类似的抽离也具有正当性。然而，我们必须注意到，那些对话中的叙事成分看似偶然地被引入对话的开端处，譬如说在讨论完美城邦的本质时，首先探问为什么克法洛斯（Cephalus）得以安享晚年，而别的老年人则怨天尤人（《王制》328E 以下）。这一特点并非偶然之物，或者只是最浅显意义上的一种文学手法。它应该被理解为某一更深层事物的征兆，也就是说，摒除形而上学、知识理论、伦理学或甚至我们从《蒂迈欧》得以了解到的宇宙论或生理学，作为一个可供讨论的主题的政治生活将不可能存在。柏拉图在这些相对较早的对话中，也许找到了唯一的方法，根据他的哲学的需要隔绝政治理论中可隔离之物，同时，涉及直接的人际语境和在场个别离题的对话构架，仍使我们真切地意识到这可隔离主题与所有其他主题之间的连贯一致感。因此，对话本身便成为表达智识的局限性——政治能在其中被讨论——的一种人为作品，而不是传授柏拉图政治学说的论文。

换另一种方式来看，柏拉图的政治学说隐含在整个画面之中——开场戏、论辩过程以及最终结局；各个人物、论辩的方式以及论证的变换；而不是单独在某个具体的论争或论点中呈现出来。我并不知道康福德(Cornford)教授的如下假定是否正确:“《王制》……首先并不是打算写给研习哲学的学生,[126]而是写给受过教育的民众,他们肯定不会去阅读《帕默尼德》,还觉得《泰阿泰德》和《智术师》是如此难以忍受地晦涩难懂。”①但以下说法却是符合事实的:正是《王制》中以戏剧性(亦因而通俗的)言辞所表达的对整个人类状况的理解,向读者阐明了柏拉图自己的政治信念;在他生命的晚期,在《智术师》和《治邦者》当中,要想领会柏拉图本人所说的关于政治的话语,最重要的是遵循论证的逻辑以及讨论的原则去理解。

但是,当我们着手尝试拼接一种柏拉图的政治理论并理解它时,我们不可避免地引入一个曲解的因素,因为在论述柏拉图政治信念的过程中,我们无法同时充分考虑到他的哲学中其他因素持久的综合影响——若我们敏感地觉察到柏拉图的意图的话——这些因素一直让表面看似简单的关于政治事实的说法变得复杂化和深刻化。举例来说:精通所有对话(这确是理解政治对话的唯一途径)的人能够看到以下四者之间的一致关联:1. 关于灵魂之不朽及其神性的学说;2. 与生成世界相分离的形式之实在;3. 充当《王制》中“建立在天上的模型”的邦国的人为建造或不可实现之特点;4. 晚近出现在《法义》中严格意义上的“和谐”。然而,在论及《王制》中出现的整合柏拉图哲学以上所有方面的思想立场时,我们不可能一次性令人满意地讨论完全部。这样一来,要搞清楚柏拉图在基本政治问题上的立场,就必定会曲解其哲学的其他某些方面,或者至少忽略或降低它们的价值。然而,我们一定要避免曲解其侧重点,而且这也是我们能够避免

---

① 康福德,《柏拉图的认识论》,页2,前揭。

的。鉴于主题的性质，关于柏拉图这些[有曲解嫌疑的]问题的提出和阐释都不会顺利进行，倘若这些问题无法与其哲学语景中的恰当细节对应起来；[127]然而我们必须尽量避免错误地对侧重点进行解释，比如说我们会被教导，表面化地认为柏拉图与某些现代政治学说是一致的，原因在于柏拉图整个图景中的某些具体部分会令我们联想起它们。① 关于某种政治哲学之信念的个别意项(items)，极少能仅凭自身就证明如下描绘的正当性，即关于这一意项与其他政治哲学的意项之间相似性和对比的描画，唯有智识画面的整全性才是能够用作比拟或比较的。我们切勿曲解了这一整体画面中的侧重点。

二

柏拉图政治理论在其生命所有阶段中的首要特征，就是主张对现存希腊政制所作变革的全面彻底性。几乎从柏拉图开始观察政治生活的那一刻起，而且必定是从他开始书写政治生活以来，他就没有想过对某个现存结构作任何零碎的革新，甚至没想过作一系列四五个步骤的核心改革，而是按照一种全新的观念来策划一次邦国变革。这个观念是对人之存在的目的，以及作为这种目的之表达的邦国这两者所作的全新哲学性阐述。

---

① 例如参见 R. H. S. Crossman，《当今柏拉图》(*Plato Today*, London: G. Allen & Unwin, 1937)，或者波普尔在某种程度上更有启发性的著作，《开放社会及其敌人》(Karl Popper, *Open Society and It's Enemies*，卷一：*The Spell of Plato*, London: G. Routledge & Sons, Ltd., 1945)。事实上，波普尔认为，他主要是进一步发展了克罗斯曼(Crossman)开创性的论著(同上，页28)。

纯粹基于理论和哲学来建造一个城邦，或者用类似的方式重塑某一现存邦国的政制，这在希腊的政治经验中并不陌生，甚至比随后的西方文明的政治经验中的同样现象更为常见。亚里士多德在他的《政治学》里说，为了断定最佳邦国的本质，他必须不仅考察那种现实存在的治理良好的邦国，还要研究人们在探索政治共同体之最好形式的过程中不时创造出来的理论建构（《政治学》，1260b30）。显然，早在柏拉图时代之前，斯巴达和克里特（Crete）都采用过“事先规划好的”诸种政制，它们或多或少地继续反映出它们的设计者之原初规划的主要特征。① 综观柏拉图一生，我们可以发现柏拉图试图创建全新的西西里邦国（比较本书第十二章），而且雅典学园似乎被当做一个政治性工场来对待，[128] 希腊的城邦国家偶尔也会向它索求立法者或制宪者。②

我们能够毫无困难地理解这种倾向，但是我们在后来的欧洲史上并没有见到众多这样的案例。美国的制宪者和法国共和国的缔造者的工作也许是最接近的例子。然而在这两种情况中，看似较少（或至少是派生性地）强调要对邦国本质进行哲学沉思，反而更为紧扣某个既定的历史状况。其中法国人和美国人的关注点都在于考量现行政府的优劣；他们的理论源于这种观察，而且永远无法彻底地抛开它。美国的自由（liberty）观念在这片大陆上催生了一个新国度；他们对

---

① 参照《法义》624A 以下部分所提供的关于克里特与斯巴达法律系统的参考内容，亦可参卷三，682E 以下。

② 参见伯纳特，《希腊哲学》，第一部分，页 303，注 1。这种传统的古代参考来源是普鲁塔克，Adversus. Colotem. 1126C 和第欧根尼·拉尔修，《名哲言行录》，卷三。有关柏拉图政治观念的这种特征，亦可参维拉莫威茨，《柏拉图》，页 394，前揭：“它不是对现状的改革，而是创建，只有以人的自然为基础的创建。”

自由的信念暗含着与旧世界(Old World)体系构成某种对立和断裂,这种信念的表述本身说明了这一点。

另一方面,公元前五世纪的希腊人在政治上的态度明显是非历史的。显而易见,他倾向于把政治尝试看作是对逻辑上的可能性所进行的一系列探索,这种可能性没有超出一个固定不变之人性的框架。如果他在一种可能性上出了差错,他就会尝试一个新的且全然不同的可能性,无需顾及那些使自己与过去相连的传统纽带。事实上,他会全部推倒重来。当然,并不是整个希腊都如此,也非总是如此。雅典民主制从公元前六世纪初到五世纪末的发展确实遵循一种显著的模式,在其中,某些举措循序渐进地落实下来,而民主制的改革则经历了极少的暴力且进程缓慢,在使用暴力之少这一点上,恰如我们所熟悉的美国和英国的情形。但是,许多邦国内部常常出现骤然的政权更迭现象,还不断涌现新的政制和新的政治生活理论,这在富裕的商业邦国更为突出,比如科西拉(Corcyra)、伊俄尼亚(Ionian)沿海的诸城邦,以及公元前五世纪末的雅典自身。[129]也许,富人与穷人之间的内讧这个事实强化了政治共同体中理论方面的建构能力。从民主政体向寡头政体的转变,或者反之,都不会稳步渐进地实现。它必须伴随暴力而来,而暴力本身又要求一种全新的政体理论应运而生,它不光是对前车之鉴的改进版本,还是一种新视角,表明邦国的意义在于充当人类欲望的工具。

正是基于这样的背景,我们应当把柏拉图看作一位政治理论家。他也认为富人与穷人之间的冲突是他所处时代的各邦国的主要病症(《王制》421D-423B)。但是,虽然政治机运的剧变促使其他人去构想出能够更有效地服务于自己阶级的利益或者他们邦国的对外利益的政制,但对相同因素的观察却使得柏拉图把邦国看做是人自身所犯错误的外现场域。这样一来,柏拉图那理论上的邦国完全是关于一种新的完满状态的规划,他所追求的是自己所理解的人类最高意义上的真正属于人类的东西。因此,这一规划涉及对教学和教育的根本性重新调整;涉及对正义之意蕴的重新深思,所思的程度莫过于使正义归属于人性之整全意义的范畴中。这就解释了在《王制》中围绕邦国的讨论,为何仅作为关于个人正义之论辩的附属物而被引入。这也证明了正义之品质的各个方面在邦国中看起来比在个人身上看显得更大更容易辨识(《王制》368D－369B)。

三

让我们看看柏拉图在《书简七》中是如何讲述自己走向政治之途的故事。当然,他写下以下文字的时候已正值老年,但我相信他大概不会曲解信中所述的这个先于他存在的较年轻的自己:

> 当我还是一个小伙子时,我体验过大多数年轻人所体验过的事情:我想着一旦获得了成年身份,我就[130]立马投身公共政治事务。不过当时政治事件中出现的一个恰当的转机降落在我面前,我将告诉你们这些事件。那时雅典政制受到许多人的高声谩骂,一度被废除了,策动变革的领导者自己组建了五十一人政府,其中十一人完全掌管雅典,十人负责比雷埃夫斯港,这两个授权机构分别负责位于雅典及周边村落的集市的管理事务,总的来说还有三十人组成的政府,掌握绝对权力,施行专制。你们一定知道,这些人当中的部分是我的亲戚和熟人,除此之外,事实上他们曾一度邀请我加入他

们,就好像我非常适合从事政治一样。当时我毕竟还年少,所以这样想也没有什么可奇怪的:我认为那时的城邦正过着一种不正义的生活,而他们会把它扭转为一个正义的城邦,然后好好治理它。因此我密切关注着,看看他们会做些什么。结果,想必你们也知道,正如我所观察到的,我看到这些人不久就让先前的民主政制看似一个黄金时代。撇开他们的其他罪行不谈,我只说这么一点:我年长的朋友苏格拉底,我会毫不犹疑地称他是那个时代最正义的人,他们打发他和别人一道去抓捕某一个身在海外的公民,然后把他带回来处死;他们这样做完全是为了让苏格拉底卷入他们的行动之中,不论他是否愿意。然而,苏格拉底拒绝听命,宁可冒承受最终惩罚之险,也不愿与他们同流合污。我告诉你们,当我看到这一切以及其他分量不轻的事情时,我顿时怒不可遏。因而我拒绝参与接下来所发生之事。

此后不久,三十人以及他们的整个政制也倒台了。如今,参与公共事务和政治事务的热望没有那么强烈地招引我了,但仍然对我起作用。在那些动荡不安的日子里,不可避免地发生了许多令人愤慨的事情,一些人借着革命大肆对其众仇敌施加更为残酷的报复,这毫不稀奇。然而,从流亡中归来的民主派实际上还是表现出极大的宽仁。[131]但是,由于某种机运作怪,我的朋友苏格拉底又身陷囹圄,一些当权者对他加以数项最卑劣的指控,并把他投入了监狱,而苏格拉底最不应受其中一项指控。因为正是以不敬神的罪名,一些人控告他,另一些人谴责他并作出判决将他处死,而这个人曾拒绝参与抓捕他们的一位被流放的朋友,因为那次抓捕是不正义的,而这些执行抓捕的人自己也属于那个不幸遭到流放的政党。

你们看,我观察着这些事情和那些干政治的人,而且愈加审视礼法和风俗,随着我日渐成年、见识增长,我愈发觉得正确地治理政事是多么困难。若没有朋友和可靠的同伴,就什么都干不了,况且要随手找到这样的人可不容易,只因我们的城邦已经不再依照我们祖传的风俗和习惯来生活了,而且随着成文的礼法和不成文的风俗皆以惊人的速度败坏,要想获得其他新的朋友,也绝非易事;结果,虽然我最初对参与公共事务满腔热情,但当我观察到这些事并看到所有事情的发展都彻底没有方向,无法控制时,我最终惶惑不前了。但我并没有放弃观察政治生活的志趣,以求发现政治生活在其他方面怎样才能变好一些,尤其怎样使整个政制变好,而且我一直等待我再次行事的时机。不过我最终认识到,现今所有邦国都承受着恶的统治。它们的礼法状况几乎无可救药,若无某种奇迹般的机运襄助的话。因此我不得不说:要赞颂真正的哲学,借由真正的哲学,才能看清真正的正义——城邦的正义和一切个人的正义。所以我说,除非那类正确且真诚地爱智慧的人掌握政治权力,培养真正真实的哲人来担任政治官员,或者邦国中的统治者在某种神圣律令下真正去爱智慧,否则人的国度将无法远离各种恶。(《书简七》324B - 326B)

在柏拉图本人的这些言辞中,我们得知他从垂暮之年反观自己政治志趣的经过。三十僭主羁绊他的朋友的企图,以及恢复不久的民主制对那位朋友所判决的死刑,[132]都影响了柏拉图在政治生活方面的进一步沉思。当柏拉图目睹三十僭主诱逼苏格拉底与其同流合污的尝试,目睹苏格拉底被审判并处以死刑,他不仅看到一个清白无辜的人被不正义地判决,而且他在自己朋友的遭难中感受到的苦痛也并非一般的创伤。

我再次强调,对柏拉图来说,苏格拉底代表着一种集所有含混性于一身的神秘,一种蕴含某种仅可引入人世生活的真理的启示。正如他外在的丑与内在的美的结合充满了隐匿的意义,他的生活以及这种生活方式的结局亦是如此。我可以想象,当柏拉图还是一位年轻小伙子的时候,苏格拉底那丑中含美的悖论只会被理解为某种既可憎又富有魅力的事物,一个有待日后衍生出它的全部意义的谜团。但是,苏格拉底生命的结局,苏格拉底的德性与其政治上和社会上的回应共同构成的悖论,这些事实都是显而易见的。由于苏格拉底的行为一直受一种内在知识和一种不属于外在政治世界的内在正义感所支配,所以苏格拉底与雅典之间存在某种不可调和的冲突,当时的雅典是现存邦国之中最灵活多变、最易受外界影响因而又是最无常不定的一个。因此苏格拉底先是与寡头政府产生纠葛,然后轮到与民主政府发生冲突。所有现存邦国都不是有意识地遵循正义的模式来治理的,这个结论本身给柏拉图以深刻的印象,而且此后的经历使之凝结为他所坚定的信念。倘若有人说这结论看似一个草率且毫无根据的判断,而且柏拉图似乎并没有合理的理由,仅从雅典两个相继上台的政府对待某一个人的做法来概括出带有普遍性的关于所有政府的本质,那么对此的最好回应就是苏格拉底本人和柏拉图与他的关系。单独一次经历就能凝集大量有助理解的东西,前提是这事件意义非凡,观察者思想敏锐。柏拉图观察到且记录下来的,一方面是由漠视公众意见的极端寡头派所组成的政府,另一方面是由靠给予民众所需之物而立足的民主派所组成的政府,[133]他们都设法灭除这个特殊的人所拥有的与众不同的独特地位。在未来的岁月里,当年轻的柏拉图对苏格拉底之清白与正义的确信逐渐深化为对他这种正义之定义的理解时,苏格拉底生命的最后岁月以及两个接连上台的政府对他的处置就变得比以往更为重要。

然而,认为早期对话中苏格拉底所扮演的角色,可以与带有柏拉图政治立场和意见的苏格拉底之政治观察的语境互换,这种观点是巨大的谬误。如果我们这样做,我们将完全未理解到苏格拉底这个人物在其政治环境中留给柏拉图的独特价值。那些描述这位年老哲人之生活方式和所参与的谈话,都反复强调此生活方式与其周遭社会团体之间的冲突。苏格拉底在其所处的社会中是一个最正义和最明智的人,但这个社会认定他的正义和智慧是一种格格不入之物,并最终将其根除。被柏拉图戏剧化处理后的苏格拉底可以说是这么一个人:真正的邦国应当建立在他的德性的基础之上。吊诡的是,这样一个新邦国必然不再需要苏格拉底,或者索性取消他的存在,就像他在现存世界的处境一样。因为他与其他人的区分感一点也不是造就他之所是的强力影响因素。事实是,柏拉图笔下的苏格拉底,在近乎真实的维度展现了为何现存的邦国无法容纳正义的人,为何这些邦国不能通过平常的政治手段轻易转化为正义的邦国。柏拉图总是这样的人,他从苏格拉底所处的社会之外,发现了这一社会中建立一种全然不同的政治生活秩序之必然性的证据,而且苏格拉底连同他的朋友与反对者所展开的讨论,不管氛围缓和友善还是针锋相对,都是关乎生活秩序之改变的论辩。

早期对话涉及苏格拉底的两个面相,这也许揭示出柏拉图对历史人物的强烈兴趣。首先,苏格拉底在智识上和道德上完全漠视生成世界(the world of becoming)的复杂性,

[134]而一心忠于他对存在世界(the world of being)的构想和理解。换言之,不同于柏拉图,苏格拉底并不试图根据自己内心所构思的图景来改变自己所生活的那个时代。而且当他的构想与现实的政治必然性发生冲突时——正如受命抓捕撒拉密斯的赖翁(Leon of Salamis)那次事件(《申辩》32C-E)——他会毫不犹豫地按照前者行事。因此,在柏拉图看来,苏格拉底这一在现实政治世界易遭攻击的角色之殒毁,意味深长地说明了这种"正义、智慧和善好"与一个希腊邦国的日常社会生活根本不相容。任凭他人如何迫使他,他始终没有干涉政治,而是努力"拯救自己的灵魂"。但在他那个时代的希腊社会,他的行为准则与其他人的行动标准之间的冲突必定会充分显现出来。

然而,纵使苏格拉底拥有属于自己的构想,但他没想过要改变那充满政治性和他赖以为生的世界,由此毫无保留地承认了这个世界加诸他身上权力,无论这种权力的施予会是多么令人痛苦(《克力同》50B-53A)。正是这一点使得《克力同》成为柏拉图最重要的早期对话之一。面对现实世界中审判他的法官的不义,苏格拉底在与他展开的智识辩论上毫不妥协,但是他不会逃避他们裁决的结果,因为他是一个公民,而法官们则代表了这个国家的法律,这就是人在这一现实世界中的自然关系。无论这种关系受到怎样的败坏和污损,它依然是正义的基本形式。苏格拉底接受这种道德义务,并认同它们是被正确地制定下来的,虽说它们处于他所反对的那个智识结构中,苏格拉底这种倾向在很长一段时间里充当着柏拉图的思想基调。

四

在关于柏拉图政治理论的研究中，《王制》具有一个独特的地位。这是一篇中期对话，柏拉图在这个时期为我们详尽地描绘出一个应当创建的邦国，它与他青年与中年时候所见识过的邦国大不相同，他在这篇对话中还指出，一个现实存在的邦国作出哪些细微变动，会使它更进一步地转变为它应然达到的状态。[135]对待《王制》，我们必须通过对话本身来加以周全的思考。让我们先察看这个时期的另外两篇对话:《高尔吉亚》和《斐德若》。这两篇对话主要讨论修辞(公元前五世纪的政治主题之一)，因而它们和政治直接相关。

这两篇对话在其政治层面上是属于分析性的。更确切地说，它们通过自身所包含的论辩，以及通过与那些引起对话的人物相关的公开表达的论点，揭示出政治行动的主要来源——正如柏拉图所看到的那样。因此，它们勾勒出公元前五世纪的实际政治生活的图景，同时涵括了这种生活的深刻意义，以求理解政治生活应该是怎样的。它们事实上并不像《王制》那样详细地展示柏拉图所想的邦国的具体安排。鉴于两篇对话都关涉政治，它们向我们展现了柏拉图思想的两个至关重要的方面。那就是在城邦中统治者和被统治者之间的“自然”关系，以及劝说(persuasion)在促成上述两者的联合中所起的作用。

《高尔吉亚》中出现一个突出的苏格拉底形象，他轻视特米斯多克勒和伯利克勒斯这些伟大治邦者的功绩。苏格拉底说，你难以称他们为伟大的治邦者，因为他们无法使民众变得“更好和更有教养”，事实证明，民众都在他们各自政治生涯的最后时刻羞辱了他们(《高尔吉亚》503C，515E 以下)。

这种说法的关键在于这样的观念：在统治者和被统治者的自然关系中，整个共同体的利益是决定性因素（《王制》420B－C），那么在这种情况下民众必须意识到他们的统治者进行统治为的不是自己的享乐，而是整个社会的善好。如果民众没有认识到这一点，那么治邦者和他所统治的人之间那"自然地好"（naturaly good）的关系就出了问题。①如果民众忘恩负义，那肯定说明了该政府还没有实现其治理的目的，由此判定治邦者并不是一位优秀的治邦者。苏格拉底说，如果某位御者担任训练一群马匹的工作，结果却让马儿给跑掉了，而且他还被马儿从马车上甩了下来，你肯定不会称他是一个优秀的御者（《高尔吉亚》516B）。这个比喻之所以重要，是因为它帮助我们明白这乍眼看来的反论，在柏拉图看来是如此显然地正确。

[136]在御者和团队之间自然的功用性关系中，最初出现的互不情愿逐渐转化为某种基于对"强者"之认同的固定协作关系，这里强者所谓的力量并不仅是指权力。正是通过这种功用性关系，柏拉图看到统治者和被统治者的真正关系。如果治理者－御者无法控制他所管辖的马群，他就不是

---

① 参 Otto Apelt，《柏拉图的论文》（*Platonische Aufsätze*，Leipzig and Berlin：Teubner，1912），页 185－186。阿佩特（Apelt）对《高尔吉亚》一段作了评论："他对那些治邦者提出了一些极为不寻常的要求。他们应该自身就是美德的楷模，应该使他们的同胞成为有德性的人。现在，每个人都知道，对于德性之事来说，相比其他东西，重要的不是成效，而是萌于行动并扎根其上的观念。另一方面，每个人又根据成效评判治邦者，而柏拉图又只能这样处理……对他而言，政治与德性是合而为一的。"但是，阿佩特在这里以一种现代基督教的方式分离了"Politik（政治）"和"Sittlichkeit（德性）"，以便评论当柏拉图将它们放回一起时所出现的怪异现象；在他的同时代人之中，他观点的特殊之处，不是"政治"和"德性"的关联或统一，而是点明了这种关联的指向及其重要性。

真正的治理者或御者。对柏拉图来说,既然这种关系的实质和基本正义必须尽量让被动的一方意识到,不管在哪种情况下都要如此,所以这一关系的破裂也只能归咎于主导要素在协作过程中所造成的过失。

然而,甚至可以说马群和御者的关系也不会自发地产生。主导一方所作的某些行为,对最终成就两者的协作来讲是必要的。当柏拉图观察他少年和中年时代的希腊时,他看到政治协作关系的中介跟统治者的性情一样是不完美的。只因维持政府的两种常见手段,就是运用武力或某种低层次的劝说。第一种是僭政所使用的典型手段,第二种是雅典民主制的特点。柏拉图必然完全倾向于反对僭政作为一个不变的政体形式。当他以僭政为出发点时,譬如说西西里那次实践以及《法义》中简短的一节所体现的,他总是想着与此同时根据礼法将僭政转化为一种王政(《法义》709E 以下)。正如《高尔吉亚》和《王制》向我们表明的,僭主的道德立场和他的臣民的政治立场都是柏拉图所厌恶的。① 因为,如果最终被统治者没有任何自愿之意,如果在这一点上没有自由可言,那么统治者和被统治者的关系就彻底地破裂了。但是,雅典民众的抉择自由很难说不是低劣的,他们受各种贿赂影响,时而被奉承讨好,时而受到恐吓,或者遭到甜言蜜语的哄骗。在《高尔吉亚》随后的一节里,苏格拉底回答了对话者提出的问题——他是否并不认为作为治邦者的伯利克勒斯和特米斯多克勒要比他们的现代继承者更加伟大。苏格拉底的回答是肯定的,他认为他们只不过是更有效地给予民众所想要的东西罢了。[137]伯利克勒斯用“海港、造船厂、城墙、贡物以及诸如此类的垃圾”来填充城邦(《高尔吉亚》519A)。

---

① 《高尔吉亚》479A – E;《王制》566D 以下,579D,587E。

五

柏拉图想在中期政治对话中以戏剧形式生动呈现的最重要问题，就是修辞的价值和重要性，或者说治邦者所运用的劝说的力量。在希腊的城邦国家中，比如雅典和大部分伊奥尼亚的沿海城邦，其政体的形式是一种直接的民主制；如果一个人想要参与政治的话，具备说服自己本国公民的能力，就是他能想望的最有价值的优势；每个生活在这些城邦的人在某种意义上都处于政治之中。根据我们对公元前五世纪后半叶的了解，显然至少在雅典，真正意义上的政治成功几乎完全有赖于懂得如何说服公民大会。在现代议会体系里面，向听众施予的修辞不能带着明确的目的去直接说服发言者面前的人们接受某个特定的议案。发言者必须提醒代表们意识到自己对其选民的责任，而且在最终投票之前的商议期间所拖延的几周里，发言者的修辞丝毫不能越过现场的代表，直接针对他们的选民，以便反过来向与会可见的代表们施加间接的压力。因此，一位现代民主制下政治家的修辞总是那代表着大多数人之普遍态度的产物。因而必然营造出这样一种政治氛围，其中，一个议案能够通过国会或议会的批准及机构背后广泛的支持而生效，而且一系列促进议案通过的特殊政治“交易”（deals）能畅通无阻。

一个希腊政治人直接对那些将要投票的民众发言，通常就在选民倾听互相竞争的演说者发言的当天，而非三周或三个月。而他们将对一项议案所作出的表决，通常密切关系到城邦的未来或往后数年的政策。[138]投票过程甚至免去了向他们的国会议员或下议院议员写信的麻烦或困难。正因为每天有大量各不相同的人员出席会议，而且政党机器很可能远不及现代民主制那样组织严密，所以出席此种会议，不像国会议员或下院议员那样背负那么多让人不快的骂名，他们的投票完全不用考虑政党的路线。在这种情况下，修昔底德的记载多处出现政治家的怨言也就毫不奇怪了，他们宣称，人们在公民大会上听两个提出不同议案的人发言，其态度基本上与同一群人观看两出争胜的戏剧的态度并无两样，而且，他们在每次演出结束后的投票，实际上二者相较，都不是经过更多的审察和反思的结果（例如参见《战争志》III. 38）。这一点引发了苏格拉底在《王制》中对此的严肃反思，他谈到他那个时代教授政治理论的人和民主政治家：

> 这些被政治人叫做智术师且加以敌视的收取学费的私人教师，其实他们并不教授别的，而只教授众人在集会时所说出的意见，并称之为智慧。这就好像一个人要去驯养一只猛兽，他应该彻底摸清野兽的所有习性和喜好，懂得如何去接近它和触碰它，了解何时何物能使它变得最为暴躁或最为温驯，各种情况下它惯常发出几种什么叫声，哪种表示它温驯，哪种表示它在发野，还有别人所说的哪些话会让它镇定下来或使它暴跳如雷。这就好像一个人在长期饲养接触这只猛兽的过程中掌握了所有这些知识，最后把他的这些知识叫做智慧，而且将要把它建构为一套理论体系或一门技艺。（《王制》493A – B）

为了反对这种虚伪的现象——政治人竞相贿赂民众以争取他们的支持，而民众则随意承担责任，尔后又对其撒手不管——柏拉图描述了关于这么一种深刻的功用性关系的图景，[139]以及一种修辞的类型，它让我们联想到演说者和听众的理解能力之间的真正差异。

六

我相信,纯粹着重从柏拉图的政治信念出发,或者在认识论上对比修辞和哲学以及两者与知识的关系,这样来讨论柏拉图对修辞的看法,是错误的。与柏拉图的其他观点一样,对于这个问题也相应存在一个极其重要的解释范围。一旦以一种像柏拉图理解自己的方式来弄清楚这一方面,那么关于修辞的其他方面问题就会迎刃而解。对柏拉图来说,不管是逻辑上的类比,还是对生活的不同方面进行单独研究,都没有任何实际意义。他在某个启明的时刻获取了他所发现的真理,这次启明涉及人与人的关系或物质存在的某个方面。基于此,生活的其他一切方面的意义也逐渐变得澄明。对话的特殊价值就在于,对话完成了对启明时刻的艺术再创造,而所启明的意义则分别体现在谈话,偶然事件,以及某种程度上特殊的智识影像中。这些对话并不属于哲学——就哲学的原初含义而言——而是与产生哲学之经验相关的艺术性作品。当我们意识到柏拉图所理解的启明之本质,我们才能明白,就修辞来说,柏拉图为何把修辞深层含义与爱欲联系起来表述。

柏拉图论述修辞的另一篇重要对话并置了两个主题,它们出现在两个接连发生又难以理解的事件当中。斐德若向苏格拉底朗诵了一篇吕西亚斯(Lysias)写就的情赋,它旨在劝服情伴(the beloved)听从没情爱的人(nonlover)的话,而不是听有情爱的人(lover)的,还从多方面举例论证没情爱的人比有情爱的人更值得被满足。① 苏格拉底起初在技艺层面上对这篇赋稿赞赏有加，紧接着又从论证的角度对其进行批评。苏格拉底就吕西亚斯所选用的形式和题目，即席口占了一篇。就在他讲完并即将与斐德若分道扬镳时，他的命神（daemon）阻止了他，并警告他，吕西亚斯的情赋和他自己作的那篇赋都在爱若斯身上犯下了谩神罪。[140]为了涤清自己的罪，苏格拉底另作一篇著名的颂扬爱若斯的赋，里面还描绘了有关灵魂的画面，即把灵魂比作一个御车者及两匹马（《斐德若》，264A以下）。结束之后，他和斐德若在对话余下的篇幅中讨论了作赋和作文的好坏标准，以及修辞与知识的关系。

乍看之下，对话似乎仅仅涉及爱欲和修辞这两个主题，而且连结两者的桥梁正是这一表面事实：对修辞的批评基于对话第一部分以爱若斯为题的三篇赋稿所举的例子。② 我相信，进一步反思将表明这两个主题的紧密融合。③

---

① 《斐德若》230E－234C。就该对话的解释而言，像某些学者那样设想，这篇演说究竟是否真的由吕西亚斯（Lysias）写就，抑或是柏拉图所模仿的作品，完全没有实质性意义（比较泰勒，《柏拉图，其人其书》，页302，前揭）。譬如说，我们从《会饮》中出色的风格化模仿，可以知道柏拉图本来就有能力写出这样的演说。

② 参泰勒著作，页300，前揭；Léon Robin，《柏拉图的爱欲理论》（*La Théorie platonicienne de l'amour*，Paris：Félix Alcan，1908），页45 。

③ 论及这两个主题更深层的关联时，自然会揭示出一点，即学园的辩证法包含了教师和学生之间的一种爱欲（erotic）关系（例如参维拉莫威茨，《柏拉图》，页487，前揭。）维拉莫威茨还提出，第一部分对于第二部分来所是必要的，因为“灵魂学（Psychology）与精神教育学（Psychagogy）相近”——在我看来是一个相当牵强和非本质的关系。然而，我想最重要的，与其说真正的修辞或辩证法需要爱欲，不如说爱欲本身就是一种修辞，或者说爱欲包含了一种修辞。

为了理解柏拉图如何处理爱欲问题,我们应当从刚才所谈论的那篇对话转向《会饮》。[1]爱若斯不仅仅是达至更高目的的手段,也不是意指肉欲的满足。它可以同时涵盖两方面的意思,此时所指的是最值得重视的人的居间状态,即居于人类的不完美、必有一死与永恒、不变之存在这两种状态之间,后者时常被人回忆起,或被理解成人类形态之完满或理想化的状态。我们从第俄提玛那里听到,爱若斯既非一位神,亦非凡人,而是一个命神(daemon)或精神,“通过它的传译和转达,神和人之间的所有来往和交谈才能实现”(《会饮》202E)。爱若斯内在的身体和其他非身体方面的结合,体现在一个寓言中,讲的是爱若斯在阿佛洛狄忒诞生之日由丰盈(Resource)与贫乏(Poverty)共同生下,此外还体现在《斐德若》有关飞马与御者之形象化描述中突出爱若斯身体方面的地方。[2]对身体之美有感觉,被一种美的特质所吸引,表明人意识到自己出生时所部分欠缺的东西。按照柏拉图所写的,能够使人更好地理解、更有效地找回自己所缺之物的真正爱欲方向,就在于把这种身体的魅力与美的事物联合在一起,意识到美不限于单个身体的美,随后知道美并不停留在身体之上,[141]最终为了灵魂之美而舍弃身体之美。

谈到所谓的“爱的阶梯”,正如狄奥提玛所说,爱若斯是实现神与人之间的沟通的命神。按照柏拉图笔下讲述的,男人之于同性的爱比男人之于男童的爱更重要,而后者又比男人之于女人的爱更好,这仅仅是因为两者智识关系的相互作

① 有关《会饮》的详细分析,特别提及爱欲(eros)与哲学的关系,见 Gerhard Krueger,《智识和爱欲》(*Einsicht und Leidenschaft*, Frankfurt: V. Klostermann, 1948),页 77 以下。

② 《会饮》203B 以下;《斐德若》251A – E。

用，会随着男人－男童－女人的顺序逐次衰减。至于爱的阶梯里，我们并不十分清楚，究竟第一阶段中对情欲的肉身满足，是否必须在此阶段达成，而后一个阶段的上升是否受其推动，或受其阻碍。阿尔喀比亚德对苏格拉底有着非分的欲求，苏格拉底对此半玩笑式的推托给我们留下的印象是，苏格拉底比年轻的阿尔喀比亚德更年长和更有智慧，他知道，与美本身的内在力量相比，身体的爱欲简直微不足道。《斐德若》提到的劣马比喻再次表明追求抽象的美的过程中对肉欲的超越。很明显，在这一切细节中，根本没有提及性欲中通常所说的“自然”的东西。男人之于同性的爱在各个方面都是对等的——除了说，这种爱比男人之于女人的爱更好且更高，它在双方的内心起着告诫的作用，提请注意以下这两者之间的真正联系，一方面是他自身的不完美，另一方面是超越自身及隐藏在现存世界中他的实存背后的东西。这里所强调的不是“自然”与“非自然”的爱之间的差异，也不真的是性欲在身体上和心理上的差异，而是非身体的爱欲对肉身之爱欲的超越和替代。

由此，爱是人内在神性的表现，更准确地说是个路标，如果真正跟从它上升，人就能理解美本身。但是，一个人所拥有的美的力量，若要施加在另一个人身上，必然需要一方向另一方作某种让步或屈从，甚或双方日后的结合。这种让步是否必须具有一种身体性特点，或者说当以某种方式满足身体的欲求，[142]这样的让步是否会严重地影响到接下来发生的事情，这些问题都可以暂时置之不理。《会饮》中着重强调了情伴和有情人之间的区别，而且开篇不久那有意学究式的评论标示出这一点，评论的对象是埃斯库罗斯对阿基琉斯(Achilles)和帕特洛克罗斯(Patroclus)之角色的引用(《会饮》180A)。这一强调表明了关于一方向另一方作出让步或屈从的观念的重要性。劝说正好是促成这种变化的工具。而修辞仅是劝说(Peitho)的特殊名称,并不完全是技术性的——在柏拉图看来,认为修辞完全是技术性这样的观点是错误的。情伴迫于压力或抵挡不了贪欲的诱惑(《会饮》184B-C),或者单纯忍受不了肉身性欲(《斐德若》251A),终于委身于人,这种做法最要不得。劝说过程还出现了一种工具性,它背离了神性起源的余迹,也理所当然地抛弃了激发运用劝说的爱欲。这神性起源与爱欲对柏拉图来说自然是不可分离的,而且他在《斐德若》的戏剧性开端处已道出这一点。吕西亚斯的赋稿的错误之处在于,他假定劝说是一种具有中立性质的工具,凭着它,事情本身的优缺点也许就得以解释。由此可以理智地作出一个出色的论证,证明情伴屈从于没情爱的人比屈服于有情爱的人更有利。从柏拉图的角度看,这种所谓的理性论证,正是不道德且麻木地对待某些受爱欲驱使而变得自然和重要的东西,和某些给予我们指引,并向我们展示了情伴身上所呈现的我们固有神性之影像的东西。

既然激发爱欲的身体之美只是一种影像,它能唤起人在有生之年所缺失的更伟大和更完善的美,那么只要使情伴相信完美的高低程度之间真实密切的关系,有情人就能达到自己的目的。因此,在《会饮》中,无论是有情人还是情伴,都敬重双方身上带有神性之形迹的情感,从而前所未有地获得了更为贴近真正的美的视野。正是在这个意义上,以沟通有情人与情伴为名的修辞才无法与哲学分离。

七

[143] 劝说和屈从对柏拉图来说表现了人与人关系中的基本事物,因而尤其涉及政治生活。这里所表现的是一种情

欲关系，而在其最宽泛的层面上，即在政治生活方面，这种关系的表现方式一定与《斐德若》中有情人和情伴之关系的表达方式完全不同，由此，私人情欲与政治生活的联系，并非只从类比的角度来考虑。[①]两者都蕴含相同的推动力，即运用劝说这一工具，这个属于人类的事物与动物所使用的暴力截然不同。在上述两种情况下，有情人灌注于情伴的爱，并不是为了情伴，而是以反映在情伴身上的美的影像为目的。爱教导有情人在其情伴身上发现了美，这美具有一种意义，有情人又把这种意义传达给美的拥有者——情伴。这种关系在情欲方面的根本性质，就在屈从中体现出来：有情人的说服力志在诱导情伴屈服于己。因为没有这个过程，情伴自己就不能从中学到什么，而且有情人和情伴的结合也不会成功。这种屈从不可能是对较好的论证能力，以及对抉择方面的微妙平衡的默许。它必须具有最终决定性的特点，就人类最简单的形式而言，那就是涉及身体性的服从。

现在，缠绕满怀创新欲望的政治人的美的影像，并不寓于其他人身上。一个城邦的影像，就其本意涵括了统治者和被统治者。但是，除非被统治者自然而然地同意统治者的规划，否则将不可能出现任何创新。故而在这方面对柏拉图式治邦者来说，存在一个不可克服的障碍，因为他缺乏劝说的手段，以实现这种自愿的基于自然的默从。在人的情欲关系的领域，视觉体验到的身体吸引力，有力地强化了有情人的修辞。这正是关于神为双方所作指引的鲜活证明。[144]柏

---

① 关于爱欲与政治生活之间的其他关联的某些简要启发性思考，参见理特尔，《柏拉图哲学的精义》，页55，前揭，论述爱在公民中充当公民之间的一种合理的政治纽带，或者参见罗斑，《柏拉图》，页79，页262－263，前揭，论述爱欲在哲人的教育中所发挥的作用。

拉图式治邦者几乎没有办法展示他自己的另一半,亦即民众(皆因只有他和民众一起才能构成一个城邦)——引导他的情爱的鲜活证明。他不屑特米斯多克勒和伯利克勒斯的作风,这些人通过“船只、城墙和船坞”来诱使民众默从(《高尔吉亚》517C)。而且他坚决反对“谋杀和放逐”(《书简七》351C)。然而,以普罗大众为对象,使其接受哲学之内在奥秘的教育,以此致力于真正理解城邦中出现的美自身的影像,实际上是不可能的。在《王制》建构理想邦国的过程中,苏格拉底所能提出的最好的事物,就是以某种“高贵的谎言”为形式的修辞:

> 我将首先说服统治者们自己和军队,其次说服城邦的其他人:就我们给予他们的所有教育和培养而言,他们所遇到的和经历的事情其实就如梦一般。实际上,他们是在地球深处被孕育和陶铸成形的,他们的武器和装备也是在那里制造的;地球是他们的母亲,把他们抚养大了,就送他们到世界上来;所以现在他们一定要把他们出生的土地看作母亲看作保姆,听从她的规劝,防卫她不受敌侮,视其他公民如大地出生的兄弟。我们在故事里将要告诉他们:你们在此城邦中彼此互为兄弟,但是神在铸造你们的时候,给你们那些有能力统治的一代人加入了黄金,他们因而是最宝贵的。又在辅助者身上加入了白银,在农民以及其他匠人身上加入了黑铁和青铜。(《王制》414D-415A,参郭斌和、张竹明译本,有改动)

我们应该注意到,在这由对话参与者人为建构起来的理想邦国中,那些受摆布的统治者可能也深信这个半真半假的神话，由此他们才会更容易完成说服他人的任务。这是对柏拉图终生所面临的客观现实所作的一个间接评注。这里既没有就简单的物质和历史而言能使人们真正相信的高贵谎言，也更少存在与他的价值相关的影像。[145]只有关于整全之城邦的难以言表的愿景，对此，一方面可鉴于《王制》轻描淡写的文学外观；另一方面显现出对煽动民众、行贿和暴力的极力反对。柏拉图试图寻找一条道路，使他的想法落实到行动之上，因为他所深刻理解的爱欲，如果没有一方的屈从，如果没有它自身的另一半的存在，将是空洞而毫无结果的：

> “哲人都保持沉默，只关心他自己的事情……对此感到心满意足……如果他自己能够终身如此地保持纯洁，避免不义和不虔敬的行为，最后怀着美好的愿望，带着一种宽仁和亲善的精神而逝世。”“要是那样的话，”阿得曼托斯说，“哲人生前所作的成就不算小呀。”“但他也没有取得最伟大的成就，”我说，“除非他找到一个适合他生活的邦国，因为只有在一个适合他的邦国里，他本人才能得到更充分的发展，他在自我拯救的同时也将会挽救整个共同体。”(《王制》497a)

既然在柏拉图看来，爱欲、屈从以及有情人和情伴的生活，都是通往对完美境界之理解的真正道路上的可见路标，那么理想邦国（它是对完美状态之理解的化身，而且仅是个人体现出来的理解的放大而已）的图景，和从现实世界上升到这个邦国的手段，已经明显地分离开来。悖谬的是，修辞是理想邦国中的一部分，但却无法用来将它变成现实，因为修辞已经假定，有知者与无知者之间存在一种自然且好的关系。因此,我们明白了柏拉图在《王制》中强调的这个表面看似不合理的观点,尽管他常常被曲解。《王制》的第一部分涉及作为典范的邦国,还包含了以高贵谎言为形式的修辞。但是与这个邦国之实现的可能性相关的卷五和卷六宣称,唯有让某个哲人成为王者,或者使某位当政的王者变成哲人,才能实现所期望的变革。事实上,柏拉图有意识地被迫忽视这一正确意见所示的相对易行的教诲,即令他所构建的邦国成为现实,并寄希望于他深知几乎不可能的事情:找到一个偏向自我的人,他凭借天赋和后天训练能够成为一名哲人,[146]同时还能掌控一个在位的治邦者的性情和其所拥有的机运,或发现一个有着这些才能和性格的君王,他会遗弃权力的全部特性,以便自己能够尽可能理性地领会其所在地位的抽象本质。

这样,真正的修辞就是为了引出真正的信念而进行劝说的工具。而且从政治上看,真正的信念是指作为一个整体的共同体所必须拥有的东西。柏拉图后来所写的《法义》序言,就是柏拉图所指的何谓真正修辞的例证(《法义》719E 以下,尤其是 722B－E)。讨论的参与者事实上不会也无法以一般引出具体法令的方式,在哲学领域中为信念立法。他们只能宣称某些事情是对的,某些做法是虔敬的,还有把特定的法律和这些原则联系起来。真正的修辞在我们所处的世界(尽管不一定发生在《王制》前几卷的像木偶一般的邦国里面)要求统治者应该知情。他们所要传达的关于真正信念的真理,必须置于他们内心的绝对控制之下,而在现存世界里,柏拉图认为这种支配权很大程度上取决于有理智的判断力。因此,就政治重建而言,有必要考虑到两个要素:一个是能够带来这种改变的少数人或甚至单个人,另一个是在新的合作关系中作为配合的民众。在这两个新缔造的合作要素之间,修辞成为创新的工具。而哲学或辩证法则是孕生将有能力促成变革的人和群体的唯一手段。这可以解释为何柏拉图在早期和中期的对话中，当他仍为实现心中构想的邦国这一愿望而寻找一个实际可行的解决方案时，他着重批判虚伪的修辞学（这是公元前五世纪人们所知的唯一的修辞学），以及重点探讨它与辩证法或哲学之间的差异；这也是雅典学园有所针对的原因。西西里事件以后，当柏拉图在晚年完全放弃了他的现实的冒险事业时，《法义》便连同它们的序言应运而生了。一旦旧世界的难题被彻底解决，这些序言就只是新世界的一部分了。

第十一章　建构

一

[147]《王制》在柏拉图的著作中独树一帜,因为它戏剧性地展现了柏拉图自己难以解答的问题。也就是说,他在对各部分进行组合和编织的过程中,已经表露出这一难题自身。①

一位行将就木的老人在思考什么东西能在人生最后时刻给人带来快乐。接下来的讨论显示,快乐更多地取决于个人的性格,而非生活各方面的一般情况。正义似乎是对必要的人类德性的最完整表述,这些德性能够使灵魂的主人在此世和来世获得更大的快乐。

有人提议,在一个邦国里比在一个个体中能更清楚地看到正义的诸多方面和整体形态(《王制》368D 以下)。而且可

---

① 《王制》的写作日期只能粗略地界定。例如,伯纳特判断它"要么写在学园建立之前,要么完成于学园建立之后不久"(《希腊哲学》,页 223 - 224,前揭),也就是公元前 380 左右。维拉莫威茨(《柏拉图》,第一卷,页 393,前揭)则判定写作时间为"大约公元前 374 年"。没有在风格上的充分证据证实德国学者普遍的假设,即卷一成书更早,本应为《忒拉绪马霍斯》(Thrasymachus)这篇未被发表的对话(比较理特尔,《关于柏拉图的新近探究》,页 34 - 47,前揭;维拉莫威茨,第二卷,页 81 - 85,前揭),但我们却有关于哲学性和文学手法方面的充分证据,证明这一假设无效。

以在邦国之中勾勒出正义的原型(model),结果得出一个正义的邦国。在座的对话者提出一个本质性的问题:这样的邦国是否可能在此世得到实现(《王制》471C 以下)?答案是肯定的,如果某位哲人能够成为王者,或者统治者成为哲人的话(《王制》473D)。接下来展开讨论的是从意见上升到知识的过程,这种知识正是未来掌握统治权的哲人所必需的(《王制》474C-483E,504A-511E)。最后,柏拉图表明,即使是正义的城邦,如果它将能实现的话,也会随着时间的推移,因一定数量和某些特定类型的人追求欲望的自我满足,而一步步地走向堕落(《王制》卷八和卷九,543A-588A)。为此,下文描述了一个带有假设性且表意清晰的转变过程,所采用的论证方法体现为横向比较城邦居民的个人性格与邦国的政制结构的相互联系,在这个过程中,原初正义的邦国转化为四种不同类型的邦国,这就是柏拉图那个世界所熟知的荣誉政制、寡头政制、民主政制和僭主政制。[148]在这里,大与小——邦国与个体——在美德和邪恶方面的诸多一致性,悉数得到了极其精心的整合。该书在尾声处进一步阐发先前探讨过的理想邦国中的技艺和治理主题;最后以描述人死以后灵魂之旅程的神话作结(《王制》614B 以下)。

审慎明智地阅读《王制》的人,会看到此书的整体布局多么清楚地揭示出柏拉图在政治上的困境。就《王制》中完全涉及政治的部分,可以看出三个阶段。首先清晰明确地描述了理想邦国,它符合柏拉图对于应然存在之物的构想。划分第二与第一阶段的一个关键问题是：这个邦国是否可以实现？[①]而柏拉图的回答是肯定的。他极力坚持这个原型的真实性和重要性，即使它将永远不会在人间诞生，但是必然存在这么一种可能性使得它变成现实，而这对于柏拉图来说非常重要，即使对他所声称的真实性来说并不这样（《王制》499C）。因为，要是它没有可能实现，那么他身为一名艺术家在芸芸众生之间所起的作用就毫无实际价值。至于如何实现这样的变革，柏拉图对此并没有详细说明。换句话说，他确信哲人王就是要推动这次变革，他还说明如何培养出哲人王，但他并不知道（后来在西西里也不知道）受过教育的哲人王和他的未来臣民如何才能和平共处。他无法看到梦想变为现实生活的那一刻。[②]第三个阶段就是，柏拉图认识到，即便理想邦国尽可能地在人群之中实现，但考虑到言辞与行动

---

① "三次悖论的浪潮"标志着对话的突转，这个突转很少受到足够的关注；很显然，维拉莫威茨的解释（第一卷，页446－447）过于简单，他认为第三次浪潮仅仅是"把形而上学置于对话的中心"（亦可比较理特尔，《柏拉图哲学的精义》，页48以下，前揭）。然而，"形而上学"的引入，与其说丰富了存在或实在的辩证结构，不如说把我们的注意力从对理想城邦的细致阐述转向理想城邦之实现的需要（例如参考502C，540D）；正是出于实现理想城邦的目的，拥有真正知识的哲人王才是必要的。

② 确切的事实是，由于缺乏可靠的手段，对实现理想邦国之问题的焦虑思索，成为柏拉图笔下论辩过程所透现的背景特征。希尔德布兰德对《王制》的分析着实令人吃惊地误解了《王制》的内在意义，以及雅典政治的可能性，他认为《王制》是柏拉图对自己城邦所作的最后吁求，柏拉图认真想过，甚至一定程度上期望当上雅典的哲人王（参见Kurt Hildebrandt，《柏拉图：争夺权力的精神之战》，页271，前揭）。试图把一个西西里的僭主转变为一个哲人王是一回事——尽管这本身是没有足够把握的事业——但不可设想的是，哲人王应当凌驾于希腊本土任何完全反僭主反哲学的政制之上。

之间的差异,它也会像所有人造物一样夭折,并陷入人性内部之不完美的循环。柏拉图的整个政治叙述脉络是这样的:关于理想邦国和受过教育的统治者的描画;在如何实现两种生活理想之和解这个问题上所表现出的闪烁其词;因意识到失败等同于失去成功的可能这一点而感到绝望;[149]他随着年龄增长而日益相信,所有人造物中都存在一个使其趋向死亡和变化的因素,故对永恒不变之完美的追求,终究只是幻想。

二

如果我们追问柏拉图,“邦国是什么?”那么答案在某种意义上和亚里士多德所给出的相差无几。亚里士多德认为邦国是由民众组成的一个共同体,他们为了生活且生活得好而聚集在一起,这种表述同样是我们为回答这个问题而从《王制》概括出来的接近最好的说法。①但是,对《王制》作更深入的研究就会发现一些重要方面,其中对普通观点的进一步阐述会使得这观点对柏拉图本人的意义发生变化。我们不能过分地强调,对话之所以讨论到邦国,仅仅是因为有人认为它与个体相比要大很多,在邦国中比在个体灵魂中更容易看到发挥作用的正义,而忽略了其他依然明显存在且与“大小”意义相当的方面。因此,我们受邀参与某种带有自主动手意味的游戏,对话者们在想象中创造了一个邦国,一开始以简单的要素为基础,然后考虑更为复杂的情况,最后设定使它运作起来。到了这个阶段,我们会暂时把那些能简单且明确地决定下来并指出名称的德性搁置一旁,假定余下的

---

① 《政治学》1252b5,1252a25。亦参 1279a30。

其他德性为正义。非常值得注意的是,这个由探问正义的人所创造的玩具般模型,在某种意义上具有双重特性,因为它既是一个邦国,又是正义的邦国。这两层意义都合并在对话里,我们稍后将看到这种结合的充分理由。但是在分析的过程中,我们需要仔细分辨清楚柏拉图如此写法的充分理由。当苏格拉底及其朋友着手开始"创造"这个邦国时,它似乎还没有"典范"的特点。它显得只是涉及这样一个问题:人们如何在共同体中生活,以及共同体的治理如何随着共同体自身的发展而变得复杂起来。但这正是我们将要在其中寻找正义的共同体,因为在当时的希腊邦国不可能找到正义。因此,当苏格拉底所创造的邦国成形后,[150]它也就是正义的邦国,它本身反映了政治上的理论设想,而在这篇对话的第二部分,当哲人王试图在现存世界实现真正的邦国时,他参照了这种理论设想。

毫无疑问,文本中包含的假设所占的比例是如此之大,以致用逻辑方式来研究《王制》的论证显得相当荒谬。譬如说,我们必须一开始假定,在人类灵魂的构成和邦国的结构中都具有有限的若干种类的德性,这里讨论四种德性。当我们分隔开其中三种,第四种德性便是正义(《王制》432B)。此外,为了认清这第四种德性的本质,我们被要求——基于相当缺乏说服力的论证——接受对灵魂(和邦国)之三个部分的界定，即理性、激情和欲望。[①]但所有界定都理应如此。必须再次强调：对话不是旨在以严密逻辑来教导读者的论文；它们不会像亚里士多德致力对特定的主题所进行的论述那样全面彻底详尽。毋宁说，对话的目的在于让读者带有想象地了解一种观点，无视其他意见。读者无法从对话的片段部分中获悉柏拉图的学说；他也无法得知柏拉图的哲学教育所采用的方法。但读者也许会被说服，从而相信某种看待政治的方式比另一种更加真实。[②]

于是，我们在这里看着自己动手建构的一个邦国的模型逐渐成形，并开始付诸实践。邦国里假定居住着农民、匠人等等，还包含一个共同体的诸多构成成分。换言之，经济需要决定邦国的构成。一些人联合起来就能存活，而一人独处将会挨饿。按照柏拉图的说法，到目前为止我们可以称邦国的起源，以及随之创造出来的事物，都是"自然的"(natural)。

有一种观点认为这就是柏拉图关于邦国之"历史"起源的理论，至于人们这样评论柏拉图是否合宜，已经引发过一

---

① 虽然鉴于与《斐德若》神话的相似性，对灵魂的三重划分通常被认为是柏拉图固有的一种"灵魂学"(例如参见伯纳特著作，页177，前揭，在这里它似乎意指苏格拉底式[灵魂学]，或者参考维拉莫威茨著作，第一卷，页396)，但要说对四种德性和灵魂三个部分的整体论述已被"证实"，那是过于武断了。毋宁说，就像柏拉图的大多数论辩一样，这一论述旨在把对话者的注意力转移到恰当的方向上；就当前语境而言，就是转向关注作为一种和谐的正义本质。

② 参见 Leo Strauss，《关于柏拉图政治哲学的一种新解释》(On a New Interpretation of Plato's Political Philosophy，刊于 *Social Research*，XIII，1946)，页326－347："柏拉图以这种方式完成他的写作，以防止这些对话在任何时候被当做具有权威性的文本。他的对话与其说为我们提供了有关存在之谜的答案，还不如说最精密地模仿了那个存在之谜"(页351)。

些讨论了。有人以为,我们不可以假定,这只是一个理论构想,一个可实践的模型——旨在唤起我们对论证过程所必需的政治要素的注意。①[151]这种观点很大程度上是正确的,可是我们最好不要遗忘柏拉图在《治邦者》对历史循环之早期阶段所作的描述(《治邦者》269C－274E)。在那里,我们被告知,由于大洪水和各种天灾,文明多次重新肇端。回到《王制》,关于模型的最初构成中所涉及的具体细节,明显倾向于阐明上述的论证。柏拉图肯定不会设想一个全由必要的艺匠来开启的文明。事实上,他在《治邦者》中对文明进程的讨论要比《王制》中的解析更为精致复杂,前者的分析追溯到一系列的阶段,从游牧到农耕再到更高一级的生活方式。但是,一个邦国以赤裸的经济需求为开端,然后从中孕育出某种社会制度和道德秩序,这种见解在我看来并不纯粹是一种哲学性演示的方式,而是大致接近他所构想的一个历史演进过程。

一旦共同体中的人们建立的组织机构认同专业化分工的原则,而且每个领域的专家也都和睦共处,那么正义的种子就播撒开来了。对柏拉图而言,正义是结合而成的德性,它不只为共同体的一个阶级所拥有,还出现在由所有阶层组成的整体之中。诚如他所言,正义是一种谐和状态;而且邦国最完美的生活就是正义的生活,也就是说,有必要过和谐

① 这种看法比较含蓄,例如体现在肖里的讨论里,《王制》的“导论”(Loeb ed.;Cambridge:Harvard University Press,1937),页XIV和XV。

的生活。[1]既然邦国更高级别的组织经过协商,一致同意按照某些原则,朝向一个可见的目标共同和平生活,那么我们也可以称这个邦国是“人为的”(artificial)。然而,无论是“自然”还是“人为”,都不是有助于形容柏拉图式邦国规划的语词。柏拉图在这篇对话中所要传达的意图正是:人因经济需要而结成团体的最初阶段与后来发展更充分的共同体之间,并没有真正的断裂。最单纯的经济合作的需求已经暗示出和谐的影像。后面所有要做的就是将和谐所包含的要素归类,描述它们最有效的组合,[152]当然还要通过结构的复杂化,使得整个运转的模型在普通人的层面上发挥更重要的作用。[2]

这个解释也许通过观察柏拉图所付出的努力而得到更进一步的证明,他坚持认为,最初的城邦,即顾及基本的经济需要和初级经济合作的城邦,也是合理的城邦,尽管对话者[格老孔]赋予其“猪的城邦”之名(《王制》372D)。在那个更加繁荣、奢华和“狂热”的城邦中,我们对正义的探求将更有讨论的价值,因为它将更像一个普通城邦,但是最初的城邦已经展示出和谐的结构安排,它本身就是一个真实的城邦而

---

① 几乎没有必要指出秩序与和谐的概念在柏拉图心目中的重要性。自亚里士多德和新柏拉图主义者以来,有关柏拉图与毕达哥拉斯主义之联系的讨论中就已经出现了,而且有过之而无不及(例如参见伯纳特著作,前揭,页91,康福德,《柏拉图的认识论》,页9-10,前揭)。仅需指出的是,例如,《高尔吉亚》(参506D)中反对卡利克勒斯的论证的要旨,或者《王制》里对和谐灵魂的整全论述:节奏对灵魂的影响(399E-401A);节制的定义(430E);正义的定义(443C-444E)等等,只要提及大量相关文本中的一些就够了。

② 和谐邦国的构想,致使柏拉图强调劳动严格分工,因为在谐和环境下共存的各个组成部分必须足够纯粹且区分明显。参考《王制》433A-434C,亦可参见414B以下(“高贵的谎言”)和421A。

且是“合理的”(healthy)。因此,我们能够看到柏拉图描述邦国的方式和亚里士多德对此的论述方式之间存在一个相当大的差异。亚里士多德设想产生于经济需求的邦国,正是处于完全不同的第二个发展阶段(一个更“有文明的”阶段)之中,他在这个阶段才发现正义原则以及“过得好”(living well)。在柏拉图看来,当人们结合成一个经济单位,和谐状态(尽管未加完善)已经出现时,邦国的本质属性就能得以发现。

三

根据柏拉图的说法,世上所有事物、可设想的某些性质以及事物之间的联系,都是相应的物质、性质或联系的理念(ideas)或完美形式的影像或反映,这些理念外在于感官世界,而且永恒存在,保持不变。①有关这种理论的证明是非常不充分的,纵使所有对话都向我们提及到这一理论,而且这少之又少的证明本身还带有各种含混性,例如这样的问题:是否自然物和人造物都具有形式。在《帕默尼德》,似乎只有“自然的”事物才有相应的形式;而在《王制》中却提到诸如木匠所制造的床这种人造物的形式。②我们将跳过这些有争议性的问题,集中探讨不容置疑的事实,即,柏拉图相信一个邦国之形式(form)的存在。因此,在此世的真正邦国最接近于邦国的形式,[153]永生的、不变的且通过纯粹理性才能理解的形式。

---

① 见第九章,[117] 关于诺斯洛普的注释,以及那里所引用的康福德的分析。

② 《帕默尼德》128E – F;《王制》597A;亦参《书简七》342D。

当然，涉及形式和感觉世界的最大难题不仅现在是，而且一直都是：确定可感的事物以何种方式“渡入”或“分有”甚或“回忆起”它们那些永恒和抽象的形式。①这种困难在政治世界中尤为突出，因为在政治世界里，最难以充分断定抽象和谐与持续混乱这两者之间的关系，前者由其自身的秩序原则所支配，后者则在一个政治共同体内部由个人组成的群体之中彼此分离的目标和利益所造成。②即使考虑到对话的侧重点有所不同，柏拉图政治哲学的模式都是一以贯之的，从《王制》所处的相对前期，到《治邦者》、《智术师》所在时期，再到《法义》的最后阶段。其连贯性潜在于这样一种信念之中：个人的灵魂、邦国以及作为两者之模式的完美形式的三者之间存在一种真实且极其重要的关联。柏拉图在《王制》中把个体的灵魂和邦国都构想为包含多种要素的结合体，其中隐含一种自然的等级秩序，自然地有着从属者与主导者之分。这种情况恰好同样出现在《法义》当中。在两篇对话里，正如理智为灵魂的健康着想而对激情和欲望行使专制权力，故在城邦内部，为了维护整个城邦的利益，代表理智的护卫者阶级控制着共同体的其他阶级。

柏拉图政治理论中可变的因素，正如《王制》所限定的，其要害就在于柏拉图与这种因素之自我实现的关系。对他来说，最撩人且令人苦恼的事情，莫过于内心的兴奋源与受其影响不得不创造的状态之间的错位。先知、诗人和有情人全都是受到激发的人；也就是说，那支配着他们的激情使得

---

① 关于这个问题之探讨的最佳文本当数柏拉图自己的《帕默尼德》130E以下。

② 《斐德若》250B，亦参本书第九章，[117]关于《斐德若》的注释。

他们成为比人更伟大且更完美的事物的载体。但是这些激情,就像回忆的能力一样,只是那些潜藏在人类不完美性中的事物之表现。[154]当诗人在言辞中重新创造,或治邦者尝试在民众、建筑和疆域方面改善美的影像以及困扰着他的人之性情时,他的关注点显然正在从自然且不受死亡约束的事物转向非自然的、人为的而且注定不完美的和终有一死的事物。

在柏拉图看来,正因处在这种讲求创新的时刻,理性的判断力才变得无比重要。诗人或治邦者应该有能力对自己做出一个说明,从人自身的限度来说,这一举动正是唯一明确的证据,证明他不会任由他的激情彻底耗损自己,也不会受肆心的影响迫使自己陷入追慕"不存在之物"的境地之中。因此,决心把《王制》前几卷构建的模型变成现实的治邦者,一定是一位哲人,他经历过抽象学科的训练,从而养成一种批判的、理性的自我控制能力。柏拉图在创作《王制》的时候,他仍热切地决心努力实现他的邦国之时,哲人王的教育就是极其重要的议题。《王制》中对理想邦国的初步勾勒可以说仅是某种梗概性的描画——因为正是借由哲人王哲学智慧之本质所属的一般原则,他才有足够的能力应对特殊的偶发事件。他的使命就是要使这个邦国得以实现,并阐明这个邦国能借以管理自身事务的方式。

但还有另一个政治领域是柏拉图所感兴趣的,它位于哲人所构建的真正邦国的后续阶段。柏拉图并不相信这样的统治者会持续出现,即兼备前述对话中建构理想邦国时哲人所拥有的那种充满创造性天赋的统治者。既然如此,那么应当为未来做好准备,其中特别注意两个政治要素:其一是法律,它永远体现着以建国哲人之政治智慧所订立的任何原则,其二是一位或多位统治者,他或他们本着一种无私奉献的和忠诚坚定的精神来继续执行这些法律。因此,在《王制》前几卷的理想邦国和《法义》中所谓“实践性的”邦国之间,存在着某种必然的一致性。[155]从理论上看,它们是连贯一体的,只因柏拉图生命中的政治悲剧——他完全没有能力实现他心中的理想邦国——才被割裂开来。《法义》中带有“实践性”的论述能够深入地考虑邦国治理的所有细节——因为这一论述所针对的是一个非真实的地方,它与经历过不成功的政治改革的西西里正好相对。它比《王制》的理想邦国来得更具有“实践性”,这仅仅是因为早前的构想确实依赖于(当时出于柏拉图的志趣)一种期望,它的实现取决于哲人王及对哲人王的教育。当实现理想城邦的动力皆已耗尽时,他可以思考和关注那些永远不会实现的事物的各种细节。

但是,在尘世对完美形式的模仿过程中,始终重要的东西是和谐的状态,它是完美形式中真正和谐的机械影像所要追求的目标。这种和谐很大程度上独立于政治单元中下层成员对真理的实际理解,另外,虽然看起来有点不可思议,它还甚至在一定程度上与统治者本人对此的理解无关。在《王制》里,当讨论到从猪的城邦发展而来的机械玩具般的模型时,苏格拉底提请把著名的“高贵的谎言”当做共同体的根基。这个传说我们曾经引述过了,它声称人们天生可分成黄金、白银或青铜几种质料,他们对共同体的价值及在其中的位置必须按照这些“自然”的特点来决定(《王制》414B 以下)。现在应该可以清楚地知道,苏格拉底及其朋友就像工程师一样摆弄他们的模型。他们在拉动细绳,观看木偶的表演,并在此基础上找出它们真实自然的动作之所在,始终认为“真实”和“自然”与作为一个整体的共同体的利益密不可分,还把这个整体看作是一种有生命的实体,其毁灭或存活构成了好与坏、真与假、自然与非自然之间的差异。作为这种模型的一个策划者,苏格拉底说:让我们使人们相信这个(高贵的谎言)的真实性,如果可能的话,最好先让统治者相信,如果他们不相信,那么至少也要让城邦里其他的人相信(《王制》414C)。[156] 显然,对于“真正”邦国的木偶式复制推广,紧要的是应该进行某些近乎宗教仪式般(ritualistically)的活动。至于人们在没有理解的情况下就相信他们学说的真理性,并参与这一运动,这至少不是什么极端重要的问题。换言之,存在于机械玩具中的和谐状态是一种极为重要的因素,其关键在于它与永恒形式的相似性,而非政治单元中成员个人对此的理解。正是基于这一点,苏格拉底才会说首先并且最好让统治者“相信假话”,因为考虑的只是这个模型本身。后来哲人王作为实现[理想城邦]的重要因素而登场时,我们被告知,哲人王的本性将不容许任何形式的谎言。但是,在柏拉图看来,统治者一方相信假话,并不影响玩具般模型的正当性,而这个模型正是邦国之永恒形式的一个间接的表现。

在《王制》和别的地方还有更进一步加深这一印象的暗示。例如,当提议在玩具般模型的教育方案中删除诗人的某些诗篇时,苏格拉底说:我们将不会让诗人讲这些事情,首先因为它们是不真实的,*即便这些事是真的*,用它们来教育年轻人也不符合我们邦国的利益(《王制》378A)。当然,从以下角度来解释这种带有条件性的立场是可能的:在柏拉图写完有关知识的分界那部分对话之前,他没有过早地提出“何为真理”这个问题。但我们知道柏拉图并不是在以亚里士多德那种逻辑上连环紧扣的方式来写作一篇论文。这段文字所阐明的是,柏拉图对某些信念、某些行为以及某些由此产生的生活方式这三者价值的确信,不论个别的信者是否真的理解他们所相信的东西,甚至不管他们所相信的东西在客观上是否如此。总而言之,和谐状态和礼法仪式是在尘世中近似永恒形式的重要因素。

占据了《王制》后半部分的关于哲人王的讨论,[157]是作为最后一波充满悖论的浪潮而被引出的(《王制》472A)。简单勾勒出机械玩具般(mechanical - toy)的邦国以后,苏格拉底的对话者要求他进一步阐述那个邦国的某些细节,到最后便追问:实现整个邦国是可能的吗?对此的答案就有赖于研究现存邦国中尽可能小的变动,即足以让理想邦国的模型得以实现的变动。这一变动就是哲人王的引入,而当说到真正邦国的实现必须符合统治者变成哲人,或哲人担任王者的要求时,这种说法便成为了苏格拉底所说的第三波最大的“悖论浪潮”(wave of paradox)。因此,有必要注意到,哲人王涉足于使永恒形式在这个政治世界得以实现的使命,作为一个统治者,他在对待谎言方面不会作出任何让步——至少他是这样理解的。

有关专权的哲人王的理论之薄弱点已在《王制》显露无遗。首先在于使得哲人获得至高权力的困难性,其次在于如何维持哲人王这个地位。第一个难点可以通过对一个具有哲学天赋的人在追求权力时极易受到败坏这一现象的出色研究体现出来,在柏拉图心中浮现的历史例证很可能就是阿尔喀比亚德(《王制》490E - 495B)。另外一个展示在苏格拉底对其听众所表达的吁求中——我们可以从中听见柏拉图自己几近绝望的焦虑感——苏格拉底说,当大多数人明白哲人王并不想为自己谋取什么,也非一心想剥削或掠夺他们,仅是为了他们的利益而统治,你难道不认为他们会服从并愉快地接受他的领导吗?(《王制》499E;500C)

柏拉图设想中会影响到哲人王之即位和守成的这些薄弱点,已沉痛地显露在柏拉图的西西里政治尝试之中。根据柏拉图的整体意识，当他面对某种必然性时，他实在无法做到暴力地强行实现他所构想的模式。柏拉图在垂暮之年说，"哪怕以最少人数的死亡和流放为代价而获取的权力，也不是什么好的事情"（《书简七》351C）；[158]但是在《法义》的文本，在规划好的邦国中，一旦它建立起来，异端者和造反者就会像害病的肢体一样被剪除（《法义》907D－909D）。柏拉图努力培养狄奥尼修斯（Dionysius），希望他成为由在位统治者转型为哲人的成功范例，但这种努力却以失败告终；另一方面，柏拉图期待他的朋友和以学生狄翁为首的政府实现他的构想——从哲人转化为统治者——也宣告失败，所有这些都给柏拉图烙下深深的印记。《法义》所强烈暗示的是，随着柏拉图放弃凭靠哲人王来实现其邦国的可能性，诚如他本人所说的，这是首要且最好的方式①，他重新返回到《王制》那机械玩具般的邦国，而且试图对其作轻微的修正，还利用一套不可变更的法律体系缔造邦国固定的生活方式，从而使其转变为另一个更"如实的"（lifelike）模型（尽管这严格来说仍属于没能实现的模型）。

如果我们再次注意到《法义》和《王制》里面，政治结构的设计者都身处政治框架之外这一点，自然就会加深以上所得的印象。在《王制》，苏格拉底及其朋友都是玩具般模型的策划者。他们说，"让我们首先且最好令护卫者信服"等等。在《法义》中，一位斯巴达人，一位克里特人和一位雅典人都面临着为某个新邦国创建一套法律体系的任务。因此，在这两个文本中，政治问题不是像之前的对话那样（如《高尔吉亚》和《普罗泰戈拉》）从戏剧的内部提出，而是在戏剧以外。邦国的和谐结构、等级制度的稳固性、好些部分的不变性，无论

---

① 比较《法义》701A－B；《治邦者》297E。

从技术细节上还是其他方面，都非常重要，尤其对于与永恒形式有着相似性的邦国而言。文本还必须假定邦国的建造者绝不会出错，这同样非常适用于实现玩具般模型的哲人或者苏格拉底，以及建立模型本身的苏格拉底的朋友。当我们再看《法义》，我们就会发现，这三位对话者自身在这里也被认为是知道（knowing）真理的，而如今这个真理已根据法律法规，通过立法途径而永久生效，还附带解释每个具体情况所涉及的普遍原则的序言（710E 以下）。

［159］但在对永恒原型的模仿过程中，重要的是这个邦国的结构及其不可变更性；随着时光流逝，世代更替，即使是统治者也没有必要理解这种组织安排背后所蕴含的真理，更不用说广大的民众了。只要他们按照事先制定好的模式行事，一切就会顺利得当。也许正因其如此，就连《王制》建造的完美邦国最终也会衰败这一点才可被预见。一切顺当的年数结束之后，统治阶级内部将会出现堕落的现象，而且从荣誉政制、寡头政制、民主政制，再到僭主政制的下降进程也业已开启了。我们没必要把《王制》的这部分论述当做是一个完整制定好的历史循环论。因为没有理由假定，柏拉图认为这一趋势是必然的，社会组织的每次改变都不可避免地重现这个过程。显然，在他那个时代，某些诸如斯巴达的邦国已经一定程度上接受所有变革形式，而且保持着一个混合政制。其他邦国，譬如说色萨利（Thessaly），已经止于较早阶段中的一种。但是注意到下面这点大概是重要的，完美的邦国，或者说尘世间接近最高之完美的邦国，总有一天会改变，这种改变是统治阶级中出现不同类型且行不义之人的结果。照我看，归根到底，邦国的关键价值并不在于统治阶级或其他民众对邦国自身的理解，而在于作为一个整体的邦国那实

质上近乎固守仪式的组织安排和运行状态。①

四

毫无疑问——如果柏拉图在《王制》和《法义》中对理想邦国的论述的立意确如上所述（我相信他是这样认为的）——这一关键价值显然不同于对道德层面上的理解的强调，这强调倾向出现在柏拉图的《普罗塔戈拉》和《高尔吉亚》两篇对话中。然而我认为以上两种取向并不构成真正意义上的对立。柏拉图两种信念之间持续呈现分离的趋势：他既相信自己在现存社会组织中所看到的恰当的运作，[160]又相信他极想实现的一个独特且改革过的社会组织。

在公元前五世纪和四世纪的民主式、寡头式或者僭主式

① 另一方面，与最好邦国这高度成形的设想，和最好邦国注定在现实中败坏的哲学必然性比较起来，引起读者注意的是，柏拉图对邦国逐步堕落的解释中所带有的特殊性符合雅典的特征。个体心理状况的变化引起了政制的变化，而周边生活方式各异的他人，又反过来影响每个个体心理状况：这正是民主制的标志，正如苏格拉底所言，民主制展示了每种邦国的生活模式——而且苏格拉底肯定认为雅典是民主制的最高典范。正如伯利克勒斯在葬礼上的演说所言："我们对邻邦没有怨恨的情绪，哪怕他与我们不同，做他喜欢做的，我们不仅避免对他施加法律的惩罚，也避免与他结下私人恩怨——未必造成痛苦，但总是徒增烦恼。"那认识到金钱力量比古老的荣誉价值更具力量的寡头政制统治下的人，并不是意指色萨利（Thessaly）或科林西（Corinth）的例子，他反而是指某类年轻雅典人——古老秩序之子。显而易见，当他看到自己周遭的所有年轻人和长辈，借由他们手中的金钱，掌握比他自己的父亲更大的影响力时，他就受到了诱惑。这种寡头政制下的人所生的，生活在民主制下的儿子，是在其社会普遍许可的风气下，在备受其那守财奴般的父亲的压制下出现的。最后，民主式父亲所生的僭主式儿子就以归谬的面目出现：他具有自由，却失去了民主式父亲所具备的自律。

已堕落邦国——柏拉图在《书简七》记录说它们无一例外地败坏了①——中，个人要做的最重要的事情就是挽救自己的灵魂，柏拉图认为这是一个关于理解的问题。苏格拉底是这些"最明智、最正义和最好"的人当中最伟大的一个(《斐多》118A)，他忍耐着社会的敌意、迫害和死亡，一心要找出事物的真理以及审查当下所谓知识的正当性。相较于苏格拉底的初衷和抱负，"依照公认的德性" 以某种平庸和习传的方式生活的雅典公民，在道德等级秩序中应处于低下的水平，而且他们后世的变形只配生活在"诸如蜜蜂那类动物所居住的温顺和政治的社会"(《斐多》82B)。重要的是，无论就社会还是个体而言，应该通过一种理解力，一种洞察人类灵魂或邦国组织的永恒原型的能力，脱离败坏的当前现实。

但是，一旦新社会形成了，或者如果它能够形成的话，那么适合个体生活或邦国生活的真正模式便得以产生。从此以后，行为的重复，习惯的获得和信仰的灌输，都证实为避免堕落社会的不安和混乱状态提供了保障。有序生活中的礼法就变成人世间最美和最真实的东西。一个苏格拉底无法出现在这样一种社会里面，因为造就苏格拉底之所是的客观条件将不复存在。

因此，对柏拉图来说，事实上永远存在两种道德标准和两种社会正义理论，一种适合于此时此地的生活和社会，另一种适用于柏拉图致力创建的经改善的生活和社会。在其中一种，柏拉图所钟爱和钦慕的对象是苏格拉底，这位习俗的反对者、悖论的散布者，他的信念只会追随"经过检审证明是最好的论点"(《克力同》46C)；在另外一种，所涉的对象是这样的统治者，他为维持一个已然存在的优良社会而全力以

---

① 《书简七》326A；参见《王制》496C 和 497A－B。

赴,[161]他服从管辖自己的法律,把法律当做承负某种不容辩驳或探究的智慧的载体来加以接受,终生着力于维护一个从定义上讲"好"的政制。

可以肯定,作为柏拉图作品中的一个戏剧人物,柏拉图让苏格拉底同时认可两个观点:其一出现在至少极有可能是对审判的忠实描述的《申辩》,以及诸如《高尔吉亚》此类的对话之中;其二留存在《王制》中。我们无法断定,历史上的苏格拉底和柏拉图本人,对政治性的当下和未来是否持有相同的意见。在某种意义上,我们甚至并不能十分有力地推断这一点,因为我们对苏格拉底实际所知的一切都是通过柏拉图得来的。在生平年表中寻求解答,划分出柏拉图的各个成长阶段,这些做法都是很难令人信服的。那么,我们大概可以认为苏格拉底在《高尔吉亚》中的观点——他决定宁可"承受苦难也不去行不义"(《高尔吉亚》469C)——以及在此处所表达的可形容为个人主义和自由的各种看法,都来自受苏格拉底影响的早年的柏拉图。此外,关于对稳固且阶层分明的社会、对臣民所受的高压政治以及对统治者的欺骗性布告等等的赞赏言论,都可以归于晚年已远离了苏格拉底的柏拉图,因为苏格拉底这个人物不再在对话中出现。①但是在《王制》这篇为柏拉图晚年所持的有争议的观点作出最佳论证的

---

① 关于《高尔吉亚》那个更"人道主义"的苏格拉底式柏拉图,及与之相对的《王制》那个"极权主义"的柏拉图,比较波普尔,《开放社会及其敌人》(卷一:柏拉图的符咒),页 91 - 92 和 171 以下,前揭。波普尔教授注意到在提出诸如"非科学的"、极权主义观念的对话中苏格拉底的重要性,并且相信柏拉图试图将苏格拉底"牵扯"进他(柏拉图)的新反动立场,以此解决他自己(柏拉图)的矛盾。这显然是波普尔教授所作的,使自己免于我所描述那种困难之纠缠的一次尝试,读者大可以自己判断波普尔这一尝试的可信性。

对话中,苏格拉底仍然是中心人物。而在柏拉图生命的最后几年,写作《书简七》之时,他把自己早年渴望彻底变革社会和建立一个“整全”新秩序(这些都是《王制》和《法义》中建构设想所具有的特性)的热情一并归于自己名下(《书简七》326A)。当然,后一种说法会遭到某些人的怀疑,他们认为柏拉图是无意识地把某种连贯性归于自己,而且认为事实无法证明这种连贯性的存在。但是,我想说,我们可以且应该相信柏拉图自己的话,[162]并假定他在晚年至少对年轻时想知道的事情还保持着足够的判断力,而且关于完美的同一看法总是萦绕在他心中。

五

柏拉图所持的政治意见划分为两种,一方面对一般苏格拉底对话中的个体性保持浓烈的兴趣和关注,另一方面对泯灭个体本身意义的具有严格等级差别的社会和不可变更的法律表示心仪。理解对这种区分,既有利于加深我们对柏拉图本人的理解,也许又有利于拓宽我们在讨论柏拉图政治理论时所涉及的问题的意义。鉴于政治对柏拉图来说只是他的哲学的一个面相,而政治之所以具有莫大的重要性,主要因为它是其他许多方面的要害所在。柏拉图并不是通常意义上崇拜邦国的人。他深感,当邦国是一个真正的邦国时,它是一个比个人更伟大和更美好的事物,这应归因于他对一种强加于无序之上的模式的强烈渴望;而且该模式的强制施行(他重笔描述此模式中的“和谐”),相较于具体个体灵魂中理智对激情的支配,可以更清晰更明确地在大型社会组织中体现出来。此外,正是凭借关于人性的知识,柏拉图真正理解血气的力量、意志的弱点以及个体理智的不可靠性。他并不希望尽可能地利用个人身上的激情、意志或理智，而是希望所有这些要素达成真正的和谐，为此，他相信从外在强行施加的模式是必要的条件。既然柏拉图认为在等级分明的社会最终找到适合自己的位置的个体，已经彻底完成了根据他身心特点而制定的任务，那么就不可能涉及“幸福”的问题。更准确地说，当对话者在《王制》中追问苏格拉底“护卫者是否会快乐”时（《王制》419A），柏拉图确信“快乐”一词带有习俗赋予它的特殊含义，而倡导“快乐”，就等于暗示幸福意味着缺乏约束这种谬论。[163]对柏拉图来说，这是那些从人类生活中个体或社会的角度来思考人类生活的人所提出的典型谬论。柏拉图认为，如果幸福确实意味着什么东西的话，那么它就是意识到自己是某个秩序的一部分，而非大海上随波逐流的孤立碎片：这种真正的幸福只会被生活在真正柏拉图式的邦国中的大多数人朦朦胧胧地意识到；统治者很可能会从更深一层的意义上理解它——尽管并不必然如此。①

然而，不属于任何强加的和谐秩序的个体生活之复杂性，恰在柏拉图看来，是几乎从来没有哪个苦于追慕秩序而备受煎熬的政治哲人能够拥有的。正如我们所见，他知道一个苏格拉底的独特性是如何由他的身体外貌、古怪习性和谈吐方式，他对雅典及其自由的热爱、他对自己朋友的热爱以及他那特别异于常人的自我意识所共同组成的。柏拉图运

---

① 有人把《王制》中柏拉图的“伦理学”（ethics）解释为“幸福说”（eudaimonism）（理特尔，《柏拉图哲学的精义》，页 54 – 55，前揭），这种解释基于接受柏拉图实在的且具有结论性的“学说”，这跟传统意义上的论述没有两样，柏拉图的论点时常出现在对话的开端和终结处。这是一种一直以来都存在的误解，大概有如对亚里士多德的《尼各马可伦理学》的误解一样悠久。

用一切力量对这种独特性的作出回应,他确信这个在历史上出现的独一无二的人物,正是他希望通过自己的创作天赋来描述并与自身的夙愿融合的对象。但他也知道,这个作为朋友和艺术家对他影响颇深的人,从心理上讲,恰是他的另一个自我所要创造的邦国中存在的一种不可能性。在这两难困境中,苏格拉底的形象起着非常重要的作用。这根本不是热爱生活的艺术家和偏爱秩序哲人之间的冲突。确切来讲是两类艺术模式的分歧,其中一类指的是艺术家一直所要寻求的,个体与某些比个体更具有普遍性的事物的相互融合,戏剧家和画家尤其如此;另一类就像建筑师一样,所要寻求的正是加诸无序事物的设计方案。第二类模式涉及要把男人和女人当做砖瓦和木料加以利用,以便建造一座建筑物,它内在地表现了他们的个体生活,但却抹掉每个人的个性。当柏拉图在暮年之际逐渐感觉只有第二类艺术模式才适合他时,苏格拉底的形象就注定要消失了。因为苏格拉底无法成为一所超乎他自身的房屋所用的砖瓦和木料。

第十二章　西西里的尝试

一

[164]公元前五世纪和四世纪，在希腊本地人的记忆中，西西里和意大利南部的希腊城邦具有政治和社会意义上的特殊地位。西西里这片区域不像马其顿(Macedonia)，马其顿大部分地区是“蛮荒之地”，并由世袭的君主制国家所统治——它是一个安定、未开化的国家，直到其中一位国王从希腊引入诸如欧里庇得斯(Euripides)和阿伽通(Agathon)等作家，力图建立一个文学圈子，这才开始改变其愚昧的状态。这区域也不像小亚细亚的沿海城邦，这些沿海城邦的所有居民都是在公元前九世纪从希腊移民来的，先于多利亚人(Dorians)的移民。对希腊人来说，这些城邦表现出某种奢华放纵的作风，在物质及精神方面的事务上略显堕落世故。西西里那片区域也不像大陆邦国的任何主要分区——不像以封建地主为统治者的色萨利(Thessaly)和波俄提亚(Boeotia)，或由商贾寡头派统治的伊斯姆斯(Isthmus)诸城邦，或拥有其独特古老政制的斯巴达，或更为原始的农业国，如，阿卡狄亚(Arcadia)、伊利斯(Elis)、亚加亚(Achaea)和埃托利亚(Aetolia)。

西西里是一个富裕的国家，和意大利南部的希腊城邦一样相当之晚才建立起来。从一开始，它们的政治意识业已成熟。那里没有出现过封建制或族长制的邦国，但经历过一系列从寡头政府到民主政府再到僭主政府的急剧更替。僭主政制甚为盛行,以致成为整个公元前五世纪和四世纪最突出的政制形式。正是在僭主格伦(Gelon)的领导下,西西里在公元前480年成功挫败了迦太基人(Carthaginians)的进攻,波斯约于当时入侵希腊内陆,再者,西西里和大希腊(Magna Graecia)的僭主们赞助品达(Pindar)创作诗歌,[165]以庆祝他们在奥林匹亚接连勇夺奖赏的赛车队。西西里是一个富饶、活跃和充满机遇的国度。也许我们从一句简短的话中了解到公元前五世纪希腊的流行意见,并不会有什么差错,这句话来自希罗多德记述勒斯波斯(Lesbos)的乐人阿里翁(Arion)的文字,这位乐人旅居并献艺于西西里和大希腊的部分地区,而且他"已经积累大量的金钱,决计返乡了"(《原史》I.24)。

西西里这个国家不乏各种政治尝试。公元前442年雅典人提议派遣第一支邦际性的希腊殖民团所到达的地方,正是大希腊中的图里(Thurii),这个殖民地并非由希腊最大的种族分区——伊俄尼亚(Ionic)、爱奥利亚(Aeolic)或者多利亚(Dorian)——中的一个建造的,而是由来自它们任何一个邦国中的自愿者组建而成。此外,这个新殖民地的划定是由希朴达摩斯(Hippodamos)来负责的,"那个首创城邦之系统划分的人"。①而且公元前四世纪初期的西西里,进行了最大规模的人口联合(synoecism)这项承担着一定风险的运动。狄奥尼修斯一世(Dionysius I),即柏拉图尝试教导的年轻僭主的父亲,撤空了其他城邦并迫使其居民搬至他的新行政中心——叙拉古,以便创建一个大都城(可参《书简七》332C)。

① 亚里士多德,《政治学》,1267b22;亦参狄奥多鲁斯(Diodorus),XII.10.7。

柏拉图在公元前387年首次亲眼见到西西里，当时他正短期拜访狄奥尼修斯一世的王宫。他这样描述这次他所看到的东西：

当我一落脚，他们所谓的幸福生活便没有一处令我有丝毫欣喜。这种生活充斥着大量意大利式和西西里式的奢筵，只要活着，白天要大吃大喝两顿，夜里绝对不会独卧，还有各种习惯伴随着这种生活。如果人们从年轻时就养成这些习惯并照这等德性生活下去，天底下没有人能够有朝一日变得节制，也必定不会成为一个聪慧和明智(phronimos)之人，因为人的天性不会有如此不可思议的混合。当然，其他种种美德也是同样的道理，但尤为明显的是，[166]任何一个城邦都不会处于稳定状态，不论它拥有什么样的法律，倘若城邦的居民认为他们应当把什么都挥霍过度，如果他们终日无所事事，觉得应该做的只是饱食和狂饮，还有苦苦追寻男女之乐。这样的城邦必然在僭主制、寡头制和民主制间变来变去，绝对不会停息，而且这些城邦中的当权者也必定不会容许听到一个正义政制的名称——其中还包含在法面前众人平等的公平含义。(《书简七》326B－C)

他接下来所说的，就是描述他与后来促使他再次前往西西里的形势的关系：

想着这些以及前面提到的那些，我就被带到了叙拉古，如同是机运所为，但看起来，确实是由于某种超乎我们自身的力量在当时的安排，才为现今发生在狄翁和叙拉古身上的不幸事况埋下肇因……可我怎么会说我当

> 初到西西里就成了一切的肇因呢？在跟那会儿还年轻的狄翁交往时，我冒着险，用言辞向他揭示了我所认为的对人们最好的东西，并建议他身体力行，我可能真的在不经意间以某种方式谋划了僭政的倾覆。（《书简七》326D－327A）

我们无法确切地了解柏拉图在公元前387年访问西西里期间究竟发生了什么事，只知道这是一次短暂的造访。据报道，他曾与狄奥尼修斯一世发生争执，又被后者当做奴隶变卖，最后得以逃脱。这也许是真的，但果真如此，那么令人好奇的是，在这封篇幅颇长且极为详尽地描述涉及他与西西里的所有事情的信中，柏拉图并没有提到此事。不管怎样，柏拉图说他在西西里之行最重要事情就是与狄翁会面，这的确是对的。按照柏拉图的说法，狄翁是“我所见过的领悟力最佳且最富有热情的学生”（《书简七》327A），而且就狄翁后来凭一己之力操控西西里的政治冒险而言，柏拉图对他非常有信心（到了能指望关于他所作的任何属人之事的程度），相信一旦他获得成功，他将会建立起真正的法治，以取代叙拉古本国的僭政，然后把那些生活在迦太基人统治下的西西里人解放出来。

[167]公元前367年，柏拉图得到改变西西里政制的机会（或者说他是这样想的），以及可能实践他的政治理论的首次良机。能对新僭主狄奥尼修斯二世产生极大影响的狄翁，力劝柏拉图前来西西里，从而顺应当权者的邀请。柏拉图在《书简七》中开诚布公地描述狄翁的恳求和他自己对此事的想法。

> 此外，他［狄翁］认为我应该尽一切办法最快地赶到

西西里，因为他回想起与我有过的谈话，以及谈话如何轻易地促使他渴望一种最好和最美的生活。现今，要是他的计划能在狄奥尼修斯身上获得成功，他便怀有一些最宏大的希望：他可以不经杀戮、死亡以及眼下已经发生的其他恶，而在他的国度全面地建立一种真实和幸福的生活。狄翁精心地构思着这些想法，并说服了狄奥尼修斯召请我，他本人也寄来了他个人的邀请函，恳求我务必快快前来，以免其他进谏者找到狄奥尼修斯并使他偏离最好的生活。以下就是他所说的大意，要是细讲起来会更长。“我们还等什么呀，还有比当前神意为我们提供的这些更有利的时机吗？狄奥尼修斯在意大利和西西里所拥有的疆域范围非常广阔，而我对他的影响力也同样强大。他年轻且渴望哲学和教育；他自己的侄子们和家人们将会欣然接受我向他们描述的任何学说或生活，同时又将极有效地激励狄奥尼修斯。所以，惟在现时，我们的整个希望将会完全实现，要不然永远都不能实现了：一些人既是哲人，同时又是强大邦国的统治者。”这就是他对我的鼓动，还有很多其他类似的话，但我对这些年轻人的意见是：对于他们将来会变得怎样，我多少心存顾虑。因为这个年龄段的人的欲望来得快、去得也快，而且常常会被引向彼此相反的方向。然而我了解狄翁的性格，知道他性情中的自然沉肃，而且他已经到了适度成熟的年纪了。所以我反复思量，犹豫是不是应该接受狄翁的邀请出行，[168]尽管如此，我最终做出决定，我必须动身，如果哪天有人要着手实现我这些对法和政制的构想，现在正是时候作出尝试。因为现在只要我说服一个人，就足以成就我所怀想的所有好的样式。就是带着这种心情和这样的自信，我出发去西西

> 里，并非抱着许多人所想象的那种心态。而且，我根本上是出于对自己的一种羞耻感，不愿让我有一天认为自己完全只是一个十足的言辞家，永远不会心甘情愿地插手任何行动……(《书简七》327C－328 C)

除了这封信以外，我们对狄翁和狄奥尼修斯所知甚少，故我们对他俩作出判断时必须小心谨慎。①但首先来看，狄翁的立场似乎带有一定的含混性。(这一点看似反映在柏拉图的言辞中，他觉得教导狄翁哲学，也许是在不经意间谋划西西里僭主制的倾覆。)表面上，柏拉图和狄翁联手作为年轻当权者的哲学辅佐者，但可以推测，柏拉图终有一天会返回雅典，让狄翁独自想办法继续在狄奥尼修斯身旁提供指引。这已隐约在后来的《法义》中体现出来，《法义》提到一个王国享有幸福的条件，就是由一个哲人辅助者常伴在王者身边(《法义》709E)。但是《法义》中的这个设想已假定王者会听从他的哲人朋友的建议进行统治，王者本人仅是充当计划的执行者，而这些计划的制订服从于哲学的权力。事实可能是，《法义》的相关章节是柏拉图晚近的一次反思，其中涉及他所构想的适用于西西里的所谓好的解决方案。

但是，大概最贴近西西里形势的要数这么著名的一句："除非哲人成为我们这些城邦的国王，或者我们目前称之为国王和统治者的那些人物中的某个，能认真适度地追求智慧，使政治权力和哲学智慧合而为一。"(《王制》473D)因为柏拉图打算在西西里完成的事情，似乎恰恰不合理地搞混了

---

① 参见[97]关于柏拉图生平的注释，论述我们现有的关于柏拉图生平的知识来源。普鲁塔克的《狄翁》(*Dion*)本身主要来源于这封信。

政治权力与哲学智慧,[169]一方面狄奥尼修斯是潜在的哲人-统治者,而另一方面狄翁是已经准备成为应该统治的哲人。柏拉图显然想尝试教狄奥尼修斯二世哲学,不过至少首先得好好教导狄翁。但是狄翁一直表现得像一个业已经过哲学训练的哲人。《书简七》里多处有线索暗示,柏拉图把整个西西里尝试视为给予狄翁的一次机会,而且甚至高于对狄奥尼修斯的期望。例如,他说道,假如狄翁获得成功,他就会使西西里变成一个幸福自由且依照法来生活的政治共同体,而且把其他西西里人从迦太基的统治下解放出来(《书简七》336A)。此外,柏拉图在这封信中谈论得最多的,正是狄翁对政制变革的计划和狄翁的性情。

全盘计划在最初几个月内就因发生了以下事件而遭到失败。在短短数月内,狄奥尼修斯日益怀疑有人在策划一个阴谋,企图篡夺他的王位,并让狄翁取代他。狄奥尼修斯确信狄翁抱有这一目的,而且怀疑柏拉图也牵涉其中。所以他驱逐狄翁出境并没收其财产。他继而试图笼络柏拉图,恳求他留下,然后向他保证一切将会如柏拉图所愿,只是狄翁将会被置于计划之外。柏拉图这样描述狄翁被流放后的情况:

> 说实在的,随着时间的推移,通过生活方式和性情上的交往,狄奥尼修斯确实越来越依恋我,但是他想要我夸赞他甚过狄翁,要我特别把他看作胜过狄翁的朋友,而且他匪夷所思地热衷于达成这一目的。实现此目的之最佳方式,如果当时要实现的话,我指的就是学习和聆听哲学上的言辞[道理],在这些方面亲近并跟从我,但他却退缩于此。他这样做是因为他惧怕诽谤者们的各种谣言,唯恐受到牵绊而且狄翁趁机成就他想要赢取的一切。我强忍住这一切,依然和来时一样坚持原初

的想法，期望他或许会渴望一种哲学的生活，但他却顽固地回绝我。(《书简七》330A－B)

从这里可以注意到一个关键点。柏拉图实现其理想邦国的计划将有修正的可能。事实上，正如我们所见，苏格拉底在《王制》中强调计划必须加以修正(《王制》473A)。但是哲人王的教育方面则不存在改动的可能。哲人王与《王制》前几卷提到的理想邦国中的“护卫者”不可互换；这些护卫者都是将要在想象的城邦里表演合适戏份的木偶。哲人王才是实现理想邦国的必要手段。就《王制》所暗示的计划之变动而言，一切都由哲人王作出判断。同样，哲人与僭主并没有什么相似之处，而且哲人不能篡改僭主所受过的教育之本质。因此我们可以看到，当柏拉图在公元前367年抵达西西里时，他已经顺应当地对他施加种种诱导的处境，如果他违抗这种诱计，将不会得到什么好的下场。

狄翁是柏拉图真正信任并当作潜在盟友的人，因为柏拉图颇为欣赏他的天赋和教养。但是狄奥尼修斯是这样的人，表面上他和狄翁都打算接受训练，以便完成西西里改制的任务，但他丝毫未曾染指哲学训练，而且至少可以说，他并不具备最有发展潜力的天生倾向和才能。尽管完全没有理由认为柏拉图和狄翁共同决心除掉狄奥尼修斯，尽力依靠自己来完成任务，但是狄奥尼修斯极有可能如此猜疑，又如果狄奥尼修斯意外身亡，而狄翁取代他的王位，那么柏拉图必定会庆幸已经扫除了他们成功之路的主要障碍。从人性的角度看，这次冒险实际上注定要遇挫。

与此同时，西西里陷入了战争，[171]狄奥尼修斯完全忙于应付它。过了一段时间，约莫几个月后，他与柏拉图之间的芥蒂终告止息，而且他已决意准备将柏拉图遣送回乡。在此之前，他向柏拉图致以歉意并作解释，恳请柏拉图转告狄翁，劝谕他莫把他的流放看成一种惩罚，而要看成一次出门度假。狄奥尼修斯表示，他将乐意短期内召回狄翁，并请求柏拉图允诺，当有意召唤柏拉图和狄翁前来时，他俩能重新恢复原先的计划，好好教导狄奥尼修斯和对西西里实行变革。战事结束后，狄奥尼修斯缔造了他的政府，不久又邀请柏拉图回来，但却没有召回狄翁。根据《书简七》中柏拉图的那些坦率叙说，似乎难以相信柏拉图会愿意再次尝试。

说到对待这次邀请的态度，柏拉图表露出自己犹豫不决的痛苦之情：

> 狄翁催促我尽快启程，因为从西西里传来许多消息，说狄奥尼修斯现在又一回令人惊异地爱恋哲学。因此，狄翁急切地请求我不要回绝他这次召请。我知道年轻人在追求哲学的过程中确实会发生这样的事，但总体看来，对我来说似乎远远避开狄奥尼修斯与狄翁这两个人更为稳妥。于是答复说，我已年衰，而且他们曾向我承诺的事情一件也没有达成，竟不料招致两人的怨恨。此时，好像阿尔基塔斯(Archytas)到狄奥尼修斯那里去了——在上次离开前，我曾促成了阿尔基塔斯及他在塔兰图(Tarentum)的那些伙伴跟狄奥尼修斯的宾主之情和友谊。在叙拉古，还有其他一些人听过狄翁讲了一些东西，而另一些人又听这些人讲，从而脑中充塞着一些哲学上的误听误解。依我看，这些人试图跟狄奥尼修斯谈论这方面内容，还以为狄奥尼修斯已听全了我对此所要说的一切。再说，狄奥尼修斯大体上并不缺乏学习哲学的天赋，而且出奇地热爱荣誉。所以他们告诉他的东西很可能合他的意，不过一旦醒悟在我客居他的宫廷时什

> 么都没听到，他便羞愧不已……[172]所以，自从我再次返回雅典并回绝狄奥尼修斯第二次召请后，正如我刚才所说的，我觉得，狄奥尼修斯完全是好胜爱名，唯恐有人认为，体验过他的天资和习性以及生活方式后，我瞧不起而且反感他，故而不愿再到他那里。你们看到，我理应讲出真相，如果有人听过所有发生的事情后，鄙薄我的哲学，反而认为僭主有理智，我也毫无怨言……却说，为使旅途安逸，狄奥尼修斯派一艘战船来接我……并捎带了一封长信……信上说，“要是你听我的，现在就来西西里，首先，狄翁这件事就按你的意思办……我知道，在这件事上你将理智处理，我会应允你的；要不然呢，有关狄翁的任何事，不论是关于他所用的东西，还是关乎他本人的，全都不会如你所愿”。(《书简七》338B－339B)

西西里和意大利的所有朋友都写信给柏拉图，催促赶紧他前往西西里，许多雅典这边的人“几乎是强迫他上船了”，而且“所有理由都如出一辙，即，我不应愧对狄翁，也不应愧对塔兰图的朋友和同伴。而我觉得，一个年轻人从旁听过某些有关卓著事务的道理，而且天赋异禀，从而产生对最好的生活的爱欲，这根本不让人惊讶。所以我得亲自查个水落石出，看看实情到底如何，绝不会放弃我的志业，也绝不让自己背负真正的千古骂名，万一这些传闻果真属实的话”。(《书简七》339D－340A)

狄奥尼修斯永远不会成为柏拉图所期待的哲学习者。他在这个问题上只与柏拉图有过一次交流。客居在叙拉古将近一年，并招致宫廷内部的极大嫌恶后，柏拉图动身返乡了。鉴于反对柏拉图的情绪如此强烈，那些策动狄奥尼修斯遣散他的人们又如此具有影响力，相反，狄奥尼修斯却毫无加害地发放柏拉图返乡,柏拉图对此一直心生疑惑,又感激不已。当然,狄翁再未收回自己的任何财产,他的流放也得不到赦免。

自从柏拉图上次由西西里返回[雅典]以来,他曾经和狄翁有过一次会面,[173]当时狄翁言明,他打算用武力推翻狄奥尼修斯,并意欲在变革成功之后建立新邦国。他恳求柏拉图出手援助他。但被柏拉图果断地回绝了。

> 我就告诉他,应该招呼别的朋友们,看看他们是否愿意。"但我本人,你和其他人一块以某种方式强逼我跟狄奥尼修斯同吃同住,参与他的祭仪。他很可能听信众人,认为你跟我要图谋推翻他,夺取僭政。但他并没有杀我,因为他心存敬畏。再说,我差不多过了跟人一同打仗的岁数。加上我跟你们都有交情,万一你们什么时候乞求彼此的友谊,愿意行什么善举呢。但只要你们一心想作恶,那最好找其他人吧。"怀想着这场西西里漫游和不幸的憎恨,我说了这些话。(《书简七》350C－D)

二

以上是柏拉图亲自给我们讲述的事件经过,它实际所揭示的是关于人事之失败的完整叙述。正如我们所见,狄翁同时对狄奥尼修斯和柏拉图两人的暧昧关系实质上已确证破裂。然而,倘若换作更好的条件,那么也许不难想望成功的可能性。其实,我们得承认,可以期待最佳条件的出现。譬如说,我们假设,狄奥尼修斯已然服从教导,不再是过去那个聪明、自负、追求智识之名声的年轻人。假设狄翁没有招致僭主的猜忌,也没有搅乱柏拉图的计划。让我们尽可能客观地审察柏拉图想要实现一个理想邦国的强烈愿望，并反问自己，这个理想邦国是否在任何情况下都是可能的。这不单单是一个有趣的假想状况，因为它揭示出政治思想家柏拉图的才干中所包含的一些非常根本的东西。柏拉图在《王制》中说过，又在《法义》重申，现行败坏的邦国可以转化为一个优良邦国，[174]其最简易可行的变动方式，就是使“某个我们目前称之为国王或统治者的人”信服哲学的价值，或者让某个哲人荣登至高王位，并进行统治（《王制》473D；亦参《法义》709E以下）。根据《法义》，之所以作出这种抉择，原因是如今只需要说服一个人，或者最多使极少数人信服，此外，既然哲学永远都无法向大多数人敞开，所以一个邦国建立之初的实际优势最为明显，统治者只有一个，且是邦国中统治权力的唯一来源（《法义》711C）。就在这一点上，奠定了柏拉图永远无法克服的困难。

据柏拉图在《书简七》所言，他所慕求的是一个自由、遵循法的指引来生活的邦国，这些法既约束当权者本人，又对他所属下的民众有效。他还希望这一当权者是哲人，以便统治者、法和民众共同构成一个和谐的整体，从宏观的角度看，这与他在哲学上所构想的人类灵魂与身体协调一致的影像相对应。然而，当权者——在历史意义上讲确实是一个王者——与柏拉图所了解的哲人之间，必然存在一个对立的关系。原因在于，当权者在其生活的环境下，他的地位必然不容置疑，除了当王别无他择，这就如同国王对其民人及其传统的客观关系：国王既不能在其他方面有所造诣，又得像每个民众对其手脚的支配那样进行统治，像他们对吃喝的需要那样满足私欲。而柏拉图眼中的哲人，则把他的整个存在都投身于对未被发现的真理的探索、对局部失利的不断认知，以及充满魅惑力的劝说活动。

这两种政治人物分属于不同的历史领域，而柏拉图努力把它们结合在一起，这显现出柏拉图是何等得益于一种极其完善的民主制，而且他又在何种程度抛弃其他王权国家的理念——从历史上看，体现在较早出现的埃及，或者后来的拜占庭帝国及其衍生出来的某些君主国。柏拉图在政治上是一位老练的理性主义者，[175]却热切地寻找政制中一个非理性的象征物，使得整个共同体可以围绕着它而凝聚起来。但这还不是他想要的一切。他希望，作为非理性之象征物的王者，行王者所行之事，成王者所成之人，但并不是出于内在不置可否的必然，而是基于理性沉思和训练的成熟结果。

带着这种复杂心理，一旦面对权力的问题，柏拉图便完全陷入为难境地，对他，甚至对任何与他同时代的雅典人来说，权力是基本政治问题，但这并不适用于埃及人或者拜占庭的公民。如何使得民众服从最高统治者，无论是哲人王还是别的，如何使他们持续稳定地安于他的治理，以及如何避免王者演变成僭主，这些都是公元前五世纪和四世纪希腊政治生死攸关的问题。柏拉图很长一段时间都在回避这个问题；他在《王制》中构建了整个邦国，坐落在他所划分的世界鸿沟的一边，从而将他与现实世界分割开来。但是在柏拉图看来，这个与政治生活决然分离的立国区域已经失效，最终甚至可以略去不提，即使后来再多对此的否认和辩解，也难以掩盖他对已然事实的认识。柏拉图觉得，哲人在政治上的无能是不可忍受的不幸，以致他会尽一切办法使他的政治计划得以完满实现。因而才会续得西西里的尝试。

这次尝试能够达成的最好结果，应该是一种开明的僭政：也就是说，假如狄奥尼修斯成为柏拉图意义上的哲人，那么他也许会毕生逐一地对现行政制作出变动，最终使西西里看起来更像《王制》前几卷所描画的理想邦国。但西西里亦难以如愿地享有自由，受那些最好的礼法治理（参考《书简七》324B 和 336A），因为这种僭政将意味庶民以传统的方式接受狄奥尼修斯的治理，而狄奥尼修斯将受一种合符祖传习俗的意识所支配，此外一部分礼法必须凭借资历和敬畏来加以施行——以上种种都是必不可少的。与此相反，我们所知的是一位受束缚的年轻僭主，他继承了其父辈所招致的敌意，因父传僭政的建立离不开暴力和杀戮；他有兴趣并渴望借助智识为自己的生活和工作提供支撑，[176]但最终却倾心于最棘手的目标，亦即竭力维持他自己的政治实权，并每每从这个角度出发，看待与他有关的所有人和事件。

柏拉图相信，哲思的方式必然等同于劝说的方式，只因它们都建立在爱欲的基础上。柏拉图意识到，一旦哲学渗入暴力之中，便会染上一种致命的病毒。悖谬的是，柏拉图希望哲学和哲人能在现实情境发挥自身作用，但这一情境竟是由血腥杀戮来缔造、暴行施压与操控恐惧来维持的政治环境。这两者不可能存在真正的融合。另一种解决办法，即不涉及哲学和暴力的真正的王政，完全置于柏拉图的智识能及范围之外，而且就西西里而言，也超乎历史的可能性范畴。再次吊诡的是，我们看到柏拉图收笔之作《法义》，实现他心中邦国的所有希冀皆已消散殆尽，因而他能够更细致彻底地为我们描画他所构想的邦国，而在这里他尽其所能地以智识探讨方式所勾勒的，正是那种非常明显与智识性分析毫无交集的王制和王者。

第十三章　通往朝圣之路

一

[177]我们有幸获得柏拉图生命的最后15年留传下来的一大批对话，即从公元前362年他最后一次从西西里返回雅典那年，直到他逝世的前347年。这一系列对话涵盖《泰阿泰德》、《帕默尼德》、《斐勒布》；《智术师》和《治邦者》；《蒂迈欧》、《克里提阿》（残篇）和《法义》。对于这些对话，当然，如果我们把关注点仅局限在柏拉图政治思想的发展过程上，那么《泰阿泰德》和《斐勒布》则与我们关系不大。严格说来，《帕默尼德》亦可忽略不计。但即使我们严格限制在某个主题范围内，有两点必须考虑清楚。一方面，观察柏拉图在晚年如何有意对形式（forms）这一问题进行思索，重点在于对该问题的处理所揭示的含义，另一方面，需要注意的关键在于，柏拉图对待苏格拉底这个人物的方式。在《帕默尼德》中，苏格拉底的出场颇为独特，因为他这里表现的是年轻时的苏格拉底。这篇对话描述了年轻的苏格拉底和年老的帕默尼德之间的谈话，它着意展示对形式的批评，所采用的方式至少在早、中期的苏格拉底对话中业已由柏拉图（或苏格拉底）解释过。这里所提的问题非常透彻深刻，且具有颠覆性。在早期和中期的对话中，苏格拉底是形式之理论的倡议者，往往博得戏剧性的同情，而且总是论辩的取胜者，反之，他在《帕默尼德》这里差点要在论辩中败下阵来（参见《帕默尼德》

135C)。年老的帕默尼德主要不满苏格拉底在声称抽象形式的存在且物体“分有”(participate)形式时,还未真正理解其中的全部复杂性和难点,此外,帕默尼德并不赞同苏格拉底关于抽象形式与生成世界完全分离的观点。(《帕默尼德》133B以下)

不时有人断言这篇对话实际上表明柏拉图已经公开与形式理论划清界限。①[178]这种说法很难在论证中加以证实。它忽略了对话较前部分的戏剧形式的重要性,还无视帕默尼德的某些关键评论,如果综合这两点来看,就会发现柏拉图并没有弃绝形式理论,反而对它有了一个新的看法。帕默尼德在对话中所表达的内容显然需要特别严肃对待;柏拉图的晚期作品一般欠缺造成解释上含混的戏剧性色彩,但在这些作品的其他地方,他表示出对帕默尼德的钦佩之情(《泰阿泰德》152E)。帕默尼德在此年事已高,而且值得注意的是,柏拉图在晚期对话频繁地强调老年人的智慧。克里提阿向蒂迈欧叙说的故事是出于一些老人之口,但最早可以追溯到梭伦(《蒂迈欧》20D-21E)。再说,老年人正是《法义》里面的主要评述者,而此对话的场景特别适合他们规划邦国及其法律(《法义》625B)。在《书简七》,柏拉图说叙拉古人最好邀请老人,并请求他们立法(《书简七》337B)。对老年的敬重并不仅限于个人本身。随着共同体的传统独立于最初创造它的历史诱因,真正的智慧就体现在传统所积聚的岁月之中。《蒂迈欧》中埃及祭司说,希腊人只不过是小孩而已;他们对古代和过去一直积累的智慧一无所知(《蒂迈欧》22B)。面对所有这些零星证据,我们有理由假定,老年的帕默尼德

---

① 伯纳特,《柏拉图主义》,页44-45,前揭;亦可参考查尼斯,《早期学园之谜》,页5,前揭。

在智慧上应当超过年轻的苏格拉底。

这里,帕默尼德并没有驳斥形式理论。我们没有必要研究整个论证,鉴于其本身的疑难和复杂性。但是帕默尼德在开场时所作的概括性评论,就已经清晰地表明了他的立场。帕默尼德说:

> 苏格拉底呵,形式必有这些困难和此外许多其他的困难,如若实际上存在着事物的形式,并且每种形式被定义为诸种相互分离的东西;所以,凡是听你这样说的人不仅必定困惑不已,而且有意认为形式并不存在,即便它们存在,也必不能为人类智力所完全认知。因而,讲这些话的人必定看起来相当明智;要说服他转变立场,如我刚才所说的,是骇人的困难。[179]这需要一个天赋禀异的人,能理解每个事物都有一个种类和一个自在的实体,还需要一个更为非凡卓著的人独自发现这点,并有能力把它教给另一个已恰如其分地解析过这一切的人。(《帕默尼德》135A,参陈康译注,根据本书英译作改动)

这的确不是对形式的否定。这段话是一位老人的意见,在柏拉图心中,他已经到达柏拉图同样所处的境地,并看到柏拉图先前没有充分意识到的困难。这一点在对话稍前的地方阐述得最为清楚:

> 帕默尼德说:苏格拉底呀,那些讨论起来似乎相当可笑的,比如头发、污泥和秽物或其他最不足重视和最无价值的东西,它们的形式又怎么样呢?你可也感到困难?我们应当肯定他们之中的每一事物有一个分离的

形式——那是异于我们用手拿的任何物件——还是不应当肯定它?

苏格拉底说:决不。我认为在这种情况下,我们看到的这些事物就是它们本身的一切。想象它们分别有一个属于它们的形式,这恐怕太荒诞了。然而有时候我也感到不安,而且认为也许所有这些事情都是同样的情形:以后当我触及这一点时,我就赶紧逃离,唯恐自己坠入一个愚昧的深渊,毁掉了自己。所以,当我逃到我们刚才所同意的实际上具有形式的事物时,我就停下来并忙于研究它们。

帕默尼德说:呵,确实如此,那是因为你还很年轻,哲学尚未紧抓着你,如我所见,她仍要在将来紧抓着你的。等到了那一天,你就不会轻视这些事物了。现在你正年轻,尚把更多的注意力放在人们的意见上。(《帕默尼德》130C)

柏拉图提供给我们的这个苏格拉底形象,年纪尚轻,智慧方面明显不如帕默尼德,但他的独特之处并非仅仅如此。柏拉图在这里试图摆脱历史上那唯一的苏格拉底身上的魅力对他的影响,在柏拉图心中,苏格拉底简直是个奇迹般的存在。相反,作为哲学性探原的范型,苏格拉底被理解为正在经历一个阶段,帕默尼德将其描述成青年普遍要走之路,而柏拉图回首过往,发现它更像是自己从青年到老年所走过的路。所有对话中,没有哪部对话显示出苏格拉底自身这种发展的线索。[180]只有在《帕默尼德》,正值老年的柏拉图重新回忆过去,并受此触发,试图将一种生命观念引入对苏格拉底的思量之中,从而看到他一生中的转变和发展。此外,柏拉图还设法把苏格拉底的这种变化和发展认作自己所经历过的。就柏拉图自己而言,这种做法在他笔下的诗性作品中,彻底地牺牲了历史性因素。直到后来的《会饮》——它可能并不早于《帕默尼德》多少年——苏格拉底的神秘性和独特性仍然非常接近柏拉图成文作品所示的苏格拉底一生的核心事件,以致柏拉图能够围绕这条主线来写就一篇对话。在《泰阿泰德》——从时间上与《帕默尼德》更相近①——苏格拉底依然是历史上的那个自己,亦即智识的助产婆,他本身并不产生知识,而是诱导和帮助他人诞下属于他们的知识。唯独在《帕默尼德》,苏格拉底才遁入由柏拉图所激起的高潮之中,它以凌厉的气势把所有单一的人和物统统卷入一个新世界,这里不再承载行动、现实境况和个别的美,取而代之的是共性、和谐和永恒不变的模式。

更值得一提的是,尽管惟有《帕默尼德》这篇对话,反映出苏格拉底自身的变化过程,然而,柏拉图看起来似乎急于在某些其他晚期对话中特意更改自己早前关于人物之不变性的观念。《泰阿泰德》里含有对年轻的泰阿泰德和苏格拉底的细致对比,②而且《治邦者》引入了一位个性不甚鲜明的人物——小苏格拉底(Younger Socrates)。尽管初看之下,在这些细微推断的基础上作进一步的延伸似乎具有一定的危险,但是人们越深入审思这两个现象,它们就越显得晦涩难解。至于比较年轻的泰阿泰德和苏格拉底时何以着重强调两人的相似性,《泰阿泰德》全篇并没有作出明确的说明;同样,《治邦者》也没有解释清楚,为何要引入另外一个人物,他与苏格拉底同名,几乎使得整篇对话布满了相同的名称,尽

---

① 参见《王制》卷八和卷九(543A - 588A)以及肖里为《王制》所写的"导论",页 xiv、xv,前揭。

② 《泰阿泰德》143E - 144B;亦参《治邦者》257D。

管我们明知他有别于原来那个苏格拉底(《治邦者》257D)。这两个例子都有待严肃地解释。我个人的意见是,[181]柏拉图下定决心要否弃他自己所从事的艺术生涯,甚至到了有点执拗的地步——当然这种意见没有办法得到证实。换而言之,他希望抹除自己早期作品的痕迹,而且怀着近似冒险的精神,断绝早期对话和这些晚期对话之间的关系。这些都只是一些个人的揣测。然而,这些看法看起来确实与某些晚期对话所蕴含的哲学立场有一定的联系,尤其休现在《智术师》和《治邦者》,也许还包括《斐勒布》。

虽然我既没有打算也没有资格对这些对话作一个真正哲学性的评价,但毫无疑问,柏拉图在其中带着极大的勇气,寻求以一种新的方式来表达他关于形式的看法,这种方式将会戒除他目前认为是早期作品存在的不足之处的东西。这个心理趋势实际上源于《帕默尼德》,遵循我已指明的那个方向发展。在某种意义上,《帕默尼德》要比《智术师》和《治邦者》更为成功地做到这一点。因为,柏拉图在《帕默尼德》中成功传达出一种关于形式理论的合理事实,这得到帕默尼德的赞同,尽管他反对苏格拉底对话中大量早期的柏拉图式观点——如果那确是柏拉图的观点的话。我觉得,我们从《智术师》和《治邦者》中可以看到表达对形式的看法的最后一次努力,其中所采用的方式将满足柏拉图对理性和逻辑的强烈信赖。在柏拉图众多作品之中,它们因枯燥乏味而与众不同。它们在结构和风格上也是不规则的,这些情况对一位格调非常鲜明的艺术家来说,确实完全是不正常的迹象。在《治邦者》中,柏拉图竟把生动美丽的神话与学究式的吹毛求疵结合在一起。或许《斐勒布》中一个偶然出现的字眼能表明,柏拉图自己深知自己的所作所为及其可能的失败。在《斐勒布》划分知识类型的那个地方,柏拉图让苏格拉底说,如果他无法大胆地做出分类，"我们的讨论就会到此为止，就像传说中的神话那样遗失，而我们自己会在由某些非理性意见所做的木筏上获救"。①"非理性的意见"会在后来的《蒂迈欧》中得以成形。[182]我们在这些公元前350年期间写就的对话中所看到的，正是柏拉图旨在借助逻辑来挽救形式理论的最后尝试。

至于柏拉图晚年这种突出的逻辑化倾向，我们再来细看同等重要的另一种表现——划分的过程，这也许并不为过。《治邦者》和《智术师》，这两篇对话正是通过不断地划分看似重要的因素和非必要的因素来探究论题，从而发现其真正的本质。因此可以得出，王者就是非杂交的无角二足动物——牧羊人(《治邦者》267A－C)。这种方法在我们看来简直荒谬。也许有人说，之所以觉得这种方法荒谬，只是因为我们很难想象逻辑方法的起步阶段，由此掀起了争论。诚然，我们很容易被当前整个世界的科学发现和所谓"科学方法"所误导，丧失了一种沉思的能力。然而，相较之下，天平依然明显倾向于我们的第一印象：从表面上看，划分法这种被认为是柏拉图正式的逻辑或科学的研究方法，是荒谬可笑的。不过，柏拉图在《蒂迈欧》中告诉我们，利用共性和差异来操作的真正划分过程，与造物者最先造好的人类灵魂之运动相一致。② 上文引述《帕默尼德》的段落中，帕默尼德说，需要一个天赋禀异的人去理解这些，即型相(ideas)中包含不同的种

① 《斐勒布》14A。严格来说，这并不是类似于《智术师》和《治邦者》那种二分法的划分，而是一种更广泛意义上的划分，而且在晚期对话的论证中较为典型。

② 《蒂迈欧》37B。参考康福德在《柏拉图的认识论》(页170以下和184以下)对此的讨论。

类,而且它们与我们能从视觉上和感觉上加以分辨的物质的种类之间存在某种联系。最可能的推论似乎是,柏拉图正试图把逻辑看做一种具有启发性的程式,其中,应用于论题的划分过程等同于一种模仿,在这种模仿的过程中,唤起对不可见世界的其他分类的鲜活理解。重点很可能并不在于对论题自身的实际划分——正如这些对话的参与者对其的处理并不十分费力——而在于过程本身。极为重要的是,对实质(quality)和宇宙之谐和(thythm)——而非对个体性(individuality)与具体事实(fact)——的关注。

二

[183]惟有晚期对话中,个体性遭到漠视,实质与谐和得以强调,与此同样突出的是,柏拉图对一个人在人世间和所属政治共同体中已度过的生活的看法。当然,我们不能断言这些真的是柏拉图所提出的某些新东西。他从未在自己成文作品中显露出许多有意关注政治历史的实际事件的迹象。但是,早期和中期的对话都充分反映出公元前五世纪最后25年这一时期的特征和生活,以及苏格拉底这一个人的个性特点。事实上,这确实会把这些对话限制在一个时代的现实环境和智识氛围之中。随着柏拉图远离苏格拉底,并不把以他为首的圈子作为讨论的中心,柏拉图已然转移到另一个领域,更为明显的是,柏拉图只考虑那可称为文明之和谐范畴(the thythmic sweep of civilization)的东西,而非历史或政治生活本身。他如今唯一思索的是尽可能广泛意义上的政治生活。除了《法义》(从一种经改进的奇特方式来看),柏拉图不再讨论作为一种政治力量的修辞学,作为政治雄心之目标的权力,或者政治意义上正义的含义。相反,他试图从宇宙的

角度考虑政治共同体的意义,还以某种哲学性的虚构,描述这种政治共同体原本可能出现的“理想的”(ideal)历史。晚期对话中的三段文字阐明了这种倾向。

a)首先是《治邦者》的神话。《治邦者》很大篇幅都是通过不断地运用划分法的原则,探究王者或治邦者的确切定义——以致王者最终被划分成无角两足动物的看守人,从而在图表中无误地区分于其他各类动物的牧者——但柏拉图在其间安置了一段插曲,解释了论证过程中出错的原因。他说,我们无法完全把握“治邦者”的意义,因为我们没有意识到发生在人类和世界上的种种变化(《治邦者》269D)。[184]他所讲述的故事是这样的。从大地诞生的人类,克洛诺斯时代大地的和平与自足,诸神为了取悦阿特柔斯(Atreus)而逆转太阳和星辰的运行轨道等,这些非常古老的神话都根源于一个重大且令人惊异的物理现象。世界按照一个方向不停地旋转,最初是由“最大的命神”(the Greatest Spirit)来引导,它又被称为造物主(Demiurge)或父亲(Father)(他就是后来《蒂迈欧》中的父),但它绝不等同于奥林波斯诸神。在这个时期,大地孕育出新一代,因为在神本身(表现得像个神圣牧者)的指引下,一切生物可以从异于自身的元素中产生出来。根据这个神话,神牧的时代,没有政制,也不占有妇女与孩子。我们马上就会看到,由于世界的旋转运动与现在的方向相反,生成过程也完全逆向于我们时代的生成过程。这些人一生下来就是年老且高大的,然后逐渐长得更年轻和更细小,直至最终彻底消失。当他们一次一次地从大地获得生命时,他们对自己此前的存在都毫无记忆。

但是当“这个时代的所有这些事情都完成之后,还得发生一个变化,每个灵魂完成了它所有的出生,便作为种子按各自的命定次数归于大地,就在此刻,大全的舵手(the Pilot of

All),好像是放开了对舵的操控,悄然离去,隐入他自己的观望台,于是一种命定的、天生的欲望再次使宇宙倒转”(《治邦者》272E)。与此同时,所有在领地上与最大的命神共同统治的诸神,也放开了他们各自所照料的宇宙的那一部分。①

世界的逆向旋转,使之陷入持续的震动之中,结果导致人类和一切生物的毁灭。当恢复新生的条件时,宇宙完全自发地步入其惯常的轨道。它有“力量,并自己照料着在它自身中的各种事物以及自身”(《治邦者》273B)。但是它唯一拥有的力量是由最大的命神最初激起的旋转运动之反转(reversal)所生成的。[185]因此它最后必定不可避免地走向衰落。起初,当最大的命神创造它的时候,它曾有着大量的无序,而且这种无序在其物质构成中是一个固有的组成部分。因此,当逆转运动持续许久后,最初设计者制定的秩序与和谐越发变得微乎其微,失控且不和谐的物质因素便占上风。正如我们所知,在世界逆向旋转的时代,人类和其他动物分别按照自己的种类来繁殖。因为“任何生物都不再可能通过其他要素的作用而在大地中诞生;而就像宇宙被规定为自身运动的独立主宰,同样,宇宙的每一部分本身,也受命按类似的方式和原则,尽其最大的可能地成长、出生,并在同样的指引下养育自己”(《治邦者》274A)。

神话接着说道,在这一阶段的最后,最大的命神垂顾日渐虚弱的世界,唯恐它会彻底瓦解,于是再次掌舵,一切又恢复安好的原貌(《治邦者》273E)。

b)第二段是《蒂边欧》的开场。该对话开篇简短地重述了《王制》前几卷的某些论点,尤其涉及理想邦国的居民各自所从事的工作,以及妇女和儿童的共同体(《蒂迈欧》17C -

① 这些神也有可能不是奥林波斯诸神。

19B)。显然,引用它们只是为了提请我们简略地忆起理想邦国的大概。此时苏格拉底希望他的理想邦国付诸实践,但他坦承自己缺乏经验,无法想象它在政治行动的极端危机中实现,比如战争或诸如此类的行动(《蒂迈欧》19C)。

克里提阿答道,历史实际上已经提供了一个特别合适的例子。他曾从自己的祖父那里听说过这个久被遗忘的邦国,他的祖父又是在孩提时从梭伦那里听来的,梭伦则是听一位埃及的祭司说的。从埃及人的说法可以看出,作为公元前五世纪雅典的前身,这个邦国在每一点上都类似于苏格拉底对理想邦国的描画,[186]而且它曾经拯救过欧洲大陆,抵御来自亚特兰蒂斯(Atlantis)帝国的岛国居民的入侵。对此功绩更详尽的说明,将留待预定的三部曲(《蒂迈欧》、《克里提阿》和《赫默克拉底》)中的第二部,由克里提阿来叙述(《蒂迈欧》27A－B)。《克里提阿》只是一个残篇,而《赫默克拉底》(Hermocrates)则从未动笔。

但最令人感兴趣的事情是,大洪水隔断了历史循环,形成了一次更新,不同的是,这次少了在《治邦者》所给出的关于变化的形而上学解释:

> 埃及祭司:梭伦呀,你们希腊人全都是儿童,在希腊没有人能成为老人。
>
> 梭伦:此话怎讲?
>
> 祭司:你们所有人的灵魂都是年轻的。因为你们的灵魂里没有基于久远传统的古老顾念,或任何尘封已久的知识。原因是这样的。灾难过去曾多次降临于人类,现在也以多种方式毁灭人类,而这以后还会出现。最严重的毁灭紧随着大火和洪水而来,但也有其他数不胜数的较轻程度的破坏。所以你们那里也流传这样的故事,

法厄同(Phaethon)乃太阳神之子,有一次驾驶他父亲的马车出游,却没按照其父亲的路线行驶,最后马车坠毁,不仅烧死了自己,也烧焦了一片大地。你们所说的这些只是寓言的表面,但它隐含的真相是,那些环绕地球运行的天体偏离了轨道,以及大火持续蔓延于大地,造成了所有物体的毁灭。那时,居住在山上、高地和沙漠的人比靠近河流和大海的人更彻底地遭到毁灭;我们埃及人有尼罗河,它在许多方面保护了我们,成为我们的大救星,化解了我们的麻烦。但是,当神用大水和洪灾净化大地时,那些住在山上的牧羊人和牛群的看管人却得以免灾,而你们那些生活在城邦的居民反而被洪水席卷入海;但是在我们的国家,任何时候都不会有大水从天而降来淹没大地:[187]相反,这里的水自然就是从低处往上涨。正因如此,这里所保存的是有史以来最古老的东西。的确,异常无度的冷热都不可能毁灭人类,总是有或多或少的人幸存下来。因此,我们神庙里保存了所有古代写下的资料,它们记载了许多事件——有些是发生在你们那里,有些在埃及这里,有些则在其他我们所听闻的地方——以及最伟大、美好或卓著的行动。但是在你们和其他民族那里,文字和所有其他文明生活所必要的事物都总是崭新的。年月覆常,每次天灾洪水就像瘟疫似的侵袭你们,把你们一次次地冲走,留给你们的只是文化的丧失,回归野蛮状态,所以你们只好一次又一次地像小孩一样重新开始,对你们自己大地所发生的事情一无所知,更不用说古时候我们这里发生的事情。梭伦呀,你们希腊人系谱上所记载的发生在你们那里的事情,至少比童话好不了多少。因为首先,你们只记得一次淹没大地的洪灾,而在此之前还有多次洪灾发生,其次,虽然你们那里曾经生活过最美好和最伟大的种族,你们却甚至不知道他们的存在……(《蒂迈欧》22B－23C,参洪涛译本,有改动)

接下来便是讲述远古的雅典人如何成功击溃来自亚特兰蒂斯的侵略者(《蒂迈欧》24E－25D)。

c)最后一段文字来自《法义》,它的开场再次论及毁灭的循环,以及留存下来的文明残迹的种类。

雅典人:也许我们可以这样描绘毁灭之后人类的状况:尽管有面积广大和令人可怕的荒芜,但仍旧有大片沃土可资利用;尽管其他动物皆已灭亡,但凑巧有些牛仍旧活着,也许还会有一小群山羊聚集在一起。它们的只数稀少,但却足以维持数量相应也很少的早期牧羊人的生活。

克里尼亚人:同意。

雅典人:至于我们现在正在谈论的城邦、政制和立法事业。在人们的记忆里,有没有留下这些事物的残迹呢?

克里尼亚:当然没有。

雅典人:[188]在这种情况下,我们现在所拥有的一切,包括城邦和政制,技艺和礼法,以及无数猖狂的罪恶和美德,都来自于他们吗?

克里尼亚:您这话是什么意思?

雅典人:嗯,我的朋友,我们真的能设想,那个时期对城邦的许多美好事物——以及许多美好事物的反面——一无所知的人们,会完全变得邪恶,或者有德性吗?

雅典人接着继续描述了这些人之间没有冲突、内讧或内战等等情况，而且他们不为经济问题而感到愁苦。他总结道：

> 既无富裕也无贫穷的社会通常培养出最高贵的性情；因为暴力和行不义的倾向、嫉妒和怨恨的情绪都无从滋生。因此，这些人都是善人，这一部分是出于这些原因，一部分是由于我们可以称之为“单纯”的东西。也就是说，当他们听说那些被叫做善的和恶的事物时，他们总会认为这是关于确切无疑的真实情况的陈述，而且予以相信，因为他们是淳朴简单的。由于没有谁会像现在这样聪明地让他们去警惕谎言，他们相信关于神和人的传统观念，并且依照这种说法来生活。这就是为什么他们完全成为我们所描述的人。（《法义》679b）

柏拉图是否确实相信，那些既毁灭某些文明，又为其他文明的诞生创造条件的自然灾难会循环出现，我们对此所作的假定并不太重要。其实，《治邦者》的第一个选段和《蒂迈欧》的第二个选段，在这一点上不太可能统一起来。《治邦者》暗示，宇宙的逆向旋转运动会引起整个世界的变化，由此产生的灾难，将几乎瞬间摧毁世界的各个部分，反观第二选段，《蒂迈欧》的讲述直接声明，有不少地区能够完好无损地幸存下来——例如埃及。所选的这两段文字的重要意义，并不在于确证柏拉图相信这种毁灭人类和文明的灾难事件。柏拉图可能真的相信它是切实的历史现象，但也未必如此。

值得重视的，恰好是《治邦者》、《蒂迈欧》还有《法义》的表现形式，显然，柏拉图认识到讲述故事的必要。从前有一个有序和设计完美的世界,[189]由于它乃创造之物,故不可逃避死亡,而且混杂着无序的成分。当造物主的设定仍旧控制这个世界的物质组成时,它曾一度在其本质所容许的范围内渐臻完美。不论时间的长短,这个时期已经一去不复返了。它不再凭借内在必然性和外在施加的机械暴力的结合而存在,前者意指各自的命定次数的完满,后者意指由自然力量而造成的毁灭,起因在于旋转方向的倒转。可以说,对晚年柏拉图而言,甚为紧要的正是两方面的事实:一个关乎世界的两种状态的永久分离,一个涉及原初设定和秩序的终极瓦解。柏拉图所讲述的故事是否涵盖上万年、两万年或三万年的时间跨度,是否牵涉一切人类,包括前希腊的伟大文明瓦解后相形见绌的现代希腊人,这一切都不重要。这两个时代图景的根本问题在于,前者的消隐,或者说那个设计完美且有序的世界的退场。它确已不可挽回地消寂了。余下的只是萦绕在灾难过后的幸存者脑际的回音,而且它们回荡在印迹模糊的残证中,让人追忆起自然现象世界中的完美设计。永恒复归(Recurrence)和统一性(uniformity)是这一设计的最易分辨的标识,而在人类、动物或事件的单一世界当中,只存在永不停息的纷争和败落,除非这个微观世界本身能够向更深广的宇宙所固有的秩序作出让步。因此,柏拉图日渐放弃关注的,已远不仅是那单一的个体,还有人类生活的范畴,也许还包括人类生活的重要性。

相反,柏拉图觉得有必要着眼于几点:自然世界、人的智识过程以及两者的相互作用。他如今对此相当坚定。在写作《王制》和《会饮》的时候,某种上升是可能的;尽管当时的辩证思维过程势必粗糙生硬,但它确实指明了从感知世界上升至理智世界的道路,而且它导致一种类似于初等数学所给予的理解。然而,就目前看来,柏拉图意识到,客观物体必须得以充分的证明；必须时刻谨记，原初完美设计的踪迹与世间恶的能动力（brute vitality）的同在。[190]因而在他暮年的《书简七》的言辞中表达出这样的心态：

> 蔽之一言，对于与这一志业不亲缘的习者，无论是通过任何聪敏的学习，还是记忆力，都永远不能看见，这首先是因为这种有关天性完好之物的知识，不会产生在异质的状态中……（《书简七》341D）
>
> 因为它们根本不像其他学问那样可以言说，不过，经由有关这一志业本身的许多交谈和朝夕共处，突然间，就如光被一束跳动的火苗引启，它便在灵魂中生成，此后就自己维继下去。（《书简七》344A）①

设计完美的真实世界业已失落；重新将它寻回，即使是断垣残壁，都只是机运或神意的结果，绝不是在现实本身的规范化指导下的结果。

让我们暂且从这些选段较为普遍的方面，转向它们在柏拉图政治思考中的具体意蕴。当这些选段并列放置，并以《法义》作为综合性的整体时，我们可以清楚看到，这所有晚期对话中，不再出现早期对话固有的分裂状态，即关于论证（Arguments）和主题（themes）的两种进路的分歧：一方面以希腊政治生活世界为历史背景，另一方面在情节上可能类似于伦理的和政治的形式（比较第十一章，第一和第二小节）。与以往不同，晚期对话始终单一地研究政治生活，而且从《治邦

---

① 柏拉图这里所描述的方法，正如我先前说过的，也可以适用于全部较早期的戏剧式对话，但是这段所强调的重点无疑是指向老年柏拉图。

者》对逆向旋转运动的世界所作的形而上学解释，到《法义》对未来邦国的规划，都如一地贯穿着这种研究。这一点明显地表现在关于未完成的三部曲之计划，以及《法义》既已写就的开场。《蒂迈欧》设定的三部曲计划是，蒂迈欧应该从世界的起源开始，一直讲到人类的诞生；然后由克里提阿详尽地讲述上万年以前发生在雅典的故事，它意味着苏格拉底理想邦国在行动中的实现；赫默克拉底大概应该从大洪荒时代和随后幸存的游牧民内部的缓慢发展开始，一直讲到接近公元前五世纪之整体风格的城邦建立。《赫默克拉底》并没有动笔写成，但这恰恰在《法义》序言中得以完成，即《法义》的卷二和卷三。在此，《法义》继续讲述老人们开始进行论辩，志在以过去的全部研究为基础（正是这三篇成文对话所提供的），为未来建立最好的政制。[191]因此，我们把《法义》看作是以《蒂迈欧》为开端的三部曲计划之最终完成，应当不会引起多大的疑虑。①

在这种观点的指引下，让我们尝试以《王制》对勘《蒂迈欧》和《法义》，并把《法义》看作三部曲的终结。比较的结果显示，风格和侧重点上的差异强烈凸显，而且这种差异极为普遍。《王制》前几卷的"理想"邦国——我们在其他地方称之为"模范"(model)——之"理想"根源于原始人类的简单经济需要。对话者指出，这不愧是一个"猪的城邦"(《王制》372D－E)，但苏格拉底坚持认为它健全且合乎自然，而且与其他任何地方一样，可以从中找到正义之所在。他同意继续对此进行深入研究，并着手关注狂热的城邦，只因这里所描述的政治状况更为接近同时代的希腊，从而对正义的讨论变

① 参考，F. M. Cornford，《柏拉图的宇宙论》(*Plato's Cosmology*, London：Routledge & Kegan Paul，1937)，页7－8。

得更有价值(《王制》373A)。这恰恰也是《法义》的内容:大洪水过后幸存下来的思想单纯的游牧民,反而具有最高贵的德性。他们之所以如此,很大程度上是因为——他们的教育和生活环境皆没有迫使他们对谎言有所察觉——他们完全相信那些关于神和人的传统观念,进而过上有德性的生活(《法义》679B–C)。这让我们联想起《王制》中有关“理想”邦国的相关内容:我们首先而且最好让统治者相信某种高贵的谎言,如果不行的话,我们也要争取让其他的人信服它,而一旦每个社会成员皆接受这“高贵的谎言”,他们就会愿意维护一种特定的社会模式,对其怀有敬畏之心,而且按照它的指引来生活。

但在《王制》卷五出现了一条鸿沟(参见本书第十一章,页[148]关于“三次浪潮”的注解)。其中,苏格拉底试图回答他的朋友所提出问题,即实现理想邦国的可能性。我们知道,那个已大致勾勒成形的理想邦国是一个由诸位策划者合力完成的模型;身为统治者的哲人会参照这个模型来对一个现存的邦国进行改动和调整;当然,该模型本身也必须作出相应的变动,以满足其融入现实生活时的具体需要。在《蒂迈欧》—《克里提阿》—《法义》这个三部曲中,[192]理想邦国已经成为历史事实。可以想像成它曾一直存在于远古的某个地方,而且考虑这个邦国在古代所积累的经验,并将其归入到某个规划之中,最终充分地造就未来的“最好”邦国。然而,早年写作《王制》时的柏拉图从来没有轻易地声称,他的理想城邦早已出现过,甚或断言已勾勒完备的邦国,定会成为日后“最好”的邦国。要在现实生活真正实现柏拉图心中的理想邦国,这一可能性需要他作更多的思考和准备。当其时,他确实因哲人在行动上的无能为力而备受思想的折磨,“根本上出于对自己的羞耻,不愿让我有一天认为自己完全总是一个十足的言辞家，永远不敢插手任何行动”(《书简七》328C)。《王制》仅有这么一次，我们从中可以捕捉到对即将之事的暗示，察觉到他自我安慰的迹象，以舒缓对现实境况可能造成之打击的忧心：谁也不能说我们的邦国是不可能发生的，他声称，“如果在遥不可及的古代，或者目前正在某一我们所不知道的遥远的野蛮之地”，它就曾经实现过(《王制》499C)。在《法义》，实际历史性的古代已不再重要；历史能够成为富有深意的神话，反之亦然；历史与神话都能指向未来，一个既没有实现[理想]之希望，也没有失意之苦恼的未来。

三

正是在人类和神圣的接合处，柏拉图的卓越天赋此时才表露无遗，因为有且只有在这个层面上，他还着意维持无序和完美设计之间的平衡。这个论题哪怕是最伟大的作家也未必能够完全理解，但是在这一点上，柏拉图至少显现了古典意义上的深刻，以及他熟稔的能力——将赤裸的事实与艺术的形式(神话和寓言等)结合在一起。谈论宇宙时，他说：

> 除了一切运动事物之主宰者之外，始终能以自身之力围绕自身旋转，乃近乎不可能之事；而宇宙在一个时期中以不同的方式运动也是神法不容的。基于这些原因，可以认为，宇宙不会永远自行围绕自身转动，而整体来说，也不会是神使之作对立转动[193]，此外，也不会是两个想法对立的神，一直使宇宙转来转去。而我刚才所说的，就是唯一剩下的可能，即有时候，一个与宇宙迥然不同的神圣起因(Divine Cause)介入了对宇宙的引导，

> 使之重获生命,它从造物神(Fashioner)处获得一种重新恢复的不朽。但一旦它被创造者弃之不顾,听任自己自行旋转,便立刻不再是这种样子,以至于反向转了无数圈。这恰恰是基于这样的事实:尽管它是最巨大的事物,却依然保持极为稳定的平衡,在一个最小的端点上运行着。(《治邦者》270A,参张爽译文,有改动)

柏拉图一直认为,拒绝承认完美设计在宇宙中的和谐统一,是不虔诚的。基于这个原因,当他以神学的方式谈论时——如果这神奇的寓言能称为神学的话——就很可能不会出现两个不同的神,两个宇宙中相反的方向,以资说明他一直以来对两种事物的差异的深刻认知——即恶的能动力以及具有形式之物的差异。他所寻求的是处于这两种能动力之间的生活方式,一方面是恶的能动力,另一方面的能动力可以唤起某些异于其自身之物,从而获得精确性、美和意义。

柏拉图从未写下多少与公元前五世纪和四世纪希腊的传统宗教相关的对话,但是我们所掌握的对话里,也包含着某些暗示,涉及对新近形势的清晰陈述。在《王制》中,苏格拉底主张对神话进行审查,而神话中描画的诸神统治给人以纷争不息的印象,他正是反对将其纳入理想邦国中的教育事业(《王制》377C 以下)。又,在《斐德若》(229D 以下),苏格拉底谈到俄瑞逖娅(Oreithyia)被抢走的故事,从这些段落可以看出他所拒绝考虑的,恰是那粗糙的智能——毫无意义地删改传统说法,并纠缠于许多根本无法探个究竟的说法。

在柏拉图晚年,奥林波斯诸神和讲述他们的神话已谈出柏拉图感兴趣的范围。尽管其中神界的故事具有某些他或会理解为事理之起源的东西,但这些东西极其稀少而且几乎都印上浓重的政治色彩，譬如派系倾轧和纷争、仇恨、盟友以及分裂。[194]就奥林波斯诸神自身而言，他们的不朽性和一致性(consistency)都比较可疑。我们从来不会绝对相信《伊利亚特》所说的，阿瑞斯(Ares)根本不可能被杀死。事实上，诗人明明想以战神受伤的故事把我们尽可能远地引向其他方面。至于一致性，在这糅杂各种不协和的个性特征的地方，根本不可设想。在暮年之际，柏拉图对荷马笔下的故事和神话的态度，与对当前政治生活的态度相仿。真理可在神话的纯粹表面之间找到，但问题是，神话极其含混，而且不再是那种通过柏拉图亲身经历过的境遇来激发富有想象力之反应的故事或情境。在《蒂迈欧》，奥林波斯诸神与造物主(Demiurge)相距甚远，①在《治邦者》中，与造物神共治，并在其领导下创造出宇宙各部分的其他神，也很可能不是奥林波斯诸神。②我认为，奥林波斯诸神可以理解为属神的人(man of a God)所塑造出来的明显不完美的影像。这些属神的人除了比人类更强大之外别无奇异之处。他们的不朽并不是真正意义上的不朽，而只是没有屈从于死亡的能力，这却胜于他们弱小的弟兄——人。他们并不比那些了解他们情况的

---

① 《蒂迈欧》40D－E。可参康福德，《柏拉图的宇宙论》，页138－139，前揭。

② 证据似乎对这一观点有利。在神话里我们被告知有某些神，他们与造物主一同治理，并得到造物主所授予的某些领域的权力。当最大的命神放松对世界的管制之时，这些神也同样松手(《治邦者》272E)。在世界的逆向旋转中，我们得知普罗米修斯的行动(同上，274D－E)。把这些当做是教义式神学是错误的，然而，我所想的，在以下方面可以得到暗示：奥林波斯诸神属于逆向旋转的世界，也就是说，他们与神圣的舵手及其前一个时代的助手有着相同的关系。在逆转运动那个时期的政治人(politicians)和治邦者(statesmen)必定拥有最初的政治权力。

人更明智、更快乐和更完美。

在《法义》(899B 以下),柏拉图反复强调人类崇仰运行中的星辰这一现象的重要性。他找到了星辰这个自己所慕求的象征,它代表了运动性、一致性和稳定性,还有缺少人类异质之污损的不朽性。当然,星辰本身可以激发宗教性的想象。它们并不属于隐晦的神秘。也不是真正值得崇敬的对象,但却可以激起人对神的敬畏之心。

人们谈及《蒂迈欧》,时常认为它是柏拉图自己编造的神话,而柏拉图写下的语词也在某种程度上证实了这一点。柏拉图告诉我们,对宇宙的描述只能通过一个看似可能的故事,即"神话"(mythos,《蒂迈欧》29C – D)。随即出现的言辞,就恰恰证明了这里特指的神话与常义不同。[195]蒂迈欧表示,由于自然界的宇宙具有可朽和变动不居的特点,所以只能以可信的故事对它进行描述。康福德(Cornford)教授对《蒂迈欧》的杰出研究对此作了评注,他认为,就我们所知,这纯粹是柏拉图的幻想。毕达哥拉斯学派并没有学说证明,不可能准确描述物质世界。①有人猜测,柏拉图的意图可能是,他对宇宙所作的描述只是暂时性的,有待以后的研究者做出更精确和更缜密的解释,但显然,这种推测是误解文意的表现。②初看起来,柏拉图某些早期对话似乎也有类似之处,表示放弃对物质世界做精确的描述。在《斐多》(114D),我们得到了某些关于死后世界的描述,苏格拉底一开始就说,一个有识之士不会自称能够准确无误地谈论这个主题。《王制》(614B 以下)的末章讲了一个关于灵魂死后旅程的厄尔神话,我们注意到,这个神话正是一个躺在火葬堆上突然

① 参见康福德,《柏拉图的宇宙论》,页 28。

② 参见泰勒,《柏拉图〈蒂迈欧〉的一种疏解》,页 19,前揭。

复活的名为厄尔的人所讲述的梦。可见,这两个早期对话的例子都同样交代了描述之不准确的原因,而且基本合乎习传观念。对话表明,人类理性和经验完全无法触及这个主题。但是《蒂迈欧》的前言部分具有更复杂的意义,因为它旨在以一个可信的故事的方式,展开柏拉图关于宇宙的描述。再说,宇宙内部的要素决定了宇宙的物质性,对柏拉图而言,这意味着故事应该只是看似可能,必然达不到精确的程度。但我们也不能过高估计这一点的重要性。那些我们可触可见的事物,以及我们用以认识这些事物的身体器官,共同制造了理解上的混乱。

然而,这种看似可能的故事的最惊人特征,正是理性与机能(instruments)的相互作用,而非获取所谓"真理"的理性。《蒂迈欧》里能强烈感受到一种从局外对人类本质的直接揭示,而且在对人类身体所作的奇特描述中最为突出的某一部分中,他这样说道:

> 灵魂的某一部分具有吃喝的欲求,而且需要满足这种欲求,正是基于身体的性质,他们[诸神]在隔膜和肚脐的范围内塑造了这部分身体,[196]把我们可称为掌管身体营养的东西置入这个区域。诸神视之为野兽,并拴在那里,这头野兽未被驯服但必须使其保持静息,如果人类要延续生存下去的话……诸神知道,这部分灵魂理解不了理性的言语,即便它对此能获得某些感知,它天生就根本不会理睬这些,它尤其乐意沉迷于白天黑夜的影像和幻影的魅惑。因此,为了使它能接受理性的影响,神经思忖,造出了肝,让它和灵魂的这部分一起居住。(《蒂迈欧》70D)

于是接下有几段文字，其确切涵义难以定夺。但显而易见的是，肝接收大脑投射的印象，然后像一面镜子那样把作为可见影像的印象反射回去。但是，下面这一段文字明晰地表达了关于理性与灵感(inspiration)的看法：

> 这足以证明，兆示是神对人类愚昧性的补足；因为没有人能够凭借自己的感官，把握载有兆示的真正灵感，只有在人入睡期间，理智的能力受缚，或因疾病缠身或神灵附体而迷狂等情况下，兆示才会出现。人回到正常状态时，便会追忆梦中或清醒时印象中兆示和神圣本原所传达的内容，再重新用理智反思他所见幻影的所指之事和人，分辨其所针对的是当前，过去还是未来，以及所代表的福祸倾向。人要是仍处于迷狂状态，他没有机会判断他所看到的或说过的东西。古语有云：惟心智健全者能专注于自己顾念之事并认识自己。(《蒂迈欧》71E－72A)

可以从这个段落得出较为合理的推论。写作《蒂迈欧》之时，柏拉图仍保有自己旧时的信念，相信人类的理性是最接近神性的事物，也就是说，它最接近人类身上所有非物质性的部分，因而能够清楚地显现出形式(form)和完美设计(design)。[197]另一方面，人的身体机能虽然离理性最远，但仍然受所有非物质部分的管治，从而特别地受制于形式或完美设计。柏拉图会称这种外在的力量为“神”(并不总是造物主)，或者“诸神”，或者“他们”。神与人之间的直接交往，确实可以通过人身体中最小价值的部分——例如肝脏——来实现，由此，在外部的激发下，可以把捉到真理，而理智却永远做不到这点。在这种联系中，理性的作用就是细致分析已接收的信息,并发现其确切相关的事物。年老的柏拉图深刻体会到,刚才所描述的那种感觉,一定程度上促使了对任何人类事物(甚至包括人的理智)的清晰性和确定性的普遍怀疑。在《蒂迈欧》(37C)中,宇宙被描述为诸神带着愉悦的心情而创造的一个摹本(agalma)。这是一种较为乐观的看待方式。但其另一面却出现在《法义》的某个章节,柏拉图在此明说,宇宙只是一场木偶秀,我们这些木偶完全掌握在诸神的手中,在细线的牵引下活动。我们表演舞蹈,或者做出各种动作,无一不在执行神的指令,谁也无法跳出这个限域,理解自己行为的意义(《法义》644D - E)。

借由后一观点的启发,我们必须细看《蒂迈欧》这出有关宇宙世界的奇特戏剧,它并不是由神在时间中一手创制的,对此我们没有能力理解,也不可知悉神的意图。①正如在剧场中,演员的动作和声音建立起不可或缺的纽带,连接戏剧设计的人为成分,以及剧场以外无形的世间现实主义(realism),因此在《蒂迈欧》中,对身体、血液和其他器官的分析性描述,就是链接不可知的宇宙设计的精确性和可知的物质世界的无目的性之间的纽带。这就是使我们持有实存感的介质;对身体所作如此不可思议的解释,诱使我们形成关于神之宇宙设计的信念。当然,他必须首先描述宏观上关于物体之本质的神秘解释:造物主和诸神、[198]混合的缸子(the mixing bowl),宇宙的灵魂和身体的大小比例,基本的三角形

① 比较康福德对造物主的讨论(《柏拉图的宇宙论》,页 34 - 39,前揭。

与谐和的间节(harmonic intervals),①这些内容应先于对人类身体和灵魂的描画,因为后者仅作为宏观单元的缩影。但是,如果人类身体和灵魂得以正确理解,那么对其的描画将最终引导我们走近剧作家,整全地理解且时刻相信那对宇宙所作描述中的诸多怪想。不过,这篇对话属于意料之内的方面是,柏拉图显然对人类身体和人类灵魂给予一定的关注,只要它们能证明宏观设计之存在。例如,就拿关于两性之差别的故事来说:

> 讲到这里,看来我们就要完成开始时提出的任务,即从关于宇宙的故事,一直讲到人类的诞生……我们这样来解释这个问题。对于生而为男人的人,像那些胆小鬼和过着不正义生活的男人,根据我们的相似解释,来生都会转化为女人。理由是这样的,当时诸神在造人时设计出交配的欲望,在我们男人身上安放了一种有生命力的东西,在女人身上布满了另外一种。这两物的构成描述如下,从我们饮食管道得到一种液体,它通过肺,经肾进入膀胱,最后在空气的挤压下喷射而出,凿穿了一小洞,并与由头部经颈沿脊髓而下的致密精髓交汇,从而产生我们前面提到的"种子"。这种精髓充满活力,而且到处寻找出口,并在出口处激发了外泄的欲望,然后如同传种的爱若斯一般,推动欲望的满足。因此,男人

① ［译注］混合的缸子,见41d;宇宙的灵魂和身体的大小比例,见35b－36d、31b－32c;基本的三角形,见53c－54d;谐和的间节,见35b－36a中所谓两个中项中的第一个中项——即harmonic mean［调和中项］——造成的interval［间节］(即间隔之义,汉译从戴子钦译本)。第二个中项又叫arithmetic mean［算术中项］。

> 身上的性欲因子像一个生命体，倔强肆意，不听从理性的指导，受着它那狂热的欲望来控制一切。同理，在女人的子宫中，有一个怀有生育欲望的生命体……直到传种的爱若斯与怀胎的欲望相聚，这就好像把果子从树上摘下来，并撒落在子宫的土壤里，起初这个生命体尚未成形，且太小而不显眼，[199]但逐渐分化出身体的各部分，再向其供给营养，使其在子宫内长大，最后让他们得见日光，由此完成一个生命体的诞生。(《蒂迈欧》90E－91D)

这里侧重于对身体的形象化描绘，仅仅是为了突出严密有序之计划的真实性。精髓和大脑必须与性交活动相连，因为人通过生殖所造就的肉身不朽，必须关系到不朽的灵魂。此外，可怖的是，他所生动描述的性器官，恰如一意孤行不受控制的动物。在这种和许多其他有关人类身体的描画中，既体现出通过性行为而达成的可怕交合，又揭示了一种对肉身充满非人般的怨恨情绪，这只能通过获取一种有权掌控物质的设计所允诺的保证，才能得以缓解。这一极为宏观的设计，就是关于宇宙之创造和持存的故事。再者，如果在阅读关于身体之解析时，我们会感到恐惧和不安，那么我们读到柏拉图笔下那不可思议的宇宙之人格化时，肯定会发现其中伟大且决然恐怖的东西。透过对基本三角形、谐和间节以及同质性和异质性之混融的解释，读者突然来到段尾，在此他只有寥寥几行描述世界的重大诗句。如果我们对诗句倾向的推测是对的，那么它们正是以某种方式完全表现出一个形象：它可能是一个疯子编造的形象——也许只有疯子才会试图在一个形象中概括宇宙的特性——但它着实把读者领到不可理解的边缘，并让他瞬间瞥向未知的深渊。“这样，宇宙就是一个被赋予灵魂的动物。因为它包含了一切生命体,所以它不需要其他事物的支撑,更无需手脚,又由于它是唯一的,故不需要邻居或熟人与其交往"(《蒂迈欧》30D－34A)。有鉴于这种孤立状态,关于作为个体或处于共同体中的人,已没有值得进一步讨论的东西。在克里提阿对数千年前历史上曾存在的"理想"邦国进行描述时,柏拉图故意将其中断,从而遗弃整个以《蒂迈欧》为首的三部曲,原因在于,他已经对这个主题失去了兴趣。在《蒂迈欧》中,他最后一次如愿地描绘了一个整全的画面,[200]其中,在宇宙中微不足道的人类,仍占有一席之地。

四

"我们目前对这个问题研究和探讨,正如我们在旅程开始时说过的,是一场适合老人的关乎法律的严肃游戏,由此我们的行程不至于十分疲惫。"(《法义》685A－B)《法义》里面的虚构背景,就是从克诺索斯(Cnossus)通往宙斯幼时为躲避其父克罗诺斯而藏身的 Dicte 山的道路,但柏拉图是有意选取这个意象的。在柏拉图来看,这一路程甚为漫长,而且行走者也必定疲惫不堪。笼罩着他最后这部作品的,是一个夏日临近结束时的日光迷蒙。在这日光迷蒙中,有热,有光,夏日临近结束,但它的结束并不暴烈。到最后,随着他所喜爱的颜色和生命的运动已宽仁地(mercifully)地离他而去,让他沉静地为自己的思想塑造死亡的面具,他便拥有属于自己的宁静时光。

他的最后作品以法和政治共同体为主题,这并不是偶然。就他当时所能涉及的全部题材而言,无一不是他在生活中经历过的;无一不带有他对题材进行加工和铸造的印记。

再者,这部对话也满载他过去的记忆,响彻了旧日的回音,以致能看到不少熟悉、平易的具体形式。在西西里遭遇的失败也不再困扰他:上百年前克洛诺斯时代由命神或半神统治的完美邦国,正暗中与《王制》所描述的邦国紧密契合(《法义》713C－714A)。柏拉图心中次好的政治共同体,正如《法义》所概述的,的确会出现在路途的终点。他曾经在《蒂迈欧》的宇宙舞台上,最后一次描绘出鲜活的生活现实;至于《法义》中对人的描画,柏拉图不能看到人在政治范畴的鲜活表现——因为在《蒂迈欧》,世界已最后一次呈现出鲜活的状态。《法义》的谈话进程中,多次遇见柏拉图放弃在《蒂迈欧》写就的一切。但是,他也不会以《王制》的方式看待政治共同体中的人,因为他梦想的模型正要触及实践的边缘。《法义》的政治人是老人所玩的严肃游戏中必定探讨的对象,[201]在游戏当中,由于政治人不可能进入政治生活,所以不存在任何政治风险,但这里有的是城邦—国家的外观,法官、士兵、市场检察官和神职人员,还有所有生活的附属物——为了实现《王制》中的建邦希望,这些都被贬斥为毫无价值且浪费时间的东西(《王制》425C－E;亦参《治邦者》294B)。此外,对话的焦点一定落在法,因为论法的过程中,依然强烈地体现出柏拉图对匠人的关注,即使关注的热情已大大减退——这一志趣在于,以劝说的方式(即具体展现理性的方式),在人类生活中创造一种形式(form)和模式(pattern)。

> 雅典人:让我们想象,我们每个生命体都是诸神的一个木偶,至于我们仅仅是作为诸神的玩物,还是出于某些重大的原因而被创造出来,我们都无法知晓。但是我们确实知道,我们内心的情感犹如肌腱和绳索一样拉着我们,并朝向相反的方向用力,使我们作出相应的行

> 为,于是就出现罪恶和美德的差异。因为根据我们的论点,我们每个人都总得顺从其中一条绳索的牵引,永远不能松手,而且顶住其他肌腱的拉力。这是一条神圣金色的理性主线,被称为邦国的公法。(《法义》644B – E)

邦国的这种公法(public law)确实是对话的中心,对话因此而得名,因为法已然接替了哲人王的职能,某种意义上也接替了哲学本身的功能。在《王制》前几卷里,理想邦国被阐述为政治共同体的一个粗略图像,可以在其中找到正义的所在。然而,理想邦国建立在哲学的基础上,随着对话的进行,这一根基还包括分割线比喻和灵魂的本质。哲人王勾连着理想邦国和哲学,因为他是实现近似真正邦国的唯一希望,故而哲人本身的天性和哲人的教育完全决定了邦国的一切。如果哲人王愿意,而且能觅到佳机,那么真正的城邦就会出现,否则将不会如此。再者,他能否出现和能否满足相应要求,这取决于哲学智慧的观念,以及苏格拉底据此所描述的教育。

在《法义》,治邦的观念转换为以自律来运行。[202]法确实是由一个立法者所起草的,但立法者将不得干涉统治职能的执行。智慧赋予了立法者真理,这种真理以成文且不可变更的形式表露出来,而柏拉图如今再不愿费心描述获取这一智慧的方式了。智慧就是一切,具体法令可以时刻影响民众的日常生活,通过这种方式,智慧的法则和应用可以合并起来。正因为智慧能够治理政治共同体,并成为政治共同体的一部分,所以它的确是一种神圣之物。“因此,我们应该尽一切办法模仿克洛诺斯时代的生活方式——顺从我们身上固有的不朽因素——设法治理我们的公共生活和私人生活,协调我们的家庭与城邦——将法的名义赋予理性的规定。”

(《法义》713E)然而,柏拉图更感兴趣的是,木偶的行动方式以及体现了法之应用的实际模仿性行为。所以,这总是让我们联想起《王制》前几卷的相应部分,而非后面的章节。作为早期对话之金钥匙,劝说这一工具现在也发生了变化。它不再是充满爱欲之理解的结果。它如今成为代表着理性的温和声音,穿透无数年月,逐渐地削弱自私本性,或者说人的局限性,而且在漫长历史中一直保持对暴力和狂热的反对:"我们所要寻找的是依据自然,管理自愿服从的臣民的法治:其间不允许暴力的出现。"①

柏拉图在《法义》简述实现好的邦国之可能性的字句中,最引人注目的是这里的说法与早期的政治性对话的对比。《法义》告诉我们,只需一个王者,邀请立法者进行立法并听从他的意见,然后执行立法者所订立的法(《法义》710A－B),而且自己退位以后,把这些法交托给同样敬重和沿用它的继任者。过去不信任已著文字的柏拉图不复存在,"因为倘若你问他们什么……他们却总是翻来覆去讲同一套话"(《斐德若》275D)。同样消失的还有《王制》中的那个柏拉图,他拒绝僭越哲人王所负责的起草法令的工作,因为定下的法在王者所拥有的鲜活知识面前,显现得死板且毫无生气(参见《王制》425C－E;《治邦者》294B)。如果柏拉图在《法义》的治邦观念成为现实,那将出现另外一种他从未想过的王政。[203]在这种政制之下,王者会带有些许神秘的色彩,对于他的臣民而言,他就处于一度统治过他们的诸神所享有的地位;但在自己眼中,他在法的神圣面前又显得谦卑而虔敬。至于法,它们既不可更改又不容置疑,因为它们是如此

① 《法义》690C。然而我们必须记住,对极端不敬神的人所处的死刑,意味着劝说的无效。

古老的祖传之物,以至于没有人敢说它们不是代表自然本身的法;至于臣民,他们难以分割自身固有的人性和作为被统治者的品质。不过,虽然柏拉图在《法义》中构建的邦国容易让人忆起这种王政,但也仅是个回忆而已。因为它的构造以智识为基础,而且属于智识所详细研究和精心创制的世界,这里不可能容纳别的王政。它确实是一位老人的“白日梦”(dream in the daylight)。

柏拉图这部最后的作品在多个方面呈现减弱的态势,譬如言辞的风格、色调和荣光正逐渐消退或已然失去了往日的一贯特性,仅存一束刺目的亮光,折射出一个不同于任何我们所知的柏拉图。我想象着当时的情景,鉴于充满含混性的人类世界在柏拉图心中消失殆尽,此际,世界趋势的一致性已失去其价值;好与坏的混合不再让柏拉图感到安宁——相对于我们姑且可以称作好的类型,这种混合一直处于次要的位置。以下字句简短、晦涩,而且完全出人意料。

> 雅典人:那么,我们必须说,灵魂居于所有运动的事物之中,并控制它们,既然如此,难道我们不是也应该说它掌控着天体吗?
>
> 克列尼亚斯:当然。
>
> 雅典人:一个灵魂,还是不止一个灵魂?我会回答你们两位:那里不止一个灵魂。我们大概假设那里至少有两个,一个行善的灵魂,另一个能够做出相反行为……由于自身的运动,灵魂激起每一事物在天空中、陆地上和海洋里运动,这些运动的名称是希望、内省、远见、商议、正确与错误的意见、欢乐、悲伤、勇敢、恐惧、怨恨以及欲望……当灵魂像一位真正的神那样在理性的帮助下恰当地统治一切时,它就利用所有这些品性,但

是当它与非理性联合时,它就产生与这些品性完全相反的结果。(《法义》896D－897B)

但是这仅仅是其中一个环节。整篇对话的基调是另一个样子,[204]而且以某种方式集中在老人之间的一场对话里面:

……人们应该依照他们自然的方式生活,像木偶一般,大多数情况都是如此,但他们身上也会分有一小部分真理。

梅奇卢斯:你肯定把人类想得太低贱了!

雅典人:我的朋友,请不必惊讶,但你得原谅我。因为当我刚才在说话的时候,我的思想和我的感知都倾向于神。那么,如果你接受的话,就让我们不再把人类看得如此低下,还是值得适当加以严肃的关注。(《法义》804B)

五

在晚期的著作中,由于意识到有限生命难以企及纯粹的形式,而这种纯粹形式甚至超出生命所应求索的范围,因此,对形式和设计之完美的渴望,以及强制天生性质相左的事物服从完美的设计和模式的安排的愿望都相继减弱。如今柏拉图有兴趣考虑的,只有那些身上渗透着完美设计之残迹的大多数人,因为这是完全属于现实的事物。起初是完美设计的迹象激励他前行。但最终恶的能动力使他厌恶不已。尽管他已不再欲求纯粹的抽象性,但在最后时刻唯一对他来说具有意义的是完美设计的形迹，比起他早年所见的，它们显得更加隐微，更让他对其存有疑虑。柏拉图的晚期对话中，从《帕默尼德》开始，直至《法义》，显露出一种趋势，它逐渐一路引向迷蒙的世界，只有适应这种光度的视力，才能察觉到幽暗形象的规律性，不论它们多么黯淡和微弱。在这最后的趋向中，《蒂迈欧》和《法义》同时伫立于相对的顶峰。在《蒂迈欧》中，在短暂的一段时间中——也许是柏拉图最伟大的时刻——人类生活和完美设计这两个要点在一种宇宙哲学的背景下真正地交融，而且关于这两者结合的奇特梦境还包含了强制力、美的追求和劝说的技艺。而在《法义》，人类生活最终受到遗弃：这位老人在垂暮之时已穷尽了他创造性的张力。他到最后可能会找到属于自己的设计方案，随即趋向保守且免于忧惧。只因别无他物可再让他留恋人生一世。

图书在版编目（CIP）数据

古希腊政治理论/(美)格雷纳著;戴智恒译.--北京:华夏出版社,2012.3
（西方传统:经典与解释）
书名原文: Greek Political Theory
ISBN 978-7-5080-6861-9
Ⅰ.①古… Ⅱ.①格… ②戴… Ⅲ.①政治理论—研究—古希腊 Ⅳ.①D095.45

中国版本图书馆CIP数据核字(2012)第015719号

Greek Political Theory: The Image of Man in Thucydides and Plato
By David Grene
Licensed by The University of Chicago Press, Chicago, Illinois, U.S.A.

北京市版权局著作权合同登记号：图字01-2007-4902号

古希腊政治理论
[美] 格雷纳 著
戴智恒 译

出版发行：华夏出版社
（北京市东直门外香河园北里4号　邮编：100028）
经　　销：新华书店
印　　刷：北京建筑工业印刷厂南厂
装　　订：三河市李旗庄少明印装厂
版　　次：2012年3月北京第1版
2012年3月北京第1次印刷
开　　本：880×1230　1/32开
字　　数：191千字
印　　张：8.5
定　　价：32.00元

西方传统：经典与解释

西方传统：经典与解释
Classici et Commentarii
HERMES
刘小枫◎主编

古今丛编

撒路斯特与政治史学
刘小枫 编

民主的本性——托克维尔的政治哲学
[法]马南 著

希罗多德的王霸之辨
吴小锋 编/译

梅尔维尔的政治哲学——《切雷诺》及其解读
李小均 编/译

第二代智术师——罗马帝国早期的文化现象
安德森 著

英雄诗系笺释
[古希腊]荷马 著

统治的热望
——修昔底德笔下的阿尔喀比亚德和帝国政治
[美]福特 著

席勒美学的哲学背景
[美]维塞尔 著

雅典谐剧与逻各斯
——《云》中的修辞、谐剧性及语言暴力
[美]奥里根 著

菜园哲人伊壁鸠鲁
罗晓颖 选编

托尔斯泰与陀思妥耶夫斯基（第一卷·生平与创作）
[俄]梅列日科夫斯基 著

托尔斯泰与陀思妥耶夫斯基（第二卷·宗教思想）
[俄]梅列日科夫斯基 著

自传性反思
[德]沃格林 著

黑格尔与普世秩序
[美]希克斯 等著

新的方式与制度——马基雅维利的《论李维》研究
[美]曼斯菲尔德 著

论埃及神学与哲学——伊希斯与俄赛里斯
[古希腊]普鲁塔克 著

凯撒的剑与笔
李世祥 编 / 译

纪念苏格拉底——哈曼文选
刘新利 选编

科耶夫的新拉丁帝国
[法]科耶夫 等著

夜颂中的革命和宗教——诺瓦利斯选集卷一
[德]诺瓦利斯 著

大革命与诗话小说——诺瓦利斯选集卷二
[德]诺瓦利斯 著

《利维坦》附录
[英]霍布斯 著

巨人与侏儒
[美]布鲁姆 著

或此或彼（上、下）
[丹麦]基尔克果 著

海德格尔与有限性思想（重订版）
刘小枫 选编

海德格尔式的现代神学
刘小枫 选编

走向古典诗学之路
——相遇与反思：与伯纳德特聚谈
[美]伯格 编

论宗教大法官的传说
[俄]罗赞诺夫 著

上帝国的信息
[德]拉加茨 著

双重束缚
[美]基拉尔 著

俄耳甫斯教祷歌
吴雅凌 编译

俄耳甫斯教辑语
吴雅凌 编译

黑格尔的观念论
[美]皮平 著

古今之争中的核心问题
[德]迈尔 著

浪漫派风格——施莱格尔批评文集
[德]施莱格尔 著

神圣的罪业
[美]伯纳德特 著

论永恒的智慧
[德]苏索 著

宗教经验种种
[美]詹姆斯 著

尼采反卢梭
[美]凯斯·安塞尔-皮尔逊 著

施米特对自由主义的批判
[美]约翰·麦考米克 著

舍勒思想评述
[美]弗林斯 著

诗与哲学之争
[美]罗森 著

基督教理论与现代
[德]特洛尔奇 著

亚历山大的克雷蒙
[意]塞尔瓦托·利拉 著

伊壁鸠鲁主义的政治哲学
[意]詹姆斯·尼古拉斯 著

神圣与世俗
[罗]伊利亚德 著

中世纪的心灵之旅——波纳文图拉神学著作选
[意]圣·波纳文图拉 著

弓弦与竖琴——从柏拉图解读《奥德赛》
[美]伯纳德特 著

墙上的书写——尼采与基督教
[德]洛维特/沃格林 等著

论古人的智慧
[英]培根 著

希伯莱圣经历代注疏

希腊化世界中的犹太人
[英]威尔逊 著

第一亚当和第二亚当
[德]朋霍费尔 著

卢梭注疏集

哲学的自传——卢梭的《孤独漫步者的遐思》
[法]卢梭 著

文学与道德杂篇
[法]卢梭 著

设计论证——卢梭的《社会契约论》
[美]吉尔丁 著

卢梭的自然状态
[美]普拉特纳 等著

卢梭的榜样人生——作为政治哲学的《忏悔录》
[美]凯利 著

柏拉图注疏集

论柏拉图对话
[德]施莱尔马赫 著

神话诗人柏拉图
张文涛 选编

人应该如何生活
[美]布鲁姆 著

阿尔喀比亚德
[古希腊]柏拉图 著

叙拉古的雅典异乡人——柏拉图《书简七》探幽
彭磊 选编

阿威罗伊论《王制》
[阿拉伯]阿威罗伊 著

《王制》要义
刘小枫 选编

柏拉图的《会饮》
[古希腊]柏拉图 等著

苏格拉底的申辩
[古希腊]柏拉图 著

苏格拉底与政治共同体
[美]尼科尔斯 著

柏拉图《法义》疏解
[美]潘戈 著

《法义》导读
[法]卡斯代尔·布舒奇 著

论真理的本质
[德]海德格尔 著

哲人的无知
[德]费勃 著

米诺斯
[古希腊]柏拉图 著

亚里士多德注疏集

尼各马可伦理学义疏——亚里士多德与苏格拉底的对话
[美]伯格 著

哲学之诗——亚里士多德《诗学》解诂
[美]戴维斯 著

对亚里士多德的现象学解释
[德]海德格尔 著

城邦与自然——亚里士多德与现代性
刘小枫 编

论诗术中篇义疏
[阿拉伯]阿威罗伊 著

哲学的政治——亚里士多德《政治学》疏证
[美]戴维斯 著

莱辛注疏集

汉堡剧评
[德]莱辛 著

关于悲剧的通信
[德]莱辛 著

《智者纳坦》研究版
[德]莱辛 等著

启蒙运动的内在问题——莱辛思想再释
[美]维塞尔 著

莱辛剧作七种
[德]莱辛 著

历史与启示——莱辛神学文选
[德]莱辛 著

论人类的教育——莱辛政治哲学文选
[德]莱辛 著

色诺芬注疏集

居鲁士的教育
[古希腊]色诺芬 著

驯服欲望——施特劳斯笔下的色诺芬撰述
[法]科耶夫 等著

论僭政——色诺芬《希耶罗》义疏
[美]施特劳斯 著

色诺芬的《会饮》
[古希腊]色诺芬 著

施特劳斯集

哲学与律法——论迈蒙尼德及其先驱
[美]列奥·施特劳斯 著

迫害与写作艺术
[美]列奥·施特劳斯 著

柏拉图式政治哲学研究
[美]列奥·施特劳斯 著

阅读施特劳斯
[美]斯密什 著

《会饮》讲疏
[美]列奥·施特劳斯 著

柏拉图《法义》的论辩与情节
[美]列奥·施特劳斯 著

什么是政治哲学
[美]列奥·施特劳斯 著

古典政治理性主义的重生
[美]列奥·施特劳斯 著

犹太哲人与启蒙——施特劳斯演讲与论文集：卷一
[美]列奥·施特劳斯 著

苏格拉底问题与现代性
——施特劳斯演讲与论文集：卷二
[美]列奥·施特劳斯 著

回归古典政治哲学——施特劳斯通信集
[美]列奥·施特劳斯 著

隐匿的对话——施米特与施特劳斯
[德]迈尔 著

苏格拉底与阿里斯托芬
[美]列奥·施特劳斯 著

尼采注疏集

尼采的使命——《善恶的彼岸》绎读
[美]朗佩特 著

尼采与现时代——解读培根、笛卡尔与尼采
[美] 朗佩特 著

动物与超人之间的绳索
[德]A.彼珀 著

维吉尔注疏集

《埃涅阿斯纪》章义
王承教 选编

维吉尔的帝国
阿德勒 著

品达注疏集

幽暗的诱惑——品达、晦涩与古典传统
[美]汉密尔顿 著

新约历代经解

属灵的寓意
[古罗马]俄里根 著

赫西俄德集

神谱笺释
吴雅凌 撰

赫西俄德：神话之艺
[法]居代·德·拉孔波 等著

赫拉克勒斯之盾笺释
罗逍然 译笺

莎士比亚绎读

莎士比亚笔下的爱与友谊
[美]布鲁姆 著

莎士比亚戏剧与政治哲学
彭磊 选编

莎士比亚的政治盛典
[美]阿鲁里斯/苏利文 编

丹麦王子与马基雅维利
罗峰 选编

古希腊诗歌丛编

阿尔戈英雄纪
[古希腊]阿波罗尼俄斯 著

但丁集

但丁的圣约书
[美]霍金斯 著

美国宪政与古典传统

美国1787年宪法讲疏
[美]阿纳斯塔普罗 著

修昔底德集

修昔底德笔下的演说
[美]斯塔特 著

古希腊政治理论
格雷纳 著

中国传统：经典与解释
Classici et Commentarii
刘小枫 陈少明◎主编

中国传统：经典与解释

冬炼三时传旧火——港台学人论方以智
邢益海 编

药地炮庄
[明]方以智 著

周礼疑义辨证
陈衍 撰

经学通论
[清]皮锡瑞 著

韩愈志
钱基博 著

论语辑释
陈大齐 著

《庄子·天下篇》注疏四种
张丰乾 编

荀子的辩说
陈文洁 著

古学经子—— 十一朝学术史述林
王锦民 著

经学以自治——王闿运春秋学思想研究
刘少虎 著

《铎书》校注
孙尚扬 肖清和 等校注

大学素质教育读本

古典诗文绎读 西学卷·古代编（上、下）
古典诗文绎读 西学卷·现代编（上、下）

经典与解释辑刊（刘小枫 陈少明 主编）

1 柏拉图的哲学戏剧
2 经典与解释的张力
3 康德与启蒙
4 荷尔德林的新神话
5 古典传统与自由教育
6 卢梭的苏格拉底主义
7 赫尔墨斯的计谋
8 苏格拉底问题
9 美德可教吗
10 马基雅维利的喜剧
11 回想托克维尔
12 阅读的德性
13 色诺芬的品味
14 政治哲学中的摩西
15 诗学解诂
16 柏拉图的真伪
17 修昔底德的春秋笔法
18 血气与政治

19 索福克勒斯与雅典启蒙
20 犹太教中的柏拉图门徒
21 莎士比亚笔下的王者
22 政治哲学中的莎士比亚
23 政治生活的限度与满足
24 雅典民主的谐剧
25 维柯与古今之争
26 霍布斯的修辞
27 埃斯库罗斯的神义论
28 施莱尔马赫的柏拉图
29 奥林匹亚的荣耀
30 笛卡尔的精灵
31 柏拉图与天人政治
32 海德格尔的政治时刻
33 荷马笔下的伦理
34 格劳秀斯与国际正义
35 西塞罗的苏格拉底
36 基尔克果的哲学与政治

刘小枫集

诗化哲学（重订本）
拯救与逍遥（修订本）
走向十字架上的真
现代性与现代中国：现代性社会理论绪论
这一代人的怕和爱（增订本）
圣灵降临的叙事（增订本）
沉重的肉身（第六版）
现代人及其敌人
拣尽寒枝
儒教与民族国家
罪与欠
施特劳斯的路标
好智之罪
重启古典诗学
西学断章

编修

凯若斯：古希腊语文读本（全二册）
雅努斯：古典拉丁语文读本
古典钢琴与作曲原理（通识读本）
《论诗术》章句